W0390310

Vollwertküche für Diabetiker

Prof. Dr. Claus Leitzmann · Prof. Dr. Heiner Laube · Helmut Million

Vollwertküche für Diabetiker

Köstlich kochen und backen für die ganze Familie

FALKEN

INHALTSVERZEICHNIS

Überblick 5

Ernährung und Diabetes mellitus 7

Veränderte Ernährungsgewohnheiten und „Zivilisationskrankheiten" 7
Die Nährstoffe und der Stoffwechsel 8
- Die Nährstoffe 8
- Die Verdauung und Speicherung von Nährstoffen im Körper 10

Die Regulation des Blutzuckerspiegels 11
- Warum und wie wird der Blutzuckerspiegel reguliert? 11
- Hormone regulieren den Blutzucker 11
- Das Insulin muß an Rezeptoren gebunden werden 13
- Auch die Leber reguliert den Blutzuckerspiegel 13

Diabetes mellitus – zwei Stoffwechselkrankheiten 14
- Die Entstehung des Typ-1-Diabetes 14
- Die Entstehung des Typ-2-Diabetes 15
- Merkmale von Typ-1- und Typ-2-Diabetes im Vergleich 18

Der Stoffwechsel des Diabetikers und auftretende Stoffwechselentgleisungen 19
- Hypoglycämien sind nicht ungefährlich 19

Die Therapie des Diabetes mellitus 20
- Die Insulintherapie 21
- Die Therapie mit Tabletten und ihre kritische Bewertung 21
- Körperliche Aktivität ist sehr wichtig 22
- Diabetiker sollten Streß abbauen oder vermeiden 23

Die Ernährung des Diabetikers 24

Was steckt hinter dem Wort „Vollwert-Ernährung"? 24
- Richtige, gesunderhaltende Ernährung 24
- Vollwert-Ernährung ist ein zeitgemäßes Konzept 25
- Empfehlungen für die Lebensmittelauswahl 27
- Einteilung der Lebensmittel nach Wertstufen 28
- Zusammenfassende Bewertung der Vollwert-Ernährung 31

Frühere Konzepte für die Ernährungstherapie bei Diabetes 31
Die Grundregeln der Diabetikerernährung 32
Was können und sollten Diabetiker von einer „richtigen" Ernährung erwarten? 33
Wie soll die optimale Ernährung für Diabetiker aussehen? 34
- Die Energiezufuhr muß stimmen 34
- Die Nährstoffrelation sollte optimal sein 34
- Keine Angst vor Kohlenhydraten 34
- Ballaststoffe sind kein Ballast 38
- Zuviel Fett bringt den Kohlenhydratstoffwechsel aus dem Lot 39
- Zuviel Eiweiß schafft Probleme 40
- Mineralstoffe und Vitamine sind lebenswichtig 41
- Zusätzliche Empfehlungen 43

Hinweise zu den Rezepten 44

Tagespläne 46
- 7 Tagespläne für 1200 Kilokalorien (11 BE) 48
- 7 Tagespläne für 1600 Kilokalorien (15 BE) 72
- 7 Tagespläne für 2000 Kilokalorien (19 BE) 104

Gebäck, Desserts und süße Aufstriche 142

Grundrezepte und -zubereitungen 160
- Wichtiges zum Kochen mit Getreide 161
- Wichtiges zum Garen von Hülsenfrüchten 162
- Keime und Sprossen auf einen Blick 162

- Glossar 164
- Weiterführende Literatur 165
- Register 166
- Rezeptverzeichnis 167

ÜBERBLICK

Die Veränderung der Ernährungsgewohnheiten, unter anderem durch fortschreitende Verarbeitung und Verfeinerung der Nahrungsmittel, führte in den Industrieländern zu einem starken Anstieg der „Zivilisationskrankheiten", zu denen auch Diabetes mellitus zählt. Um diesen Krankheiten vorzubeugen beziehungsweise um zu ihrer Heilung beizutragen, ist eine bedarfsgerechte Ernährung erforderlich, die den derzeitigen Lebensumständen des Wohlstandsbürgers entsprechen soll. Ein bewährtes Konzept ist die Vollwert-Ernährung, die als zeitgemäße Ernährungsweise immer mehr Menschen überzeugt. Sie trägt nicht nur dazu bei, daß die Gesundheit in hervorragender Weise erhalten beziehungsweise in vielen Fällen wiederhergestellt wird, sondern berücksichtigt auch die Gesundheit der Umwelt und unserer Gesellschaft weltweit. Darüber hinaus ist diese artgerechte Ernährungsweise preiswert, die Gerichte sind leicht zuzubereiten und sehr schmackhaft. Vollwert-Ernährung umfaßt die vielschichtigen Vernetzungen unseres Ernährungssystems und verbindet altbewährte Erfahrungen mit neuen wissenschaftlichen Kenntnissen.

Wenn Sie Ihren eigenen Körper und seinen Stoffwechsel sowie die Nährstoffe kennenlernen und verstehen möchten, wissen möchten, wie die Nährstoffe beschaffen sind und wie der Körper sie nutzt und speichert, sollten Sie das Kapitel „Die Nährstoffe und der Stoffwechsel" aufmerksam lesen. Die Abläufe im Körper sind teilweise recht kompliziert, wir haben uns aber bemüht, Ihnen in leichtverständlicher Form und anhand informativer Abbildungen die wichtigsten Stoffwechselvorgänge zu erklären. Wer über dieses Grundwissen verfügt, wird es verstehen, seinen Körper gesund und leistungsfähig zu erhalten.

Die Regulation des Blutzuckerspiegels beruht auf einem faszinierenden Zusammenspiel verschiedener Hormone. Nicht nur Diabetiker, sondern auch Gesunde wird dieses Kapitel besonders interessieren. Es ist beeindruckend zu erfahren, mit welchen Strukturen und Mechanismen es dem Körper gelingt, mit der aus der Nahrung aufgenommenen Zuckermenge gut zurechtzukommen.

Ausgestattet mit Kenntnissen über die Nährstoffe, den Stoffwechsel und die Regulation des Blutzuckerspiegels ist es leicht, die bei Diabetes mellitus Typ 1 und Typ 2 auftretenden Stoffwechselstörungen zu verstehen. In dem Kapitel „Diabetes mellitus – zwei Stoffwechselkrankheiten" wird die Entstehung der beiden Diabetestypen beschrieben; außerdem werden unterschiedliche Merkmale anhand einer Übersicht anschaulich herausgestellt. Aufbauend auf diesen Darstellungen informiert der folgende Abschnitt über den Stoffwechsel bei Diabetes mellitus. Nur diejenigen Diabetiker, die wissen, warum und wie ihr Körper in verschiedenen Situationen reagiert, können sich vor Krisen (zum Beispiel vor Hyper- und Hypoglycämien) wirkungsvoll schützen. Sie verstehen die ärztliche Therapie besser und können sie selbst aktiv unterstützen.

Über die verschiedenen Therapieformen, von den verschiedenen Insulintherapien bis hin zur Behandlung mit Sulfonylharnstofftabletten, können Sie im folgenden Abschnitt lesen. Hier werden die Behandlungsformen nicht nur beschrieben, sondern auch einer kritischen Bewertung unterzogen. Zusätzlich zu der vom Arzt bestimmten Therapie sollte der Diabetiker selbst aktiv werden und die ärztlichen Maßnahmen durch sportliche Betätigung und Vermeidung beziehungsweise Abbau von Streß wirkungsvoll unterstützen. Welche Sportarten für Diabetiker günstig sind, wie und warum Streß abgebaut beziehungsweise vermieden werden kann, erfahren Sie am Ende des ersten Teils.

In dem nun folgenden Abschnitt „Die Ernährung des Diabetikers" erfahren Sie alles, was sich aus den im ersten Teil erklärten Zusammenhängen für die praktische Ernährung im Alltag ergibt. Die Vollwert-Ernährung entspricht in idealer Weise den Empfehlungen der Ärzte, die sich speziell mit Diabetes befassen (Diabetologen). Was sich hinter dem

Das volle Korn hat in der Vollwert-Ernährung für Diabetiker einen hohen Stellenwert.

Begriff „Vollwert-Ernährung“ verbirgt, das heißt, wie eine tägliche Vollwert-Ernährung und die entsprechende Nahrungsmittelauswahl aussieht und welche übergreifenden Ziele mit diesem Ernährungs- und Lebensweisekonzept verfolgt werden, kommt im anschließenden Abschnitt zur Sprache. Es wird erläutert, welche Beobachtungen und wissenschaftlichen Untersuchungen dem Konzept zugrunde liegen. Vollwert-Ernährung ist nicht nur ideal für die natürliche Behandlung bereits bestehender Stoffwechselkrankheiten, sondern sie ist auch ein wirksames Mittel, um ihnen vorzubeugen. In diesem Konzept werden neben den Anforderungen an eine bedarfsgerechte, gesunderhaltende und dabei genußreiche Kost auch ökologische, soziale und ökonomische Aspekte berücksichtigt. Diese ganzheitliche Betrachtungsweise stellt interessante und von vielen vielleicht bisher noch nicht bedachte Zusammenhänge dar, und die Vollwert-Ernährung bietet dem Körper gleichzeitig all das, was er für einen gesunden Stoffwechsel braucht – und dies mit neuen Geschmackserlebnissen und viel Freude am Genießen.

Vollwert-Ernährung ist abwechslungsreich und bietet dem Körper alle Nähr- und Wirkstoffe, die er benötigt

Mit dem nun folgenden Abschnitt „Frühere Konzepte für die Ernährungstherapie bei Diabetikern“ wird wieder der Bogen zur Diabetikerernährung gespannt. Hier können Sie nachlesen, warum in früherer Zeit empfohlenen Diäten der Erfolg versagt blieb, welchen Fortschritt die Stoffwechselselbstkontrolle darstellt und welche Erleichterungen sie für den Alltag der Diabetiker mit sich bringt. Für die Ernährung bei Diabetes gelten drei Grundregeln:

1. Die Ernährung muß bedarfsgerecht sein
2. „Schnelle Kohlenhydrate“ meiden
3. Mehrere kleine Mahlzeiten bevorzugen

Entsprechend diesen drei Forderungen wird anhand wichtiger Teilaspekte erläutert, wie die optimale Ernährung des Diabetikers im Vergleich zur üblichen Kost aussehen sollte. Bei allen Empfehlungen zur Energie- und Kohlenhydratzufuhr, zur richtigen Menge an Fett, Eiweiß, Ballaststoffen, Vitaminen und Mineralstoffen in der täglichen Kost des Diabetikers wird deutlich, daß die Vollwert-Ernährung für deren Erfüllung die idealen Voraussetzungen bietet. Diese an pflanzlichen Lebensmitteln reiche Kost bezieht Milch und Milchprodukte mit ein, sie enthält auch Fisch, Fleisch und Eier in begrenzten Mengen als Ergänzung. Vollwert-Ernährung kann ein Leben lang beibehalten werden und verspricht viel Genuß und Freude am Essen, da frische Lebensmittel und schonendes Garen im Vordergrund stehen. Sie können sich davon im zweiten Teil dieses Buches leicht selbst überzeugen. Die Rezepte bieten viel Abwechslung, und es ist an jede Geschmacksvorliebe gedacht. Sie sind für die ganze Familie bestens geeignet.

Der Rezeptteil beginnt mit drei Tagesplänen für jeweils 1 Woche und zwar für täglich 1200 Kilokalorien (11 BE), 1600 Kilokalorien (15 BE) und für 2000 Kilokalorien (19 BE). Hier finden die Diabetiker, die abnehmen möchten, aber auch all diejenigen, die normalgewichtig sind und ihr Gewicht halten wollen, attraktive Vorschläge dazu, wie sich Speisen gut kombinieren lassen. Hierbei ist auch an Berufstätige gedacht, für die es praktisch ist, Speisen vorzubereiten. Alle aufgeführten Rezepte entsprechen den Empfehlungen der Diabetologen. Sie sind genau berechnet, damit der Diabetiker, der mit diesen Zahlen vertraut ist, entsprechende Angaben zur Verfügung hat. Alle Rezepte, mit Ausnahme derer des Gebäcks, sind für zwei Personen angelegt. Die Berechnungen hingegen beziehen sich stets auf eine Portion beziehungsweise bei Gebäck auf ein Stück.

Die Vorteile der Vollwert-Ernährung sollten durch einen insgesamt gesunderhaltenden Lebensstil ergänzt und unterstützt werden. Regelmäßige körperliche Bewegung bei Sport, Gartenarbeit oder Tanz sind empfehlenswert und machen Spaß. Die Gesundheit schädigende Mittel wie zum Beispiel Nikotin sollten nicht, stimulierende Getränke, wie Alkohol und Kaffee, wenn überhaupt, nur in geringen Mengen konsumiert werden. So werden die Selbstheilungskräfte des Körpers optimal gefördert und können ihre günstigen Wirkungen entfalten. Auf diese Weise nehmen Wohlbefinden und Lebensfreude zu, trotz Diabetes.

Wir wünschen viel Freude bei der Zubereitung der Mahlzeiten und am Essen!
Ihr Claus Leitzmann
Heiner Laube
Helmut Million

ERNÄHRUNG UND DIABETES MELLITUS

Veränderte Ernährungsgewohnheiten und „Zivilisationskrankheiten"

Die Ernährung unserer Bevölkerung hat sich in den vergangenen 150 Jahren grundlegend verändert. Früher bildeten stärkehaltige, also kohlenhydratreiche, und ballaststoffreiche Lebensmittel (Getreideprodukte aus dem vollen Korn, Kartoffeln, Hülsenfrüchte, Gemüse) die Hauptnahrungsquelle. Der Anteil an Kohlenhydraten in der Nahrung betrug etwa 70 Prozent der Gesamtenergiezufuhr. Auszugsmehle und Zucker waren unter anderem aus technologischen und ökonomischen Gründen noch nicht weit verbreitet. Eiweiß und Fett hatten einen Anteil von jeweils etwa 15 Prozent an der Gesamtenergiezufuhr. Die Aufnahme von Ballaststoffen (für den Menschen unverdauliche pflanzliche Faser- und Quellstoffe) betrug ungefähr 100 Gramm pro Tag. Die Versorgung mit essentiellen (lebenswichtigen und zufuhrnotwendigen) Vitaminen und Mineralien war meist ausreichend. Nahrungsmittel tierischer Herkunft wurden in wesentlich geringeren Mengen als heute verzehrt. Die Energieversorgung war dem Bedarf angemessen oder eher etwas zu knapp.

Industrialisierung, Verstädterung und steigender Wohlstand in der Bevölkerung trugen zum **Wandel in der Ernährung** bei. Der Konsum tierischer Nahrungsmittel erhöhte sich stark, und das hatte zur Folge, daß sich der Fettverzehr bis heute mehr als verdoppelt hat. Dagegen sank der Verzehr stärkehaltiger Produkte um die Hälfte. Von den heute aufgenommenen Kohlenhydraten stammen fast 30 Prozent aus dem Haushaltszucker. Zusammen mit der Verbreitung von Auszugsmehlen (weiße Mehle) führte der steigende Zuckerkonsum zu einem Rückgang der Ballaststoffaufnahme auf etwa ein Fünftel der früher üblichen Menge. Die Eiweißzufuhr hat sich insgesamt nur leicht erhöht, jedoch stammen heute zwei Drittel des Eiweißes aus tierischen und ein Drittel aus pflanzlichen Nahrungsmitteln, während in früherer Zeit das Verhältnis umgekehrt war. Bei der heutigen Ernährung kommen 40 Prozent der Nahrungsenergie aus Kohlenhydraten (davon über 10 Prozent allein aus Haushaltszucker), knapp 40 Prozent aus Fett, 12 Prozent aus Eiweiß und etwa 8 Prozent aus Alkohol.

Besonders ungünstig ist die derzeitig überhöhte Zufuhr an Energie (Kalorien). Bei erwachsenen Männern liegt die durchschnittliche Energieaufnahme bei 3800 Kilokalorien pro Tag. Diesen hohen Energiebedarf haben aber nur sehr wenige Menschen (Schwerstarbeiter und Hochleistungssportler). Der Bedarf der Leichtarbeiter liegt bei etwa 2400 und der der Mittelschwerarbeiter bei etwa 3000 Kilokalorien pro Tag. Ähnlich ist die Situation bei erwachsenen Frauen. Ihre durchschnittliche Energieaufnahme liegt bei 3000 Kilokalorien pro Tag, der Bedarf jedoch bei etwa 2000 (Leichtarbeiterin) bis etwa 2600 Kilokalorien pro Tag (Mittelschwerarbeiterin).

Die **veränderte Lebensmittelerzeugung** und die stark zunehmende Verarbeitung der Nahrungsmittel zog meist eine Minderung der Nahrungsmittelqualität nach sich. So werden heute etwa 85 Prozent des Nahrungsgetreides zu Auszugsmehlen (helle Mehle) verarbeitet und als solche konsumiert. Im Vergleich zum ganzen Getreidekorn enthält weißes Auszugsmehl (der Type 405) 60 bis 90 Prozent weniger Vitamine und Mineralien. Besonders wenn solche stark verarbeiteten und erhitzten Produkte in größerem Umfang verzehrt werden, ist es sehr schwierig, diese Verluste durch andere Nahrungsmittel auszugleichen. Deshalb liegt die Aufnahme einiger Vitamine und Mineralien (bei gleichzeitiger Überversorgung mit Kalorien) bei verschiedenen Bevölkerungsgruppen unter der wünschenswerten Zufuhrmenge.

Ein zusätzlicher Grund für die teilweise verringerte Qualität der Lebensmittel ist deren

Früher waren Vollkorngetreide, Kartoffeln, Hülsenfrüchte und Gemüse die Hauptnahrungsmittel

Heute stehen Fleisch, Zucker und andere verfeinerte Produkte ganz oben auf den Speisezetteln

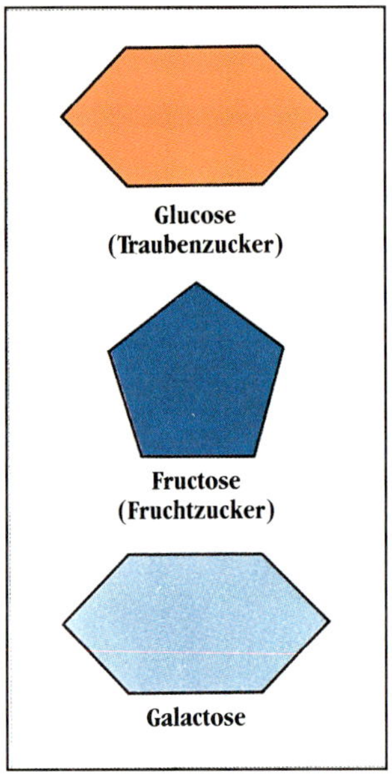

Verschiedene Einfachzucker

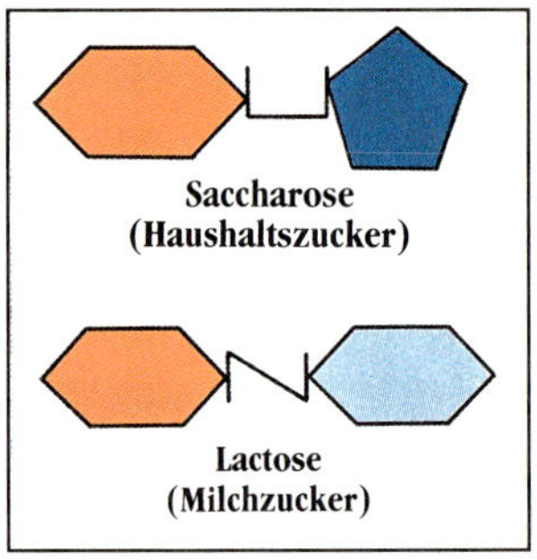

Verschiedene Zweifachzucker

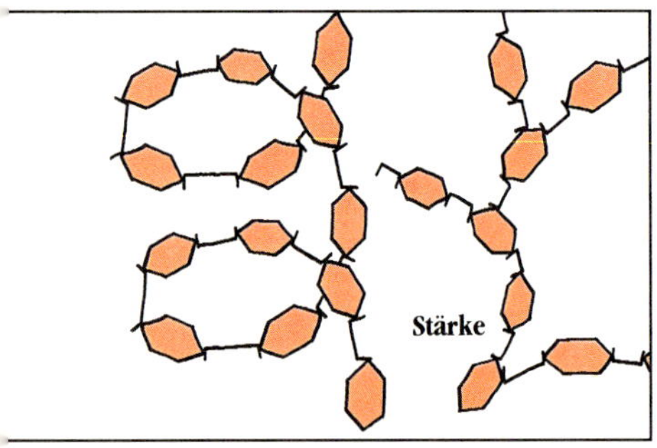

Der Mehrfachzucker Stärke setzt sich aus Glucoseeinheiten zusammen und kommt in einer gewundenen (links abgebildet) und in einer verzweigten (rechts abgebildet) Form vor

zunehmende Belastung durch unerwünschte Inhaltsstoffe. Die Aufnahme von Schwermetallen (Blei, Quecksilber, Cadmium und anderen) mit der Nahrung hat ein hohes Ausmaß erreicht. In der Landwirtschaft und der Massentierhaltung werden darüber hinaus zahlreiche chemische Stoffe eingesetzt, die in der verwendeten Form oder als Abbauprodukte in Nahrungsmitteln auftauchen. Oft sind die Wirkungen dieser Stoffe und ihrer Abbauprodukte auf den Organismus sowie die Wechselwirkungen untereinander nicht genau geklärt. Zum Teil gibt es keine geeigneten Analyseverfahren, um den Gehalt an chemischen Substanzen in den Nahrungsmitteln bestimmen zu können. Viele erlaubte Lebensmittelzusatzstoffe sind offiziell für gesundheitlich unbedenklich erklärt worden, von einigen können jedoch gesundheitliche Gefahren ausgehen (zum Beispiel von Pökelsalz und Sulfiden). Fast alle Zusatzstoffe sind entbehrlich. Der Einsatz von Farb-, Duft- und Geschmacksstoffen täuscht oft eine Qualität vor, die das entsprechende Lebensmittel gar nicht besitzt.

Die gravierenden Veränderungen in der Nahrungsmittelerzeugung und -verarbeitung und die damit verbundenen Änderungen der Ernährungsgewohnheiten überfordern offensichtlich die Anpassungsfähigkeit des menschlichen Organismus. Seit Krankheitshäufigkeiten und Todesursachen statistisch erfaßt werden, hat sich gezeigt, daß die Zahl der an ernährungsabhängigen Krankheiten leidenden Menschen ansteigt. Unterbrochen wurde diese Entwicklung lediglich durch die Notzeiten in den Kriegs- und Nachkriegsjahren. **Die Liste der ernährungsbedingten Krankheiten** ist lang, wie die nachfolgende Aufstellung zeigt. Sie erhebt allerdings keinen Anspruch auf Vollständigkeit.

- Karies und Parodontose
- Verstopfung, Hämorrhoiden und Darmdivertikulose (Darmwandausstülpungen)
- Fettleber, Gallenwegserkrankungen und Gallensteine
- Entzündungen der Bauchspeicheldrüse
- bestimmte Nierenerkrankungen und Nierensteine
- Bluthochdruck
- Durchblutungsstörungen
- Fettstoffwechselstörungen
- Gicht beziehungsweise erhöhte Harnsäurewerte im Blut
- Diabetes mellitus
- Arteriosklerose und Herzinfarkt
- Allergien und Nahrungsmittelintoleranzen
- Gesundheitsstörungen durch Vitamin- und Mineralstoffmangel
- Krebskrankheiten unter bestimmten Bedingungen, zum Beispiel bei Rauchern, Alkoholikern und anderen

Die Nährstoffe und der Stoffwechsel

Die Nährstoffe

Die Inhaltsstoffe der Nahrung werden in Nährstoffe und Nichtnährstoffe sowie in Wirkstoffe eingeteilt. Zu den **Hauptnährstoffen** zählen Kohlenhydrate (Saccharide), Eiweiß (Protein) und Fette (Lipide). Sie alle ermöglichen den Aufbau von Körpersubstanz und liefern Energie für die Nerven-, Muskel- und Organtätigkeit sowie für die Aufrechterhaltung der Körpertemperatur.

Nichtnährstoffe sind die Mineralstoffe und Vitamine. **Wirkstoffe** sind die Ballaststoffe und andere Substanzen, die in Gewürzen und Kräutern vorkommen. Sie alle sind weder in nennenswertem Umfang am Aufbau von Körpersubstanz beteiligt (mit Ausnahme von Kalzium in den Knochen) noch liefern sie Energie. Dennoch ist ihr Vorhandensein im Körper in der richtigen Menge unerläßlich, denn sie wirken meist regulierend.

Unter dem Begriff Stoffwechsel ist die Gesamtheit aller Abläufe zu verstehen, die zum Aufbau, zur Erhaltung und zur Erneuerung des Körpers und seiner Leistungsfähigkeit beitragen.

Kohlenhydrate

Die Kohlenhydrate (Saccharide) bestehen aus einzelnen oder zusammengesetzten Zuckerbausteinen. Die einzelnen Zuckerbausteine, auch als **Einfachzucker (Monosaccharide)** bezeichnet, werden von Pflanzen durch Photosynthese gebildet. Es gibt eine große Anzahl verschiedener Einfachzucker; für die menschliche Ernährung sind vor allem der Traubenzucker (Glucose), der Fruchtzucker (Fructose) und die Galactose (Bestandteil des Milchzuckers) von Bedeutung (siehe dazu die nebenstehenden Abbildungen).

Rohr- oder Rübenzucker (Saccharose, „Haushaltszucker") ist ein **Zweifachzucker (Disaccharid),** der aus Trauben- und Fruchtzucker zusammengesetzt ist. Traubenzukker, Frucht- und Rohrzucker kommen in unterschiedlichen Anteilen in Früchten vor.

Milchzucker (Lactose) ist wie Rohrzucker ein Zweifachzucker, der aus Traubenzucker und Galactose besteht; er ist das Kohlenhydrat der Milch. Malzzucker (Maltose) setzt sich aus zwei Einheiten (Molekülen) Traubenzucker zusammen. Die Ein- und die Zweifachzucker haben einen mehr oder weniger süßen Geschmack und werden schnell aus dem Darm ins Blut aufgenommen, daher die Bezeichnung **schnelle Kohlenhydrate.**

Das für die menschliche Ernährung wichtigste Kohlenhydrat ist die Stärke, ein **Mehrfachzucker (Polysaccharid).** Sie besteht aus vielen Molekülen Traubenzucker, die kettenförmig miteinander verbunden sind. In der Stärke können mehrere 100 000 Traubenzuckermoleküle aneinandergekettet sein. Stärke schmeckt im Gegensatz zum isolierten Traubenzucker nicht süß. Sie dient vielen Pflanzen (zum Beispiel Getreide, Kartoffeln, Gemüse, Hülsenfrüchten) als Reservestoff. Die Stärke wird nach dem Verzehr im menschlichen Verdauungstrakt langsamer abgebaut als Zweifachzucker, ihre Bausteine (Glucose) gehen langsamer ins Blut über, daher die Bezeichnung **langsame Kohlenhydrate.**

Glykogen ist die Reserveform der Kohlenhydrate im tierischen Organismus, und es wird daher auch als „tierische Stärke“ bezeichnet. Glykogen ist verzweigt und besteht aus mehreren 1000 Traubenzuckermolekülen. Es kommt hauptsächlich in der Leber, aber auch in den Muskeln vor. Für die Ernährung spielt Glykogen in Lebensmitteln allerdings keine Rolle, da es nach dem Schlachten der Tiere fast vollständig abgebaut wird.

Bis auf das Lignin (ein faseriger Bestandteil pflanzlicher Zellwände) zählen **Ballaststoffe** zu den Kohlenhydraten. Sie sind ebenfalls aus Zuckern und zuckerverwandten Stoffen aufgebaut und kommen in Pflanzen und Algen vor. Obgleich sie vom Menschen nicht zu Zuckermolekülen abgebaut, also verdaut werden können, spielen sie eine wichtige Rolle in der Verdauung (siehe „Ballaststoffe sind kein Ballast“, Seite 38).

Eiweiß

Eiweiß (Protein) besteht aus einzelnen Bausteinen, den Aminosäuren. Sie sind wie die Bausteine von Stärke und Glykogen kettenförmig miteinander verknüpft. Für den menschlichen Organismus sind 20 Aminosäuren wichtig. Ein Teil davon ist essentiell, das heißt der Körper kann sie nicht bilden, sie müssen ihm mit der Nahrung zugeführt werden. Eiweiße enthalten einige Dutzend bis mehrere 1000 Aminosäuren. Jedes Lebewesen hat seine „eigenen“ Eiweiße, die es gemäß seinem genetischen Bauplan aus verschiedenen Aminosäuren aufbaut. Wegen der unzähligen Verknüpfungsmöglichkeiten der 20 verschiedenen Aminosäuren zu einer Eiweißkette gibt es eine große Anzahl von Eiweißen mit jeweils ganz verschiedenen Aufgaben.

Fett

Fette (Lipide) liegen vornehmlich als Neutralfette (Triglyceride) vor. Sie bestehen aus einem Teil Glycerin, an das drei Fettsäuren gebunden sind (siehe dazu die nebenstehende Abbildung). Die Fettsäuren werden nach der Länge ihrer Kette aus Kohlenstoffatomen und der Anzahl der Doppelbindungen (besonders starke Verbindungen im Molekül; in der Abbildung mit einem Pfeil markiert) unterschieden. Fettsäuren mit 4 Kohlenstoffatomen werden als kurzkettig, solche mit 6 bis 12 als mittelkettig, solche mit 14 bis 26 Kohlenstoffatomen als langkettig bezeichnet. Besitzen Fettsäuren in ihrer Kohlenstoffkette keine Doppelbindung, spricht man von **gesättigten Fettsäuren.** Weisen sie eine Doppelbindung auf, nennt man sie **einfach ungesättigte Fettsäuren** und so weiter. Die zweifach ungesättigte Linolsäure (mit 18 Kohlenstoffatomen) ist für den Menschen essentiell, muß also über das Essen zugeführt werden. Fette, die einen großen Anteil an

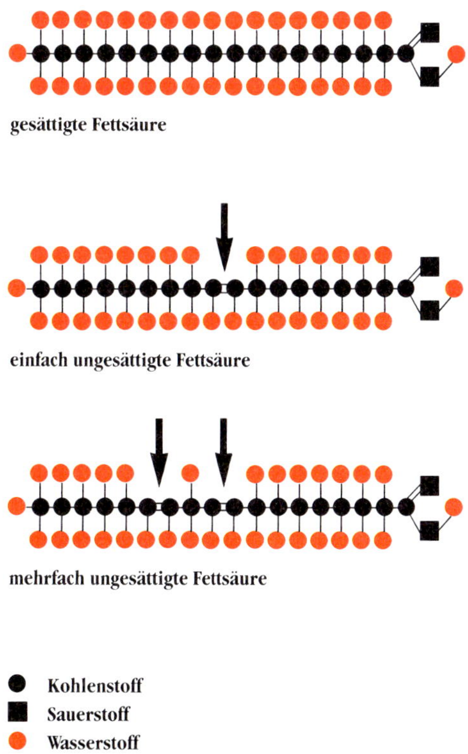

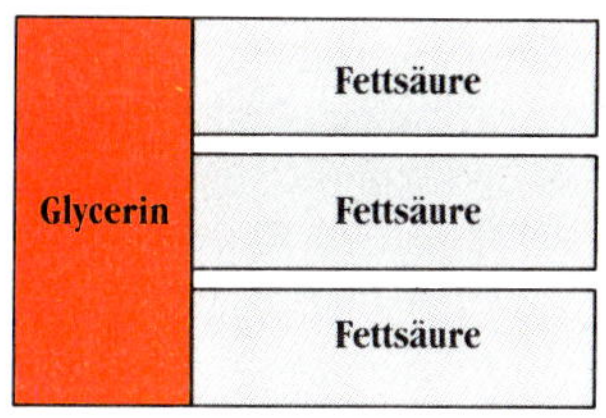

Abbildung oben: Neutralfette (Triglyceride) bestehen aus einem Teil Glycerin, an den drei Fettsäuren gebunden sind

Abbildung links: Je nach der Anzahl der Doppelbindungen in der Kohlenstoffkette (hier mit Pfeilen gekennzeichnet) unterscheidet man verschiedene Fettsäuretypen

ungesättigten Fettsäuren enthalten, sind flüssig (Pflanzenöle). Enthalten die Fette überwiegend gesättigte Fettsäuren, so sind sie fest (zum Beispiel Butter, Schmalz und Talg).

Die Verdauung und Speicherung von Nährstoffen im Körper

Bevor die Nährstoffe aus der Nahrung aufgenommen (resorbiert) werden können, müssen sie im Dünndarm verdaut, das heißt in ihre Bausteine zerlegt werden. Diese Zerlegung erfolgt mit Hilfe von Enzymen (Fermenten). Die Kohlenhydrate werden zu Einfachzuckern, Eiweiß zu Aminosäuren und Fette (Triglyceride) zu Fettsäuren und Glycerin abgebaut.
Die Bausteine werden vom Darm aufgenommen, gelangen in den Blutkreislauf und werden zur Leber transportiert. Die Leber baut sie um (zum Beispiel alle Kohlenhydratbausteine in Glucose) und stellt sie dem Organismus als Nährstoffe zum Aufbau der Körpersubstanz oder zur Energiegewinnung zur Verfügung. Nach einer Mahlzeit werden die aufgenommenen Nährstoffe gespeichert, bis sie benötigt werden. Tritt diese Situation nicht ein, kann sich der Mensch überernähren. Wie werden nun die einzelnen Nährstoffe im Körper gespeichert, und wie werden sie wieder mobilisiert?

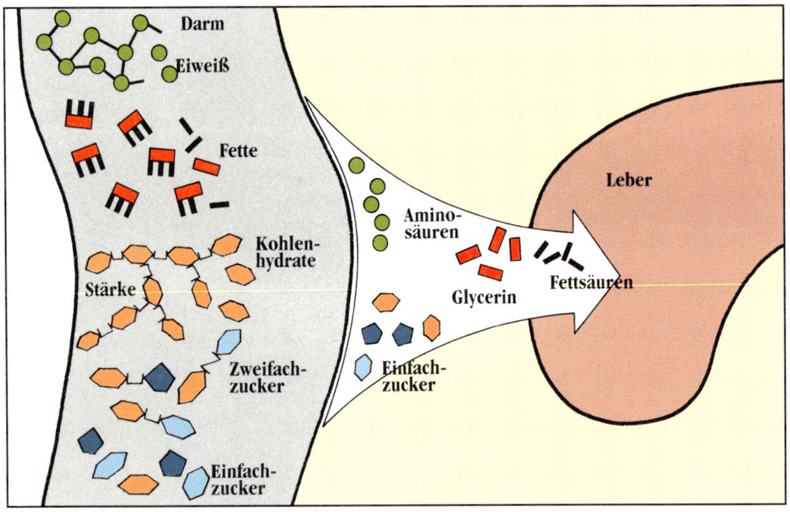

Die Hauptnährstoffe Eiweiß, Fett und Kohlenhydrate werden im Darm in ihre Bausteine zerlegt. Diese werden dann mit dem Blut zur Leber transportiert

Fett

Fett, das nicht sofort zur Energiegewinnung benötigt wird, kann in den Fettzellen gespeichert werden. Fettzellen kommen in fast allen Körpergeweben vor, besonders jedoch in speziellen Fettgeweben, zum Beispiel im Unterhautfettgewebe. Bei Bedarf wird das gespeicherte Fett in Fettsäuren und Glycerin gespalten. Die Fettsäuren werden ins Blut abgegeben, zur Leber transportiert und dort zur Energiegewinnung herangezogen. Aus dem Glycerin kann in der Leber Traubenzucker (Glucose) gebildet werden. Bei Normalgewichtigen werden in den Fettgeweben 10 bis 15 Kilogramm Depotfett gespeichert. Bei stark Übergewichtigen können die Fettspeicher bis auf das 10fache anwachsen.

Kohlenhydrate

Im Zusammenhang mit Diabetes mellitus ist die Speicherung der Kohlenhydrate von besonderem Interesse. Die Leber kann etwa 100 Gramm Traubenzucker (Glucose) als Glykogen kurzzeitig speichern und daraus Glucose auch rasch wieder ins Blut abgeben. So können Schwankungen in der Glucoseversorgung zwischen den Mahlzeiten ausgeglichen und der Blutzuckerspiegel konstant gehalten werden. Die Glykogenspeicher werden also nach einer Mahlzeit gefüllt und in der darauffolgenden „Hungerperiode" allmählich wieder entleert. Wird bei gefüllten Glykogenspeichern weiterhin Glucose mit der Nahrung zugeführt, so wandelt die Leber sie in Fett um, und der Körper nimmt dieses in seine Speicher auf. Die 300 bis 350 Gramm Glykogen, die in Muskeln und Leber gespeichert sind, liefern 1200 bis 1400 Kilokalorien, so daß die Glykogenreserven der Leber nach einem Tag ohne Nahrungszufuhr weitgehend aufgebraucht sind.

Eiweiß

Die Existenz eines echten Eiweißspeichers im Körper ist umstritten. Allerdings besitzt der Körper etwa 250 Gramm an „labilem Protein" (Protein, das nicht in Muskeln oder anderen Strukturen festliegt). Es kann, zum Beispiel im Hungerzustand, zur kurzfristigen Energiegewinnung herangezogen werden. Außerdem kann der Körper in Notzeiten etwa ein Viertel seines Proteins (bis zu 3 Kilogramm) ohne Schaden abbauen.
Für die Neubildung oder den Ersatz körpereigener Eiweiße benötigt der Erwachsene pro Tag etwa 0,5 Gramm Eiweiß pro Kilogramm Körpergewicht (Sollkörpergewicht). Bei einem Körpergewicht von 50 bis 70 Kilogramm sind daher täglich 25 bis 35 Gramm

Eiweiß erforderlich. Kinder benötigen täglich bis zu 1,6 Gramm Eiweiß pro Kilogramm Körpergewicht.
Überschüssiges Eiweiß nutzt der Körper zur Energiegewinnung, oder er speichert die Umbauprodukte in Form von Fett oder Glykogen. Eiweiß enthält Stickstoff, der beim Umbau von Eiweiß frei wird und durch Bildung von Harnstoff entgiftet und über die Nieren ausgeschieden werden muß.
Einige Experten meinen, daß es, besonders bei Überernährung, durch zu hohe Eiweißzufuhr zu einer krankhaften Speicherung dieses Nährstoffs kommen kann. Fasten wird dann als Therapie verordnet.

Die Regulation des Blutzuckerspiegels

Warum und wie wird der Blutzuckerspiegel reguliert?

Bestimmte Körpergewebe, wie das Gehirn, die Nerven, das Nierenmark und die roten Blutzellen (Erythrozyten), „ernähren" sich normalerweise ausschließlich von Traubenzucker (Glucose). Glucose ist die Form, in der Kohlenhydrate im Blut vorkommen. Der Blutglucosespiegel muß aus den oben genannten Gründen mit großer Konstanz auf einem Wert zwischen **0,7 und 0,9 Gramm Glucose pro Liter Blut** gehalten werden. Die in der Medizin gebräuchlichen Einheiten sind **70 bis 90 mg/100 ml Blut (oder 70 bis 90 mg%)**. Eine Absenkung auf die Hälfte dieses Wertes bedeutet eine Unterzuckerung **(Hypoglycämie),** deren Symptome von einer Unterversorgung der Gehirnzellen mit Glucose herrühren. Andererseits ist eine Steigerung über den Normwert **(Hyperglycämie)** auch nicht erwünscht. Eine Verdoppelung der Glucosekonzentration im Blut zieht einen Austritt von Zellflüssigkeit aus den Zellen in die Blutbahn nach sich. Es kommt zur Flüssigkeitsverarmung der Zellen sowie zu erhöhter Urinproduktion und -ausscheidung, mit der ein Verlust an Glucose und Mineralstoffen verbunden ist.
Der gesunde Körper kann trotz starker Schwankungen der Glucosezufuhr und des -verbrauchs den Blutzuckerspiegel annähernd konstant halten, da verschiedene Prozesse zu diesem Zweck zusammenwirken. Folgende Mechanismen sorgen für die Regulation des Blutglucosespiegels:

Senkung des Blutglucosespiegels durch:
- Erhöhung des Glucosetransports vom Blut in Fett- und Muskelzellen;
- Bildung von Glykogen in Leber und Muskeln;
- Erhöhung des Glucoseanteils bei der Energiegewinnung zu Lasten des Fettanteils;
- Umwandlung von Blutglucose in Fett; das geschieht in der Leber und im Fettgewebe.

Erhöhung des Blutglucosespiegels durch:
- Verringerung des Transports von Glucose aus dem Blut in Fett- und Muskelzellen;
- Abbau des Glykogens in der Leber zu Glucose und Abgabe derselben ins Blut (Glykogen der Muskeln kann nicht zu freier Glucose abgebaut werden und ist daher an der Erhöhung des Blutzuckerspiegels nicht beteiligt);
- Bildung von Glucose aus Aminosäuren beziehungsweise aus Eiweiß, Milchsäure (Lactat) und Glycerin;
- Verringerung des Glucoseanteils bei der Energiegewinnung zugunsten des Fettanteils.

Eiweißreiche Lebensmittel

Hormone regulieren den Blutzucker

Die Vorgänge, die zur Erhöhung oder zur Senkung des Blutzuckerspiegels führen, werden durch Hormone gesteuert. Hormone sind Botenstoffe, die in Teilen des Gehirns und in verschiedenen Organen und Geweben (Drüsen) gebildet werden. Sie regulieren den Stoffwechsel, indem sie Enzyme (Fermente) anregen oder hemmen, die dann die vielfältigen chemischen Reaktionen im Körper in Gang setzen.
Die wichtigsten Hormone für die Regulation des Blutzuckerspiegels und die Koordination verschiedener Stoffwechselreaktionen sind **Insulin** und **Glucagon** aus der Bauchspeicheldrüse (Pankreas). Weitere wichtige Hormone sind **Adrenalin, Noradrenalin** und **Cortison** aus der Nebenniere, **Thyroxin** aus der Schilddrüse und das Wachstumshormon **Somatotropin** aus der Hirnanhangdrüse.
Insulin ist das einzige dieser Hormone, das den Blutzucker in vielfältiger Weise zu senken vermag. Insulin bewirkt:
- den Transport von Glucose aus dem Blut in die Zellen des Muskel- und des Fettgewebes, da es die Durchlässigkeit der Zellmembranen für Glucose erhöhen kann (siehe auch Seite 13);

- die Stimulation der Glykogenbildung aus Blutglucose und hemmt gleichzeitig den Glykogenabbau in Leber und Muskeln;
- die Erhöhung des Glucoseanteils bei der Energiegewinnung durch vermehrten Glucoseabbau;
- die Steigerung der Umwandlung von Glucose in Fett in der Leber und im Fettgewebe;
- die Hemmung der Glucosebildung in der Leber.

Insulin regt also die Bildung von Glykogen und Fetten, von Fettsäuren und Eiweiß an, es hemmt die entgegengesetzten, abbauenden Prozesse und bewirkt dadurch, daß Energiespeicher angelegt und Körpersubstanz aufgebaut wird.

Normalerweise wird der Insulinspiegel im Blut schon zu Beginn des Essens durch die Tätigkeit des vegetativen Nervensystems leicht erhöht, um den Körper auf die Speicherung und die Verwertung der zugeführten Nahrung vorzubereiten. Aber auch nüchtern ist (beim Gesunden) ständig ein gewisser Insulinspiegel vorhanden. Dieser basale (Grund-) Spiegel schützt das Fett und das Körpereiweiß vor unkontrolliertem Abbau.

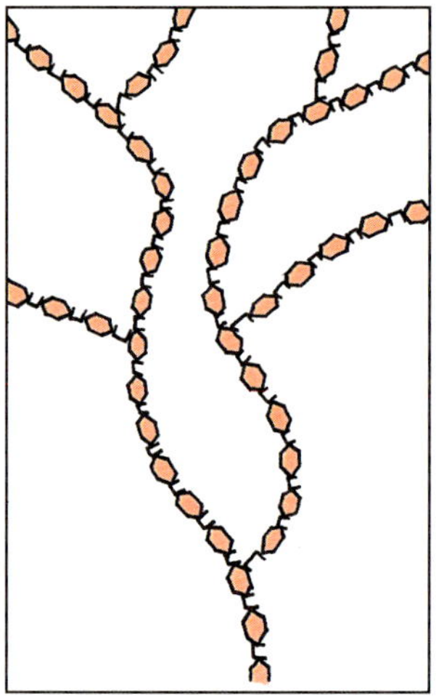

Glycogen (tierische Stärke) besteht aus einer Kette von Glucosebausteinen. Die Glucoseketten sind verzweigt

Glucagon ist der direkte Gegenspieler des Insulins, alle seine Wirkungen sind denen des Insulins entgegengesetzt. Die Hauptaufgabe des Glucagons besteht darin, ein Sinken des Blutzuckerspiegels unter die Normgrenze zu verhindern. Dieses Hormon fördert die Glucosefreisetzung aus Leberglykogen ins Blut sowie die Bildung von Glucose aus Aminosäuren (Eiweißbausteinen) und Milchsäure in der Leber. Glucagon bewirkt den Abbau von Eiweiß und Fett und erhöht damit den Fettanteil bei der Energiegewinnung zu Lasten der Glucose. Nach der Nahrungszufuhr sinkt der Glucagonspiegel. Erst wenn die gesamte Nahrung verdaut, aufgenommen und gespeichert wurde, steigt er wieder an. Daher wird Glucagon auch als Hungerhormon bezeichnet. Das Verhältnis von Glucagon zu Insulin (der G/I-Quotient) zeigt an, ob der Stoffwechsel mehr vom Glucagon oder mehr vom Insulin beeinflußt wird.

Adrenalin und **Noradrenalin** sind Streßhormone. Sie werden bei starker körperlicher Anstrengung, Kälte, Hitze, Schmerz, Blutdruckabfall, Sauerstoffmangel, bei Hypoglycämien und besonders bei Angst oder Ärger aus der Nebenniere ins Blut abgegeben. Sie fördern sowohl die Glucosefreisetzung durch Glykogenabbau und die Glucosesynthese als auch die Glucoseverwertung durch Aufnahme der Glucose aus dem Blut in die Zellen und durch Glucoseabbau. Letzteres geschieht jedoch nur im tätigen Muskel und ist abhängig von der Belastung. Dieser Vorgang wird verständlich, wenn man sich vergegenwärtigt, daß ein Lebewesen natürlicherweise bei Streßeinwirkung die Flucht ergreift. Dafür benötigen die Muskeln viel Energie, deren Bereitstellung durch die Streßhormone ermöglicht wird. Streß bewirkt demnach stets eine Erhöhung des Blutzuckerspiegels, wenn Angst, Schmerz oder Ärger nicht zu körperlichen Aktionen führt, sondern der Betreffende physisch untätig bleibt, zum Beispiel wenn er verärgert an seinem Schreibtisch sitzen bleibt. Das gilt natürlich auch für Nichtdiabetiker. Dauerstreß hemmt sowohl die Insulinempfindlichkeit (siehe dazu „Insulin muß an Rezeptoren gebunden werden") als auch die Insulinfreisetzung aus der Bauchspeicheldrüse.

Wird der Körper bei Streß in Aktion versetzt, zum Beispiel plötzlich aus dem Ruhezustand zu maximaler Anstrengung gebracht, bewirken die Hormone Adrenalin und Noradrenalin, daß augenblicklich genügend Energie zur Verfügung steht. Dabei kann der Muskelstoffwechsel um das 20fache und die Stoffwechselleistung des gesamten Körpers um das 8fache erhöht werden. Die Glucose wird dann im Muskel zum überwiegenden Teil nicht mehr wie normalerweise vollständig zu Kohlendioxid, sondern nur zu Milchsäure abgebaut. Sie gelangt über das Blut zur Leber, die daraus wieder Glucose bildet. Die Leber gibt diese zusammen mit der Glucose aus dem Glykogenabbau wiederum ins Blut ab. Auf diese Weise ist dafür gesorgt, daß der Blutzuckerspiegel auch bei maximaler körperlicher Belastung nicht absinkt.

Cortison wird nach der Freisetzung von Adrenalin und Noradrenalin mit zeitlicher Verzögerung aus der Nebenniere ins Blut abgegeben. Cortison vermag ebenfalls den Blutzuckerspiegel zu erhöhen. Es hemmt den Glucosetransport vom Blut in die Zellen und damit den Glucoseabbau in deren Innerem. Gleichzeitig erhöht Cortison die Glucoseproduktion in der Leber sowie die Bildung von Glykogen. Es sorgt unter anderem nach großer körperlicher Anstrengung dafür, daß die verbrauchten Glykogenreserven schnell wieder aufgefüllt werden.

Die Konzentration des Wachstumshormons **Somatotropin** steigt nach Streß, zum Beispiel nach Unterzuckerung oder schwerer Arbeit, im Blut an. Längerfristig erhöhte Hormonmengen bewirken einen Anstieg des Blutzuckerspiegels und den Abbau von Fetten.

Schilddrüsenüberfunktion (vermehrte Freisetzung des Hormons **Thyroxin**) führt durch erhöhten Glykogenabbau und vermehrte Glucosesynthese zu einer Verschlechterung des Kohlenhydratstoffwechsels. Bei Diabetikern mit Schilddrüsenüberfunktion verbessert sich die Stoffwechsellage und der Insulinbedarf wird verringert, wenn die Funktionsstörung der Schilddrüse behoben wird.

Das Insulin muß an Rezeptoren gebunden werden

Insulin bewirkt, wie oben bereits erwähnt, den Transport von Glucose aus dem Blut in die Muskel- und die Fettzellen, und zwar dadurch, daß es die Wände dieser Zellen für Glucose durchlässig macht. Dazu muß sich das Insulinmolekül an der Zelloberfläche anlagern. Es verbindet sich mit bestimmten Strukturen an der Zelloberfläche – **den Insulinrezeptoren** – und wirkt dann auf die jeweilige Zelle ein. Dieser Mechanismus ist für das Verständnis einer erfolgreichen Behandlung des Diabetes von Bedeutung. Die Zahl der Insulinbindungsstellen (Rezeptoren) pro Zelle und die Insulinbindungsfähigkeit (Affinität) an diese Rezeptoren ist in verschiedenen Geweben unterschiedlich und wird von zahlreichen Faktoren beeinflußt.

Zu den Faktoren, die eine **Verminderung** der Insulinrezeptorenzahl bewirken, zählen:

- eine dauerhaft erhöhte Insulinkonzentration im Blut (Hyperinsulinismus);
- Überernährung und Bewegungsmangel;
- eine kohlenhydratarme, aber fettreiche Ernährung.

Zu den Faktoren, die eine **Erhöhung** der Insulinrezeptorenzahl bewirken, zählen:

- Sport und andere körperliche Betätigungen;
- eine knapp gehaltene Energiezufuhr;
- eine kohlenhydratreiche Ernährung.

Die **Insulinresistenz** bei Typ-2-Diabetikern (siehe Seite 15), das heißt die verminderte Wirkung des vorhandenen Insulins, ist in den meisten Fällen auf eine verringerte Anzahl von Rezeptoren an den betreffenden Zellen zurückzuführen. Das Ausmaß der Verringerung der Rezeptorenzahl reicht von einer Halbierung bis zu einem Rückgang auf ein Zehntel der normalerweise vorhandenen Bindungsstellen. Daher braucht ein Typ-2-Diabetiker, wenn er mit Insulin behandelt wird, oft höhere Dosierungen als ein Typ-1-Diabetiker (siehe Seite 14). Eine Behandlung von Typ-2-Diabetikern mit Insulin oder insulinstimulierenden Medikamenten ist meist dann nicht angebracht, wenn Übergewicht vorliegt, da diese Therapie unter Umständen zu einem Fortschreiten der Insulinresistenz beiträgt. Eine bezüglich ihres Energiegehalts knapp bemessene, kohlenhydrat- und ballaststoffreiche Ernährung sowie geeignete körperliche Betätigung führen zu einer Normalisierung des Körpergewichts und stellen die normale Empfindlichkeit der Zellen für Insulin wieder her. Die Ernährung und die körperliche Betätigung sind wichtige Teile einer ursächlichen Therapie bei übergewichtigen Altersdiabetikern. Diese Therapie kann in vielen Fällen Stoffwechselstörungen normalisieren, wenn sie bereits bei Krankheitsbeginn angewandt wird, und führt meist zur wesentlichen Besserung des Krankheitsbildes, wenn Diabetes schon länger besteht.

Die Eigenart des Körpers, der Glucose nur dann Einlaß in die Fettgewebszellen und in die ruhenden Muskelzellen zu gewähren, wenn gleichzeitig erhöhte Insulinkonzentrationen im Blut vorhanden sind (in der Regel also nach den Mahlzeiten), ist sinnvoll, denn Gehirn, Nerven und Blutzellen sind im Normalfall auf eine ständige Zufuhr von Glucose angewiesen. Diese Gewebe benötigen auch kein Insulin für den Glucosetransport durch ihre Zellwände. Wenn die Glucosevorräte des Körpers knapp werden und damit auch der Insulinspiegel im Blut fällt, wird die Versorgung von Gehirn, Nerven und Blutzellen dadurch gesichert, daß Fett- und Muskelzellen ihren Glucoseverbrauch entsprechend einschränken.

Auch die Leber reguliert den Blutzuckerspiegel

Die Leber spielt bei der Regulierung des Blutzuckerspiegels eine sehr wichtige Rolle. Nach einer Mahlzeit kann die Blutglucosekonzentration in der vom Darm zur Leber führenden Pfortader über 600 mg/100 ml (600 mg%) betragen. Trotzdem verläßt das Blut die Leber mit einer Glucosekonzentration, die bei Stoffwechselgesunden unter 140 mg% liegt, das heißt, die Leber kann beim ersten Durchfließen des Blutes über 75 Prozent der Glucose herausfiltern.

Bei schwerem, unbehandeltem Insulinmangeldiabetes kann die Leber pro Tag mehr als 200 Gramm Glucose zusätzlich zu der aus der Nahrung stammenden ins Blut abgeben.

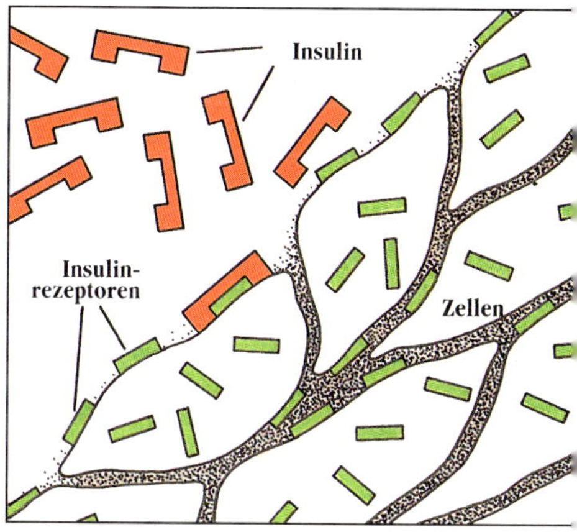

Insulin wird an den Rezeptoren auf der Zelloberfläche gebunden; dadurch kann Glucose vom Blut in die Zellen einströmen

Diese Menge reicht aus, um den Blutzuckerspiegel auch ohne die durch die Nahrung zugeführten Kohlenhydrate auf sehr hohe Werte zu bringen. Das zeigt, warum Versuche, den Blutzucker bei Insulinmangel allein durch eingeschränkten Kohlenhydratverzehr zu senken, weitgehend erfolglos bleiben. Die Beschränkung der Kohlenhydrataufnahme wird jedoch von einigen „Experten“ immer noch als unverzichtbarer Bestandteil der Therapie bei Diabetes angesehen. Sie ist aber bei ausreichenden Insulinreserven nicht gerechtfertigt und eher als ungünstig einzustufen (siehe dazu auch Seite 34 bis 38).

Gehirn, Nerven, Nierenmark und Blutzellen verbrauchen zusammen etwa 180 Gramm Glucose pro Tag. Werden zu wenig Kohlenhydrate zugeführt (täglich weniger als etwa 220 Gramm), so verschlechtert sich die Stoffwechsellage. Zur Energiegewinnung wird dann verstärkt Fett herangezogen. Beim Abbau von Fettgewebe entstehen aber saure **Ketonkörper,** die das Säure-Basen-Gleichgewicht des Körpers belasten. Bei einer richtig angepaßten Insulintherapie gibt es deshalb keinen vernünftigen Grund, die Aufnahme der langsam resorbierbaren Kohlenhydrate (Stärke) einzuschränken.

Nahrungsmittel mit leicht resorbierbaren Kohlenhydraten, zum Beispiel Traubenzucker, Haushaltszucker und Weißmehlprodukte, führen nach dem Verzehr zu einem ungünstig raschen Blutzuckeranstieg

Nahrungsmittel mit langsam resorbierbaren Kohlenhydraten, zum Beispiel Hülsenfrüchte, Vollkornprodukte und Gemüse, führen nach dem Verzehr zu einem günstigen, langsamen Anstieg des Blutzuckerspiegels

Diabetes mellitus – zwei Stoffwechselkrankheiten

Diabetes mellitus ist nach den Fettstoffwechselstörungen, die etwa 10 Prozent der Bevölkerung in der Bundesrepublik Deutschland betreffen, mit 3 bis 5 Prozent die am weitesten verbreitete Stoffwechselkrankheit. In der Bundesrepublik wurde bei etwa 1,8 Millionen Menschen Diabetes mellitus festgestellt, schätzungsweise weitere 600 00 Menschen leiden an dieser Stoffwechselstörung, ohne davon zu wissen.

Der Name Diabetes mellitus bedeutet übersetzt „honigsüßer Durchfluß“ und entstand durch die Beobachtung, daß Diabetiker Zukker im Urin ausscheiden. Diabetes mellitus tritt in zwei Formen auf, dem **Typ-1-** und dem **Typ-2-Diabetes.** Bei beiden ist der Blutzukkerspiegel erhöht (Hyperglycämie), und als Folge davon wird Zucker mit dem Urin ausgeschieden (Glucosurie).

Seit der Entdeckung des Insulins im Jahre 1922 und den Erfolgen der Insulintherapie in der darauffolgenden Zeit wurde Diabetes mellitus als Insulinmangelkrankheit betrachtet. Als es jedoch Anfang der 1960er Jahre gelang, den Insulinspiegel im Blut genau zu messen, ergab sich daraus, daß absoluter Insulinmangel nur beim Jugenddiabetes (Typ 1) vorliegt.

Bei älteren, meist übergewichtigen Typ-2-Diabetikern, besonders wenn sie noch nicht lange erkrankt sind, liegen jedoch oft normale oder sogar relativ erhöhte Insulinkonzentrationen im Blut vor. Gemessen am Insulinspiegel übergewichtiger gesunder Menschen ist die Insulinkonzentration jedoch vermindert, und das Insulin wird verzögert in die Blutbahn abgegeben (Sekretionsstarre).

Die Entstehung des Typ-1-Diabetes

Typ-1-Diabetes (auch Jugenddiabetes, Insulinmangeldiabetes oder Autoimmundiabetes genannt) tritt meist vor dem 16. Lebensjahr auf, daher auch der Name Jugenddiabetes. Eines von etwa 500 Kindern ist davon betroffen. Typ-1-Diabetes kann aber noch später (zwischen dem 17. und dem 35. Lebensjahr) und in Einzelfällen auch im höheren Alter auftreten.

Der Typ-1-Diabetes mellitus ist eine genetisch bedingte, organspezifische Autoimmunerkrankung. Die Vererbbarkeit dieser Krankheit ist bisher aber nur unvollkommen erforscht. Hat die Mutter einen Typ-1-Diabetes, so ist das Risiko des Kindes zu erkranken im Vergleich zu Kindern einer gesunden Mutter etwa um das 10fache erhöht (etwa 2,5 Prozent aller Kinder oder jedes 40. Kind). Ist der Vater Typ-1-Diabetiker, ist das Risiko um das 20fache erhöht (etwa 5 Prozent aller Kinder oder jedes 20. Kind). Sind beide Elternteile Typ-1-Diabetiker, steigt das Risiko auf das 130fache (etwa 30 Prozent aller Kinder oder jedes 3. Kind). Bei Geschwistern entwickeln bis zu 11 Prozent einen Typ-1-Diabetes, bei eineiigen Zwillingen sind es 50 bis 70 Prozent.

Die Veränderungen der Erbanlagen (Gene) stehen im Zusammenhang mit der Immunabwehr, das heißt mit der Erkennung körperfremder Substanzen und ihrer Beseitigung. Eine solche genetische Schwäche ist am Auftreten von Antigenen weißer Blutkörperchen erkennbar (Antigene = Fremdstoffe, gegen die der Körper Antikörper bildet). Diese Antigene der weißen Blutkörperchen (Leukozyten) verändern offenbar die Immunreaktion des Körpers.

Wie andere Körperzellen auch, haben die insulinproduzierenden Inselzellen der Bauchspeicheldrüse (Beta-Zellen) an ihrer Oberfläche gewebetypische Eiweiße. Diese sogenannten Erkennungseiweiße der insulinproduzierenden Zellen sind der Hinweis an die Immunabwehr, daß es sich um körpereigene Zellen handelt, die nicht vernichtet werden dürfen.

Wenn nun aufgrund einer genetischen Schwäche fremde Eiweiße, beispielsweise die von Mumps-, Rötel oder Grippeviren oder auch die aus der Nahrung, „unerkannt" in den Körper eindringen können, so ist es möglich, daß sie sich an die Erkennungseiweiße der Inselzellen heften. Die Inselzellen der Bauchspeicheldrüse werden nun vom Immunsystem nicht mehr als körpereigen erkannt und folglich vernichtet. Bei einem Ausfall von 80 Prozent der insulinbildenden Beta-Zellen entwickelt sich ein insulinabhängiger Diabetes mellitus.

Aber auch Nitrosamine (krebserregende Verbindungen, die aus Nitrit und Aminosäurebestandteilen entstehen) und Rückstände von Pflanzenschutzmitteln in Lebensmitteln können mit den Erkennungseiweißen der Inselzellen reagieren und diese dadurch so verändern, daß die Zellen von der Immunabwehr als fremd erkannt und dann vernichtet werden.

Im Blut von Typ-1-Diabetikern lassen sich meist Antikörper (vom Körper gebildete Abwehrstoffe) gegen Inselzellbestandteile nachweisen, oft schon Jahre bevor der Diabetes erkannt wird. Dieser Nachweis kann für die Früherkennung des Diabetes genutzt werden.

Eine allgemeine Belastung des Immunsystems, zum Beispiel durch eine schwere Infektion, ist oft der auslösende Faktor für den Typ-1-Diabetes. Wenn man durch optimale Ernährung ideale Voraussetzungen für ein leistungsfähiges Immunsystem schafft, so könnte das eventuell eine wirkungsvolle Maßnahme sein, um trotz der Belastung mit diabetesbegünstigenden Erbanlagen die Entwicklung eines Typ-1-Diabetes zu verhindern. Medikamente, die dämpfend auf das Immunsystem wirken (Immunsuppressiva) und die Entwicklung eines Typ-1-Diabetes verhindern sollen, sind noch im Versuchsstadium.

Die Entstehung des Typ-2-Diabetes

Die Entwicklung des Typ-2-Diabetes mellitus beruht, wie die des Typs 1, auf dem Zusammentreffen endogener (erblicher) und exogener (umweltbedingter) Faktoren. Die genetischen Veränderungen sind jedoch nicht dieselben wie beim Typ-1-Diabetes. Für Verwandte ersten Grades von Typ-2-Diabetikern besteht gegenüber der Gesamtbevölkerung ein doppelt so hohes Risiko zu erkranken. Bei eineiigen Zwillingen haben in 90 Prozent der Fälle beide einen Typ-2-Diabetes, bei Geschwistern ist das nur zu 25 Prozent der Fall. Obwohl angenommen wird, daß 30 bis 40 Prozent der Bevölkerung eine Veranlagung zum Typ-2-Diabetes besitzen, entwickeln nur etwa 3 Prozent diese Stoffwechselstörung in erkennbarer Form.

Die Verbreitung des Typ-2-Diabetes in der Bevölkerung nimmt mit steigendem Alter der Menschen zu. Von den 45jährigen sind derzeit etwa 1 Prozent, von den 65jährigen etwa 4 Prozent der Bevölkerung Typ-2-Diabetiker. Neben Veranlagung und Alter spielen Ernährungsfaktoren eine herausragende Rolle bei der Entwicklung eines Typ-2-Diabetes.

Überernährung beziehungsweise Übergewicht wird als wichtigster äußerer Faktor für die Entstehung des Typ-2-Diabetes angesehen. Etwa 80 Prozent aller Typ-2-Diabetiker sind übergewichtig. Bei Normalgewichtigen findet sich unter 200 ein Diabetiker, bei Personen mit über 50 Prozent Übergewicht ist jeder zehnte Diabetiker. Als Folge der Überernährung vermehren und vergrößern sich die Fettzellen und erhöhen sich die Konzentrationen der Fette im Blut, die die Insulinwirkung behindern.

Die Bauchspeicheldrüse muß bei Übergewicht wesentlich mehr Insulin produzieren, um zusätzlich 20 oder 30 Kilogramm Fettgewebe mit Insulin zu versorgen. Zunächst kommt es zu erhöhten Insulinkonzentrationen im Blut (Hyperinsulinämie), die eine weitere Zunahme des Körpergewichts begünstigen, da Insulin die Fettproduktion fördert (siehe Seite 12 oben). Der Körper „wehrt" sich gegen den hohen Insulinspiegel, indem er die Empfindlichkeit der Fett-, der Leber-, aber auch der Muskelzellen beziehungsweise ihrer Rezeptoren hinsichtlich der Insulinwirkung verringert (Insulinresistenz). Das läßt den Blutzucker ansteigen, was von der Bauchspeicheldrüse wiederum mit einer Erhöhung der Insulinproduktion beantwortet wird. Dieser „Kleinkrieg" zwischen verschiedenen Körperzellen und der Bauchspeicheldrüse führt bei einer genetisch geschwächten Bauchspeicheldrüse meist zu einem relativen – und später auch absoluten – Insulinmangel mit manifestem Typ-2-Diabetes (manifest bedeutet: mit deutlich erkennbaren Symptomen).

Falsche Ernährung ist in den meisten Fällen die Ursache von Übergewicht

Getreide und Getreideprodukte, Gemüse, Hülsenfrüchte und Obst sind gute Ballaststofflieferanten

Während die Häufigkeit des Typ-1-Diabetes in den letzten 50 Jahren vor allem in den Industrieländern langsam und kontinuierlich zunahm, ging die rasante Zunahme des Typ-2-Diabetes vor allem mit der Überernährung in den Wohlstandsländern einher. Der Vergleich von Statistiken verschiedener Länder zeigt eine proportionale (gleichlaufende) Beziehung zwischen der Höhe der Energieaufnahme und dem durchschnittlichen Körpergewicht der Bevölkerung einerseits und der Diabeteshäufigkeit andererseits.
Eine weitere drastische Veränderung in unserer Ernährung ist der Rückgang des Ballaststoffverzehrs seit etwa 130 Jahren. Ballaststoffe wirken positiv auf die Darmfunktion, sie üben darüber hinaus aber auch einen regulierenden Einfluß auf den Fett- und Kohlenhydratstoffwechsel aus. Ballaststoffreiche Nahrungsmittel sättigen gut, enthalten meist wenig Energie (Kalorien) und wirken dadurch der Entwicklung von Übergewicht entgegen (siehe auch „Ballaststoffe sind kein Ballast", Seite 38). Beide Faktoren, der Abbau beziehungsweise die Verhütung von Übergewicht und eine ballaststoffreiche Kost, tragen so gemeinsam zur Verhinderung des Typ-2-Diabetes bei. In Ländern, in denen die Ernährung ballaststoffärmer wurde, zeichnete sich ein starker Anstieg der Diabeteshäufigkeit ab. Bei Völkern, deren Ernährung ballaststoffreich ist, wird Diabetes selten beobachtet.
Die Diabeteshäufigkeit in verschiedenen Ländern zeigt weiterhin eine proportionale Beziehung zur Höhe des Fettverzehrs, jedoch eine gegenläufige Beziehung zur Aufnahme von Kohlenhydraten. Insgesamt deutet das daraufhin, daß eine energie- und fettreiche sowie kohlenhydrat- und ballaststoffarme Ernährung die Entstehung der Fettsucht und somit des Typ-2-Diabetes begünstigen und daß eine energiegerechte und fettarme sowie kohlenhydrat- und ballaststoffreiche Ernährung deren Entstehung verhindern oder verzögern kann.
Beobachtungen an Auswanderern in Länder mit anderen Ernährungsgewohnheiten liefern zu diesen Zusammenhängen aufschlußreiche Ergebnisse. So entwickelten Bevölkerungsgruppen, die aus „armen" Ländern (hier tritt Diabetes nur selten auf) nach Nordamerika auswanderten, mit einer Verzögerung von etwa 20 Jahren die gleiche Diabeteshäufigkeit wie die amerikanische Bevölkerung. Das zeigt einerseits, daß in Ländern mit geringer Diabeteshäufigkeit die genetische Veranlagung zum Diabetes mellitus nicht geringer ist, und andererseits, daß offensichtlich ein Zeitraum von etwa 20 Jahren nötig ist, damit sich ein durch Ernährungsfaktoren bedingter Diabetes mellitus tatsächlich entwickeln kann.
Bei einem Organismus, der durch ungünstige Ernährung geschwächt und geschädigt ist, kann oft (zusätzlicher) körperlicher oder seelischer Streß das Auftreten eines Diabetes mellitus auslösen. Körperlicher Streß umfaßt schwere Infektionen, Operationen, Knochenbrüche oder andere schwere Verletzungen, Herzinfarkt und anderes. Auch eine Schwangerschaft kann Auslöser für Diabetes mellitus sein. Seelischer Dauerstreß wird durch Lebensängste, Sorgen, den Verlust eines nahestehenden Menschen, anhaltende Unzufriedenheit oder ähnliches bedingt.
Auch Medikamente können den Stoffwechsel so stark belasten, daß ein Diabetes ausgelöst wird. Hier handelt es sich vor allem um cortisonhaltige Medikamente, bestimmte harntreibende Mittel, bestimmte Schmerz- und Rheumamittel und die Antibabypille. Alkoholmißbrauch schädigt Leber und Bauchspeicheldrüse, die beiden wichtigsten Stoffwechselorgane.
Im Gegensatz zum Typ-1-Diabetes, der in den meisten Fällen plötzlich mit typischen Symptomen in Erscheinung tritt, beginnt der Typ-2-Diabetes fast immer schleichend. Nur ein Drittel der Typ-2-Diabetiker wird durch Symptome wie erhöhte Urinausscheidung, Durst, Abgeschlagenheit oder Sehstörungen auf seinen Diabetes aufmerksam. Es vergehen oft Jahre zwischen dem Beginn und dem Erkennen eines Typ-2-Diabetes, da Ärzte und Betroffene die auftretenden Beschwerden nicht richtig deuten. Bei Routineuntersuchungen wird in der Regel nur der Blutzuckerspiegel im nüchternen Zustand bestimmt, und der ist gerade zu Beginn eines Typ-2-Diabetes oft nicht erhöht. Der beginnende Altersdiabetes kann oft aber nur durch erhöhte Blutzuckerwerte nach dem Essen oder gar mit einem Glucosebelastungstest (der Blutzucker wird nach der Aufnahme einer bestimmten Menge Traubenzuckerlösung gemessen) erkannt werden. Diese spezielle Untersuchung wird aber in der Regel erst bei einem „Diabetesverdacht" durchgeführt.
Die Fachleute sind sich heute einig, daß nach ausreichender Gewichtsreduktion und dem Übergang zu einer stoffwechselentlastenden Kost mindestens die Hälfte aller Typ-2-Diabetiker wieder so weit gesundet, daß ihre Stoffwechselfunktionen als normal einzustufen sind. Behalten diese Menschen eine gesundheitsfördernde Ernährung bei, so

ist der erreichte Gesundheitszustand von Dauer, das heißt, mindestens 50 Prozent der Typ-2-Diabetiker können allein mit Diät behandelt werden. Insofern trifft die Auffassung, Diabetes mellitus sei eine lebenslange Krankheit, nur auf weniger als die Hälfte aller Typ-2-Diabetiker zu.

Es kommt jedoch häufiger vor, daß sich ein nichtinsulinabhängiger Diabetes (das körpereigene Insulin reicht aus) zum Beispiel durch ungeeignete Ernährung, besonders bei Übergewicht und Erschöpfung der Insulinreserven der Bauchspeicheldrüse, verschlechtert und zu einem insulinpflichtigen Diabetes (Insulin muß zugeführt werden) entwickelt. Die Aussichten, durch richtige Ernährung den Stoffwechsel wieder zu normalisieren, sind dann wesentlich ungünstiger. Selten können auch Erwachsene mit über 35 Jahren an Typ-1-Diabetes erkranken und dadurch auf Insulin angewiesen sein.

Die folgende Tabelle faßt die Eigenschaften der beiden Diabetesformen zusammen und zeigt deutlich ihre Gemeinsamkeiten und ihre Unterschiede.

Merkmale von Typ-1- und Typ-2-Diabetes im Vergleich

(Die hier verwendeten Fachausdrücke werden im Text und im Glossar auf Seite 164 erläutert.)

Merkmale	bei Typ-1-Diabetes	bei Typ-2-Diabetes
Alter bei Auftreten der Krankheit	meist 12 bis 25 Jahre	meist über 40 Jahre
Beginn	schnell oder schrittweise	meist schleichend
Zustand der Bauchspeicheldrüse	Beta-Zellen sind zerstört	Beta-Zellen sind vorhanden
Ursache des erhöhten Blutzuckers	keine Insulinproduktion der Beta-Zellen	Insulinresistenz
Körperbau	meist schlank	meist übergewichtig
Stoffwechsel	labil, Koma- und Ketoseneigung (siehe rechte Seite)	meist stabil, geringe Koma- und Ketoseneigung
Insulinzufuhr	von Anfang an notwendig	eventuell im späteren Verlauf notwendig
Insulinrezeptorenzahl	meist normal	meist vermindert
Bindung von Insulin an Rezeptoren	meist gut	meist verringert
Ansprechen auf Insulin	gut	meist schlecht
Ansprechen auf Tabletten	nicht vorhanden	am Anfang meist gut
Insulinreserven	nahezu keine	meist im normalen Bereich, Hyperinsulinämie häufig
Reaktionen auf Glucosezufuhr	keine Insulinfreisetzung	Insulin wird verzögert freigesetzt (Sekretionsstarre), der Insulinspiegel ist leicht gesenkt oder erhöht
Nierenschwelle für Glucose (bestimmter Wert der Glucosekonzentration im Blut, der in der Niere die Ausscheidung von Glucose im Urin auslöst)	normal hoch	oft erhöht
Blutdruck	normal hoch oder zu niedrig	oft erhöht
Leukozytenantigene im Blut	vorhanden	nicht vorhanden
Auftreten weiterer Stoffwechselstörungen	in Abhängigkeit von der Stoffwechselkontrolle	häufig treten zusätzlich Gicht, Fettstoffwechselstörungen, Gallensteinbildung, Bluthochdruck auf
Therapiemaßnahmen	Insulinzufuhr, Diät, körperliche Betätigung, Schulung	Reduktion von Übergewicht, körperliche Betätigung, Diät, Schulung
„Heilungschancen"	Heilung nicht möglich	mindestens in 50 Prozent der Fälle ist Heilung möglich

Der Stoffwechsel des Diabetikers und auftretende Stoffwechselentgleisungen

Der Stoffwechsel des unbehandelten **Typ-1-Diabetikers** steht ganz unter dem Einfluß des „Hungerhormons" **Glucagon** (siehe auch Seite 12, da der Gegenspieler Insulin fehlt. Das heißt, körpereigenes Eiweiß wird in großen Mengen abgebaut und in der Leber zum überwiegenden Teil in Glucose umgewandelt. Soweit in der Leber noch Glykogen vorhanden ist, wird auch dieses wieder zu Glucose aufgespalten. Die Leber gibt die Glucose ins Blut ab, diese kann aber wegen des fehlenden Insulins nur zum Teil, nämlich vom Gehirn, von den Nerven- und den Blutzellen, verbraucht werden (etwa 180 Gramm pro Tag; siehe auch Seite 13). So kommt es zu einem erhöhten Blutzuckerspiegel (Hyperglycämie). Liegt die Blutzuckerkonzentration über 160 bis 180 mg/100 ml, so wird Glucose mit einer gleichzeitig erhöhten Flüssigkeitsmenge mit dem Urin ausgeschieden (bis über 100 Gramm Glucose pro Tag). Dies wird als Glucosurie (Urinzucker) bezeichnet.

Das Fettgewebe wird unter dem Einfluß von Glucagon weit über den Energiebedarf hinaus abgebaut. Die großen Mengen an Fettsäuren, die dabei entstehen, können nicht sofort vollständig für die Energiegewinnung verwendet werden. Die „überschüssig" abgebauten Fettsäuren werden in Acetessigsäure und Hydroxybuttersäure umgewandelt, aus denen teilweise Aceton entsteht. Diese drei als **Ketonkörper** bezeichneten Stoffe können teilweise wieder zur Energiegewinnung abgebaut werden, teilweise werden sie mit dem Urin ausgeschieden. Das Auftreten von Ketonkörpern im Urin wird auch Ketonurie oder Keturie genannt und kann mit speziellen Teststreifen im Urin nachgewiesen werden. Die sauren Ketonkörper können das Säure-Basen-Gleichgewicht des Blutes stören. Reichen die Ausgleichsmechanismen des Blutes nicht aus, versucht der Körper zunächst, das Aceton durch verstärkte Atmung über die Lunge abzugeben. Dauert der Insulinmangel und damit die Ketonkörperbildung an, das heißt, bleibt der Typ-1-Diabetes unbehandelt, so kommt es zu einer Übersäuerung des Blutes **(Ketoacidose)**, die schließlich zu Bewußtlosigkeit **(ketoacidotisches Koma)** und zum Tod führt. Der Stoffwechsel des unbehandelten Typ-1-Diabetikers ähnelt in auffallender Weise dem eines hungernden Menschen. Der wesentliche Unterschied zwischen beiden ist, daß beim Hungernden Eiweiß- und Fettabbau sowie Glucosebildung und -verbrauch dem Bedarf angepaßt sind und kein Zucker mit dem Urin ausgeschieden wird, während beim Typ-1-Diabetiker, wie oben beschrieben, Fett und Eiweiß im Übermaß abgebaut werden und die entstehende Glucose mit dem Urin ausgeschieden wird.

Die Entgleisung des Stoffwechsels beim **Typ-2-Diabetiker** kann ebenfalls zu einer **Ketoacidose,** aber auch zu Bewußtlosigkeit und zum Tod führen. Es kann aber noch aus einem anderen Grund zu einer Bewußtlosigkeit kommen. Denn nimmt die Insulinresistenz (siehe auch Seite 15) extreme Formen an, so treten trotz vorhandenen Insulins sehr hohe Blutzuckerkonzentrationen auf. Ein gesteigerter Fettabbau und daraus folgende Ketonkörperbildung treten jedoch nicht auf, da das noch vorhandene Insulin meist ausreicht, um dem entgegenzuwirken. Bei Blutzuckerwerten zwischen 1000 und 2000 mg pro 100 ml Blut (dem 20fachen der Norm) kommt es aber zur massiven Flüssigkeits- und Mineralstoffabgabe der Zellen an das Blut, was wiederum zu erhöhter Harnabgabe (Harnflut), also zu enormen Flüssigkeitsverlusten führt. Bleibt auch hier eine Behandlung aus, kommt es zur Bewußtlosigkeit (hyperosmolares Koma) mit eventueller Todesfolge.

Seit Insulin zur Behandlung des Diabetes zur Verfügung steht, sind diese extremen Stoffwechselentgleisungen selten geworden. Durch eine regelmäßig Stoffwechselkontrolle (Prüfung der Urinzucker- und/oder Blutzuckerwerte, eventuell auch der Ketonkörper im Urin) können erste Anzeichen sofort erkannt und Gegenmaßnahmen eingeleitet werden oder der Betroffene sucht den Arzt auf.

Körperliche Betätigung ist eine der wichtigsten Therapiemaßnahmen bei Diabetes mellitus

Hypoglycämien sind nicht ungefährlich

Im Gegensatz zu den im vorhergehenden Abschnitt beschriebenen extremen Stoffwechselentgleisungen kommen Unterzukkerungszustände (Hypoglycämien oder kurz „Hypos" genannt) bei Insulinbehandlung relativ häufig vor. Sie treten auf, wenn der Blutzuckerspiegel unter einen Wert von 50 mg pro 100 ml Blut fällt. Es kommt zu Hungergefühl, Schwitzen, Nervosität, Herzklopfen, Kribbeln und Zittern. Die Symptome resultieren aus einer verstärkten Freisetzung des

Alkoholkonsum kann bei mit Insulin behandelten Diabetikern zu Unterzuckerungszuständen führen

Bei leichten Erscheinungen einer Unterzuckerung sollte ein Stück Obst oder Brot verzehrt werden

Bei plötzlichen schweren Erscheinungen einer Unterzukkerung ist es nötig, ein Glas Fruchtsaft oder Traubenzucker zu sich zu nehmen. Danach sollte der Diabetiker „langsame" Kohlenhydrate essen

Hormons Adrenalin, das die Aufgabe hat, den Blutzuckerspiegel wieder anzuheben. Fällt der Zucker jedoch weiter ab, so kommt es zu Schwindel, Kreislaufkollaps und Bewußtlosigkeit (hypoglycämischer Schock), weil das Gehirn nicht mehr ausreichend mit Glucose versorgt wird.

Häufigste Ursachen des hypoglycämischen Schocks bei insulinspritzenden Diabetikern sind eine zu hohe Insulindosierung beziehungsweise eine zu geringe Nahrungsaufnahme, ein falsch bemessener zeitlicher Abstand zwischen dem Insulinspritzen und dem Essen oder eine unerwartete körperliche Betätigung.

Bei Diabetikern, die weder Insulin zuführen noch Tabletten nehmen, kann eine leichte Unterzuckerung dadurch hervorgerufen werden, daß die Bauchspeicheldrüse nach einer Mahlzeit nur verzögert Insulin freisetzt. Der Insulinspiegel erreicht seinen höchsten Wert erst dann, wenn der Blutzuckerspiegel schon wieder abgesunken ist. Für diese Diabetiker ist es besonders wichtig, darauf zu achten, daß die Nahrung nur „langsame" Kohlenhydrate (siehe auch Seite 35) enthält. Nur so können der Anstieg des Blutglucosespiegels nach einer Mahlzeit und die Insulinfreisetzung aufeinander abgestimmt werden.

Bei Diabetikern, die mit Medikamenten wie Sulfonylharnstoffen behandelt werden, treten „Hypos" häufiger auf. Es gibt Präparate, die kurz nach der Einnahme einen hohen „Insulinstoß", also hohe Insulinkonzentrationen im Blut bewirken. Diese müssen mit einer angemessenen Menge an Glucose aus der Nahrung zusammentreffen, damit es zu keinen Stoffwechselentgleisungen kommt. Andere Medikamente haben eine sehr lange Wirkungsdauer (bis zu 60 Stunden); es kann dann zur Unterzuckerung kommen, wenn eine neue Dosis genommen wird, solange die vorige noch wirkt. Oft verzögert auch eine verminderte Nierenfunktion die Ausscheidung des Medikaments.

Eine Reihe von Medikamenten, zum Beispiel Antibiotika, Schmerzmittel, Rheumamittel, lipidsenkende Medikamente und Mittel gegen Depressionen (Antidepressiva), verstärken die Wirkungen von Sulfonylharnstoffen.

Gelegentlich kommen schwere Unterzuckerungszustände bei mit Insulin behandelten Diabetikern vor, wenn Alkoholkonsum auf leeren Magen erfolgt. Alkohol hemmt die Glucoseproduktion in der Leber. Der Blutzucker fällt ab, und der Körper ist dann kaum mehr in der Lage, das auszugleichen.

Hypoglycämien sollten nicht leichtfertig abgetan werden. Besonders gefährdet sind Diabetiker mit arteriosklerotischen Veränderungen der Herzkranzgefäße und der Hirnarterien (Verengung der Gefäße durch Ablagerungen). Schwere Hypoglycämien, bedingt sowohl durch Insulin als auch durch Sulfonylharnstofftabletten, können lebensgefährlich sein.

Jeder Diabetiker muß lernen, die Folgen einer zu geringen Zuckermenge im Blut zu erkennen und darauf entsprechend zu reagieren. Bei leichteren Erscheinungen sollte ein Stück Obst oder Brot verzehrt werden. Bei plötzlichen schweren Erscheinungen ist es nötig, „schnelle" Kohlenhydrate zuzuführen, zum Beispiel als Fruchtsaft oder Traubenzuckertabletten. Danach sollte der Diabetiker „langsame" Kohlenhydrate essen, sonst droht bald darauf eine neue Hypoglycämie. Es ist ratsam, ständig Traubenzucker bei sich zu tragen. Wiederholte „Hypos", besonders wenn sie zur gleichen Uhrzeit auftreten, erfordern eine Änderung der Insulin- oder Medikamententherapie durch den Arzt.

Die Therapie des Diabetes mellitus

Die Therapie des Diabetes mellitus soll hier nur kurz angesprochen werden. Details können Diabetiker nur individuell in Zusammenarbeit mit ihrem Arzt klären.

Eine wichtige Voraussetzung für eine optimale Therapie ist, daß sich jeder Diabetiker mit seiner Krankheit vertraut macht. Wie bei kaum einer anderen Krankheit, sind Erfolge nur durch **aktive Mitarbeit** des Patienten zu erzielen. Mitarbeit setzt jedoch voraus, daß jeder Diabetiker zum Experten in eigener Sache wird. Er muß die Anzeichen von Über- oder Unterzuckerungsreaktionen kennen und wissen, wie er darauf zu reagieren hat. Die Anpassung der Therapie bei erhöhter körperliche Betätigung oder bei Krankheit muß selbständig vorgenommen werden können. Jeder Diabetiker sollte die Grundzüge einer gesunden Ernährungsweise kennen, damit er das Nahrungsmittelangebot kritisch bewerten und die Nahrungsmittel optimal zusammenstellen kann (siehe dazu Seite 24 bis 31).

Insulinspritzende Diabetiker sollten ihren Blutzucker selbst kontrollieren, um die Insulindosis anzupassen. Nichtinsulinspritzende Diabetiker sollten mehrmals in der Woche

Urinzuckerkontrollen durchführen. Es ist zu empfehlen, ein Diabetikertagebuch zu führen, in das jeder sein Körpergewicht, die Harnzucker- und/oder Blutzuckerwerte, die Therapiemaßnahmen und andere wichtige Daten eintragen kann. Die Angaben müssen dann mit dem Arzt besprochen werden. Etwa alle 2 Monate sollte man auch den Wert des „verzuckerten Hämoglobins" ($Hb A_1$) als „Zuckergedächtnis" des Blutes bestimmen lassen. Mindestens einmal im Jahr sollte sich jeder Diabetiker Vorsorgeuntersuchungen unterziehen, bei denen besonders die Augen, die Nieren und das Herz-Kreislauf-System untersucht werden sollten. Diese Kontrollen sind sehr wichtig und ernstzunehmen.

Zahlreiche Studien bestätigen, daß gut informierte und mit der **Stoffwechselselbstkontrolle** vertraute Diabetiker besser leben. Bei ihnen liegen die Blutzuckerwerte niedriger, Unterzuckerung tritt seltener auf, Folge- und Begleiterkrankungen sind seltener, und Zeiten der Arbeitsunfähigkeit sowie Krankenhausaufenthalte sind deutlich verringert.

Die Insulintherapie

Für den **Typ-1-Diabetiker** ist die optimale Insulintherapie die wichtigste Behandlungsmaßnahme. Sie kann den Stoffwechsel weitgehend normalisieren und die gefürchteten Folge- und Begleiterkrankungen mildern oder ihr Auftreten verzögern.

Das Problem besteht allerdings darin, daß es eine optimale Insulinbehandlung (noch) nicht gibt. Im Körper des Gesunden wird die Insulinfreisetzung aus der Bauchspeicheldrüse ständig den aktuellen Erfordernissen angepaßt. Der Typ-1-Diabetiker hingegen muß auf der Grundlage von Blutzuckerselbstkontrollen, der Planung seiner körperlichen Aktivität sowie der des Mahlzeitenumfangs und des -zeitpunkts seinen Insulinbedarf und den Zeitpunkt der Injektion abschätzen. Das erfordert Erfahrung sowie einen geregelten Tagesablauf und funktioniert nicht immer mit der gewünschten Genauigkeit. Es kommt zur Unter- oder Überzuckerung im Blut. Außerdem wird bei der Insulininjektion unter die Haut ein nicht den natürlichen Bedingungen entsprechender Verabreichungsweg gewählt, da das vom Körper gebildete Insulin aus der Bauchspeicheldrüse direkt ins Blut abgegeben und dann von der Leber weiterverbreitet wird.

Die Bemühungen gehen dahin, die Insulintherapie immer mehr den natürlichen (physiologischen) Bedingungen anzupassen. Zwei neuere Konzepte, die in der Anwendung recht erfolgreich sind, möchten wir hier vorstellen.

Beim **Basis-Bolus-Insulin-Regime (BBIR)** wird 1- bis 2mal am Tag ein Verzögerungsinsulin gespritzt, das den Grund(Basis-)bedarf über viele Stunden abdeckt. Zusätzlich wird vor dem Essen eine der Mahlzeit angepaßte Menge Normal(Alt-)insulin gespritzt (Bolus), so daß die Insulinmenge den Mahlzeiten und nicht wie früher, die Mahlzeiten der Insulinmenge angepaßt werden. Mit dieser Methode gelingt es recht gut, den natürlichen Insulinkonzentrationsverlauf eines Gesunden nachzuahmen.

Für die „Bolusinjektionen" wurden Injektionsgeräte entwickelt, die die Form eines Füllfederhalters haben. Sie werden daher nach dem englischen Begriff dafür „Pen" genannt. Die Insulininjektion wird durch einen Knopfdruck ausgelöst. Da die Geräte problemlos überallhin mitgenommen werden können, werden sie vor allem als Injektionshilfe eingesetzt.

Ein weiterer Versuch der angepaßten Insulintherapie ist die **„Insulinpumpe"** (kontinuierliche subcutane Insulininfusion, CSII). Der Insulingrund(Basis-)bedarf wird durch kontinuierliche Infusion von Normalinsulin ins Unterhautfettgewebe gedeckt. Durch Knopfdruck kann allerdings vor dem Essen die Abgabe zusätzlichen Insulins veranlaßt werden.

Die Insulinpumpen haben heute nur noch die Größe einer Zigarettenschachtel. Pumpen, die das Insulin in die Bauchhöhle abgeben sowie intravenöse Pumpen (Insulinabgabe in Venen) werden derzeit entwickelt. Sie sollen das Insulin noch besser im ganzen Körper verteilen.

Die Therapie mit Tabletten und ihre kritische Bewertung

Die Therapie mit Tabletten kommt nur für die **Typ-2-Diabetiker** in Frage, deren Bauchspeicheldrüse noch ausreichend Insulin produziert. Am häufigsten werden bei uns Sulfonylharnstofftabletten eingesetzt. Sie bewirken eine verstärkte Freisetzung von Insulin aus der Bauchspeicheldrüse ins Blut.

Die Therapie mit Sulfonylharnstoffen ist jedoch nach übereinstimmender Auffassung der Fachleute höchstens bei etwa 10 Prozent der Typ-2-Diabetiker angebracht und bedarf deshalb einer strengen Prüfung. Voraussetzungen für eine Therapie sollten sein: Nor-

Die wichtigste Forderung bei übergewichtigen Diabetikern ist: Das Gewicht auf ein Normalmaß reduzieren

malgewicht, eigene Insulinrestproduktion und unzureichende Erfolge durch alleinige Diätbehandlung. Diese Voraussetzungen sind nur bei wenigen Diabetikern gegeben. Der Verbrauch an Sulfonylharnstofftabletten in der Bundesrepublik Deutschland läßt jedoch darauf schließen, daß dennoch 90 Prozent der Typ-2-Diabetiker mit Tabletten behandelt werden. Das bedeutet, daß mehr als 80 Prozent dieser Patienten behandelt werden, ohne daß dies angezeigt ist. Folgende Gründe sprechen für eine kritische Bewertung der Tablettentherapie:

- Wie Beobachtungen bei übergewichtigen Diabetikern gezeigt haben, besteht die Gefahr, daß durch Tabletten das **Übergewicht** weiter ansteigt. Die Tabletten beheben nicht die Grundprobleme des übergewichtigen Diabetikers, nämlich das Übergewicht und die damit einhergehende Insulinresistenz, sondern sie tragen zur Erhaltung des Zustandes beziehungsweise sogar zur Verschlechterung der Situation bei.
- Mit Tabletten behandelte Diabetiker begehen häufiger **Ernährungsfehler** als solche, die nur mit Diät behandelt werden. Es scheint die Hoffnung oder der falsche Glaube zu bestehen, daß die „Zuckertabletten" eine Möglichkeit darstellen, Ernährungsfehler auszugleichen („Tablette der Bequemlichkeit").
- Durch die Therapie mit Tabletten kann es in Verbindung mit Ernährungsfehlern zu gefährlichen **Unterzuckerungszuständen** („Hypos") kommen, die zum Schock, ja sogar zum Tode führen können.
- Die Möglichkeit einer **befriedigenden Blutzuckersenkung** durch Tabletten wird bei den meisten Diabetikern mit der Zeit geringer. Dann muß zusätzlich oder statt der Tabletten Insulin gespritzt werden. Eine Untersuchung an 100 Diabetikern ergab, daß bereits nach 18 Monaten Behandlungsdauer der durchschnittliche Nüchternblutzucker höher und der Blutzucker 2 Stunden nach einer Mahlzeit genau so hoch lag wie zu Beginn der Behandlung. Die Dosierung der Tabletten wurde während des Zeitraums nicht verändert. Nach fünfjähriger Behandlungsdauer mit Tabletten können nur noch etwa 10 Prozent derer, die am Anfang gute Resultate erzielt haben, eine befriedigende Wirkung feststellen.
- Eine Tablettentherapie steigert den bei Übergewichtigen oft ohnehin erhöhten **Insulinspiegel** kurzfrsistig noch weiter, was zu Veränderungen an den arteriellen Gefäßwänden und als Folge davon zu Fett- und Cholesterineinlagerungen führen kann. Langfristig kommt es zur Verengung des Gefäßdurchmessers (Arteriosklerose) und letztendlich zum völligen Verschluß. Bei Diabetikern und Nichtdiabetikern gibt es eine auffallend gleichlaufende Beziehung zwischen erhöhtem Insulinspiegel und dem Auftreten arteriosklerotischer Gefäßveränderungen.

Unterbleibt wegen mangelnder Schulung sowie fehlender Mitarbeit des übergewichtigen Patienten eine ursächliche Behandlung, das heißt eine Gewichtsnormalisierung, dann steht der Arzt vor der Entscheidung, den Diabetiker mit Blutzuckerwerten von 200 bis 400 mg pro 100 ml Blut ohne Tabletten oder trotz falscher Indikation mit Tabletten zu behandeln. Da Blutzuckerwerte dieses Ausmaßes jedoch Akutsymptome in Form von Durst, Harntreiben und Juckreiz sowie Spätschäden an Augen, Nieren und Nerven fördern, muß die Tablette als Lückenbüßer für fehlende Diäterfolge herhalten.

Die Anwendung einer anderen Medikamentenart, der **Biguanide**, wurde eingeschränkt, nachdem in bestimmten Fällen eine lebensgefährlich erhöhte Milchsäurebildung beobachtet wurde. In der Bundesrepublik Deutschland ist heute nur noch ein Medikament dieses Typs (Glucophage® retard) zugelassen. Neuere Entwicklungen bei der Diabetesbehandlung mit Medikamenten (sogenannten oralen Antidiabetika) sind **Guarkernmehl,** Guarkerngranulat sowie Enzymhemmer, die die Verdauung und Resorption der Kohlenhydrate verzögern sollen.

Körperliche Aktivität ist sehr wichtig

Die blutzuckersenkende Wirkung körperlicher Aktivität ist seit langem bekannt. Körperliche Betätigung und Sport gehören daher ebenso zu einer Diabetesbehandlung wie Diät und Insulintherapie.

Der ruhende Muskel deckt seinen Energiebedarf normalerweise zu 85 Prozent durch den Abbau von Fettsäuren und nur zu 15 Prozent durch den Glucoseabbau. Die „Glucoseverbrennung" des Muskels kann durch Arbeit um das 5- bis 10fache gesteigert werden. Für Diabetiker ist wichtig zu wissen, daß ruhende Muskeln vergleichsweise hohe Insulinkonzentrationen benötigen, um die Aufnahme von Glucose aus dem Blut in die Muskelzelle zu steigern. Arbeitende Muskeln zeigen schon bei niedrigen Insulinkonzentrationen eine deutlich erhöhte Glucoseaufnahme. Das gilt gleichermaßen für beide Diabetestypen und natürlich auch für Nichtdiabetiker.

Körperliche Aktivität wirkt wie zusätzlich gespritztes Insulin oder eine erhöhte Tablettendosis. Der insulinsparende Effekt von Bewegung und Sport kann beträchtlich sein. Daher ist es wichtig, die Insulin- beziehungsweise Tablettentherapie der körperlichen Betätigung anzupassen, um Unterzuckerungszustände zu vermeiden.
Sport und Bewegung wirken nicht nur positiv auf den Kohlenhydratstoffwechsel, sondern haben weitere Wirkungen:

- Sie leisten einen Beitrag zur Senkung des Körpergewichts bei Übergewichtigen;
- es kommt langfristig zu einer Senkung des Blutdrucks;
- die Durchblutung, besonders die der Beine und Arme, wird verbessert;
- erhöhte Blutfett- und Cholesterinwerte werden normalisiert;
- die Gefäße bleiben elastisch und frei von arteriosklerotischen Veränderungen.

Diabetiker sollten in jedem Fall eine regelmäßige, ihrer Leistungsfähigkeit angepaßte sportliche Betätigung einer eher seltenen, übermäßigen Aktivität vorziehen. Für Diabetiker gibt es zahlreiche **geeignete körperliche Betätigungen** (siehe rechts).
Ungeeignet sind alle Kraftsportarten und Sportarten mit plötzlichen starken Belastungen, zum Beispiel Sprints. Bei allen Formen der sportlichen Betätigung kommt es auf das richtige Tempo, die richtige Atmung und die richtige Dauer an. Vor allem aber sollte die körperliche Betätigung Spaß machen; das kann unter anderem durch Aktivitäten innerhalb einer Therapiegruppe erreicht werden.

Diabetiker sollten Streß abbauen oder vermeiden

Anhaltende körperliche oder seelische Streßzustände können bei Menschen mit einer erblichen Vorbelastung einen Diabetes auslösen. Selbst geringfügige körperliche oder seelische Streßzustände, wie zum Beispiel harmlose Erkältungen, lassen den Blutzucker steigen und erfordern unter Umständen eine erhöhte Insulindosis. Nichtinsulinspritzende Diabetiker können dann vorübergehend insulinbedürftig werden.
Der Diabetiker ist also in mehrfacher Hinsicht von Streßzuständen betroffen oder bedroht. Besonders die Diagnose „Diabetes" selbst, mit der Aussicht, ein Leben lang Insulin spritzen und/oder „Diät leben" zu müssen, wird von den meisten nicht ohne Betroffenheit aufgenommen. Protest, Verärgerung, Wut, Resignation, Pessimismus oder Depression sind häufige Reaktionen, wenn die Diagnose „Diabetes" gestellt wird. Von diesen Reaktionen gehen nicht nur akute negative Einflüsse auf den Stoffwechsel aus, sondern sie erschweren auch ein besonnenes Handeln. Es ist gar nicht so selten, daß ein Patient seine Diät oder ärztliche Anweisungen absichtlich nicht befolgt. Hinzu kommt, daß sich die Betroffenen mit ihren Problemen allein gelassen fühlen, wenn sie sich keinen Familienmitgliedern oder Freunden anvertrauen können oder wollen. Nur wenige Ärzte können oder wollen sich um seelische Probleme ihrer Diabetespatienten kümmern.
Die Krankheit zu akzeptieren, sie anzunehmen, ist ein wichtiger Schritt auf dem Weg, mit ihr leben zu können. Unter Umständen kann der Kontakt zu anderen Diabetikern, zum Beispiel in Selbsthilfegruppen oder Ortsgruppen des Deutschen Diabetiker-Bundes, von großem Nutzen sein. Der Diabetiker gerät nicht in Isolation und erfährt, wie andere mit dem Diabetes umgehen und mit ihm leben. Ganz nebenbei erweitert der Kontakt zu „erfahrenen" Diabetikern das Wissen über die Krankheit. Wenn es Ihnen jedoch nicht gelingt, Ängste, Ärger, Resignation oder Depression aus eigener Kraft zu überwinden, dann sollten Sie sich nicht scheuen, Hilfe zum Beispiel von einem Psychotherapeuten in Anspruch zu nehmen.
Natürlich wird es immer nur in begrenztem Umfang gelingen, Streßsituationen zu vermeiden. Die moderne Streßforschung hat erkannt, daß es mehr auf die persönliche Reaktion als auf die tatsächliche Situation ankommt. Was der eine als Streß empfindet, zum Beispiel laute Musik, ist für den anderen ein Genuß. In diesem Sinne bedeutet Vermeidung und Abbau von Streß, daß jeder lernt, sich von Streßsituationen nicht mehr stressen zu lassen. Auch auf diesem Gebiet gibt es eine Menge hilfreicher Maßnahmen. Denken Sie aber daran, daß diese Methoden Ihnen nur dann helfen können, wenn Sie den Willen aufbringen, auf Situationen anders zu reagieren als gewohnt und wenn Sie bereit sind, Ihr bisheriges Verhalten zu ändern. Ansonsten besteht die Gefahr, daß diese „Entstressungstechniken" selbst zu einem Streßfaktor werden.
Ein Diabetes ist kein Grund, nicht wirkliche Lebensfreude zu empfinden. Das werden viele Diabetiker bestätigen können. Wenn Sie mit Ihrem Leben nicht zufrieden sind und die Krankheit dafür verantwortlich machen, sollten Sie noch einmal in sich hineinhören, es gibt sicherlich noch andere Gründe.

Wandern

Tanzen

Schwimmen

Für Diabetiker geeignete körperliche Betätigungen:
Spazierengehen
Wandern
Gymnastik
Radfahren
Trablaufen
Ballspiele
Kegeln
Tanzen
Wassergymnastik
Schwimmen
Skilanglauf
Gartenarbeit

DIE ERNÄHRUNG DES DIABETIKERS

Was steckt hinter dem Wort „Vollwert-Ernährung"?

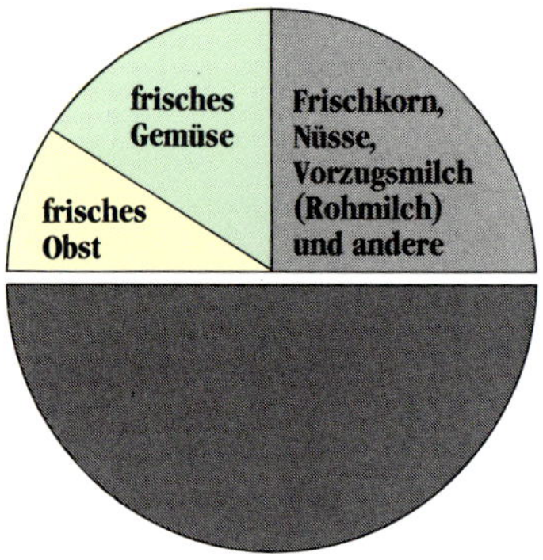

Etwa die Hälfte der täglichen Nahrung sollte aus Frischkost bestehen (verzehrfähiger Anteil in Gewichtsprozenten)

Vollwert-Ernährung ist eine Ernährungsform für gesunde und kranke Menschen, in der pflanzliche Lebensmittel bevorzugt werden, die wiederum möglichst wenig verarbeitet sind. Sie besteht vornehmlich aus Vollkornprodukten, Gemüse und Obst, Kartoffeln, Hülsenfrüchten sowie Milch und Milchprodukten. Dazu können auch geringe Mengen an Fisch, Fleisch und Eiern gegessen werden. Es wird empfohlen, schonende Zubereitungstechniken vorzuziehen und etwa die Hälfte der Nahrungsmenge als unerhitzte Frischkost (Rohkost) zu verzehren.

In der Vollwert-Ernährung werden neben den gesundheitlichen Aspekten auch die ökologischen und sozialen Auswirkungen des gesamten Ernährungssystems in die Betrachtungen und die Empfehlungen mit einbezogen. Das bedeutet vor allem, daß in der Vollwert-Ernährung Erzeugnisse aus kontrolliert-ökologischer Landwirtschaft bevorzugt werden, um den Einsatz umweltverträglicher Technologien zu fördern, den Futtermittelimport aus Entwicklungsländern zu vermindern sowie eine weltweit gerechte Ernährungs- und Agrarpolitik anzustreben.

Vollwert-Ernährung ist „in aller Munde" sowohl bei gesunden als auch bei kranken Menschen. Die Lebensmittelindustrie, aber auch die Mediziner sind inzwischen bereit, sich mit dieser Thematik auseinanderzusetzen. Diese Bereitschaft ist zu einem großen Teil darauf zurückzuführen, daß die Zahl derjenigen, die Vollwert-Ernährung befürworten und praktizieren, stark zunimmt und nicht mehr ignoriert werden kann. Hinzu kommt, daß zahlreiche wissenschaftliche Untersuchungen die Empfehlungen der Vollwert-Ernährung bestätigen.

Die Lebensmittelwirtschaft hat die steigende Nachfrage nach weniger verarbeiteten Lebensmitteln schon vor Jahren erkannt und versucht sich mit entsprechenden Erzeugnissen ein zunehmend vollwertorientiertes Käuferpotential zu sichern. Anbieter auf dem getreideverarbeitenden Sektor haben es relativ leicht, neue Absatzmärkte zu erschließen, für andere Branchen dagegen, zum Beispiel für die Süßwarenindustrie, gibt es hier kaum eine Expansionsmöglichkeit.

Die Vertreter der etablierten Ernährungswissenschaft und der Medizin reagierten auf diese Entwicklung langsamer als die Industrie. In der vorherrschenden Lehrmeinung galt die Vollwert-Ernährung lange als „unwissenschaftlich", „ideologisch", „dogmatisch", „weltanschaulich", „sektiererisch" oder „gesundheitsgefährdend" und wurde abgelehnt. Diese unkritische und pauschale Ablehnung führte dazu, daß lange Zeit nicht erkannt wurde, daß bestimmte Elemente dieser Kostform für die Gesunderhaltung des Menschen und in der Therapie bei ernährungsbedingten Krankheiten bedeutsam sind. Diese Fehleinschätzung rührte auch daher, daß bis vor einigen Jahren kaum Daten aus kontrollierten, klinischen oder epidemiologischen Studien vorlagen. Eine Erforschung der Vollwert-Ernährung hielt die etablierte Wissenschaft bisher kaum für erforderlich, und sie wurde auch deshalb nicht von offizieller Seite gefördert.

Im folgenden werden die wichtigsten Aspekte der Vollwert-Ernährung erläutert; Einzelheiten können dem Buch „Vollwert-Ernährung" entnommen werden (K. v. Koerber, T. Männle, C. Leitzmann, Haug Verlag).

Richtige, gesunderhaltende Ernährung

Der menschliche Organismus kann offensichtlich unterschiedlichste Nahrungsquellen nutzen. Die Natur hat, außer der Muttermilch für die ersten Lebensmonate, keine speziell für den Menschen geschaffene Nahrung vorgesehen. Dennoch kann aufgrund des Vergleichs der anatomischen und physiologischen Merkmale des Menschen mit denen typischer Fleisch- und Pflanzenfresser im Tierreich eine für den Menschen **artge-**

rechte Ernährung charakterisiert werden. Die Anlage unseres Gebisses und des Darms sowie das Unvermögen des menschlichen Körpers, Vitamin C zu bilden und Harnsäure ausreichend schnell abzubauen, deuten auf die überwiegend vegetarische Ernährungsvergangenheit des Menschen hin. Andere Merkmale, zum Beispiel die Zusammensetzung der Gallensäure, und Erfahrungen zeigen aber, daß der Mensch befähigt ist, auch tierische Nahrungsmittel gut zu verwerten. Demnach wäre eine vorwiegend (aber nicht ausschließlich) pflanzliche Kost für den Menschen artgerecht.

Die derzeit vorliegenden wissenschaftlichen Kenntnisse reichen aus, um relativ gesicherte Empfehlungen für die wünschenswerte Höhe der Nährstoffzufuhr zu geben. Auch zukünftig sind keine wesentlichen Veränderungen der Empfehlungen zu erwarten. Außerdem sind die Nährstoffgehalte verzehrfertiger Lebensmittel weitgehend bekannt. Das eigentliche Problem bei der Realisierung einer **bedarfsgerechten** Ernährung liegt folglich nicht im wissenschaftlichen Streit über die Höhe des Nährstoffbedarfs, sondern in der Umsetzung der zur Zeit geltenden wissenschaftlichen Empfehlungen für die Nährstoffzufuhr in die Praxis. Offensichtlich sind diese mit den derzeit üblichen Ernährungsgewohnheiten nur schwer zu realisieren, so daß überlegt werden muß, wie diese weltweit anerkannten Empfehlungen umgesetzt werden können.

Es herrscht Einigkeit darüber, daß die übliche Kost zuviel Energie enthält (durchschnittlich 3400 Kilokalorien pro Tag für Erwachsene), besonders in Form von Fett, Zucker und Alkohol. Wird jedoch die empfohlene Energiezufuhr (durchschnittlich 2300 Kilokalorien pro Tag für Erwachsene) mit der üblichen Art der Nahrungsauswahl angestrebt, so ist wegen der geringen Gesamtnahrungsmenge und der geringen Nährstoffgehalte dieser Kost ein Mangel an bestimmten Nährstoffen zu erwarten.

Aufgrund dieser Situation ist eine Änderung der Ernährungsgewohnheiten erforderlich, so daß die Aufnahme an Energie reduziert und gleichzeitig die Zufuhr essentieller (lebensnotwendiger) Inhaltsstoffe erhöht wird. Durch die gezielte Auswahl der Lebensmittel und ihre schonende Zubereitung kann eine bedarfsgerechte Ernährung realisiert werden, die den individuellen Anforderungen besser gerecht wird als die heute übliche Kost. Die Wissenschaft ist sich größtenteils darüber einig, daß eine solche gesunde Kost aus deutlich weniger tierischen Nahrungsmitteln und dafür entsprechend mehr pflanzlichen Lebensmitteln bestehen sollte. Damit würden einerseits vermehrt Stärke, Ballaststoffe und lebensnotwendige Nährstoffe, andererseits aber weniger Fett und insgesamt weniger Energie aufgenommen. Bereits diese Änderungen würden die derzeit unbefriedigende Ernährungssituation erheblich verbessern und sollten deshalb angestrebt werden.

Ziel der Veränderungen der derzeitigen Ernährungsgewohnheiten ist eine **gesunderhaltende** Ernährung, um das Risiko ernährungsbedingter Krankheiten gar nicht erst einzugehen oder es zumindest zu reduzieren. Unsere derzeitigen Ernährungsgewohnheiten können unter anderem zu Karies und besonders bei körperlich eher inaktiver Lebensweise zu Übergewicht, Arteriosklerose, Verstopfung und Gicht führen. Diese ernährungsbedingten Krankheiten verursachen inzwischen in der Bundesrepublik Deutschland über 50 Prozent aller Todesfälle. Die Kosten für die Behandlung dieser Krankheiten liegen bei jährlich 56 Milliarden DM, bei Gesamtausgaben im Gesundheitswesen von derzeit über 200 Milliarden DM. Die Mitverantwortung für eine gesunderhaltende Lebensführung (Prophylaxe) zusammen mit weiteren gesellschaftlichen Maßnahmen könnte mittelfristig zu einer deutlichen Kostensenkung in unserem Gesundheitswesen beitragen.

Vollwert-Ernährung ist ein zeitgemäßes Konzept

Neben den Zusammenhängen zwischen Ernährung und Gesundheit gewinnen ökologische, soziale, ökonomische und damit politische Aspekte zunehmend an Bedeutung. Themen wie Umweltzerstörung, Energieverschwendung, Existenzbedrohung der Landwirte und soziale Ungerechtigkeit – auch in Entwicklungsländern – beschreiben die komplexen Mißstände unseres heutigen Ernährungssystems. Die bestehenden Vernetzungen erfordern es, die negativen Rück- und Nebenwirkungen des jeweiligen Handelns im Hinblick auf das Gesamtsystem zu erkennen und zu vermeiden. Diese umfassende Sichtweise macht deutlich, daß die Bewertung der Ernährung ausschließlich nach gesundheitlichen Aspekten nicht ausreicht, um das Ernährungssystem so zu gestalten, daß die berechtigten Bedürfnisse aller Mitmenschen und die Anforderungen an eine intakte Umwelt erfüllt werden können.

Der Schwerpunkt in der Vollwert-Ernährung liegt auf pflanzlichen Nahrungsmitteln

Essen Sie wenig Fleisch und Eier und wenn, dann beziehen Sie diese Nahrungsmittel aus artgerechter Tierhaltung

Nur wenn Nahrungsmittel mit den hier aufgeführten Warenzeichen gekennzeichnet sind, können Sie sicher sein, daß sie auch aus kontrolliertem alternativem Landbau stammen

bei den Empfehlungen für den Einkauf und die Zubereitung der Lebensmittel die vielseitigen Anforderungen und die komplexen Beziehungen gleichermaßen berücksichtigt. In diesem Sinne ist die Vollwert-Ernährung **zeitgemäß.** Sie unterscheidet sich von der üblichen Betrachtung in der Ernährungswissenschaft. Hier werden meistens nur den Stoffwechsel und andere Körpervorgänge direkt betreffende sowie hygienische Gesichtspunkte berücksichtigt. Selbstverständlich finden auch diese Aspekte bei der Vollwert-Ernährung gebührend Beachtung.

Die Anforderungen an ein zeitgemäßes Ernährungssystem im Rahmen der Vollwert-Ernährung gliedern sich in drei Bereiche:

- Die **Gesundheitsverträglichkeit** der Ernährungsweise ist abhängig von den direkten Einflüssen der verzehrten Nahrung auf Entwicklung, Leistungsfähigkeit und Abwehrkräfte des menschlichen Körpers. Es gilt, die wissenschaftlichen Kenntnisse über eine art- und bedarfsgerechte Ernährung in die Praxis umzusetzen. Das ist leicht zu verwirklichen, da (zumindest in den Industrieländern) genügend Nahrung und die erforderliche Kaufkraft vorhanden sind.
- Die **Umweltverträglichkeit** unserer Ernährungsweise beruht auf Wechselwirkungen zwischen Ernährungs- und Ökosystem. Einerseits kann die Qualität der Lebensmittel nur so gut sein wie die Umwelt, in der die Lebensmittel erzeugt werden, andererseits beeinflußt auch unser Ernährungsverhalten den Zustand der Umwelt. Die konventionelle Landwirtschaft, „moderne" Konsumgewohnheiten und die zunehmende Industrialisierung führen zu Schadstoffbelastungen in Boden, Wasser, Luft und Lebensmitteln und gefährden somit das gesamte Ökosystem. Die Umweltbelastung könnte durch Auflagen für Industrie, Verkehr und Haushalte sowie durch Förderung der kontrolliert-ökologischen Landwirtschaft deutlich gesenkt werden.

Eine bewußte Ernährungsweise, das heißt die gezielte Auswahl umweltfreundlich erzeugter, verarbeiteter und verpackter Lebensmittel, kann uns dem Ziel einer geringeren Umweltbelastung und eines geringeren Verbrauchs an nicht erneuerbaren Ressourcen näherbringen.

- Die **Sozialverträglichkeit** unseres Ernährungssystems beschreibt die Wirkungen auf diejenigen Menschen, die in der Nahrungsmittelerzeugung, -verarbeitung und -vermarktung tätig oder die in irgendeiner Weise von der Art des Weltagrarhandels betroffen sind – bezogen auf die Bundesrepublik Deutschland, die Europäische Gemeinschaft (EG), andere Industrieländer sowie auf Entwicklungsländer. Ziel dieser Betrachtungen ist die gerechte Verteilung der weltweit produzierten Nahrung sowie die Existenzsicherung kleiner und mittlerer bäuerlicher Betriebe.

Dazu ist es unter anderem notwendig, die verschwenderische Verwendung solcher Lebensmittel zur Tierfütterung zu vermindern, die der Mensch direkt verzehren könnte (zum Beispiel Getreide, Hülsenfrüchte, Knollenfrüchte). Die Massentierhaltung sollte in den reichen Industrieländern, in denen sie unter anderem durch Futtermittelimporte – auch aus Entwicklungsländern – erst rentabel geworden ist, abgebaut werden, denn sie kann in diesen wirtschaftlich ärmeren Ländern zur Verringerung der Nahrungsproduktion für die einheimische Bevölkerung führen. Die derzeitige Überproduktion und die Lebensmittelvernichtung in der EG sollten durch gezielte Maßnahmen vermieden werden.

Die drei gleichrangigen Bereiche der Vollwert-Ernährung sind in jeweils **vier Grundsätze** gefaßt, die teilweise mehreren Bereichen zuzuordnen sind. Diese Grundsätze lauten:

Gesundheitsverträglichkeit

- Bevorzugen von pflanzlichen Lebensmitteln und zur Ergänzung von Milch, Milchprodukten sowie anderen tierischen Lebensmitteln (überwiegend also lakto-vegetabil)
- Vermeiden von unnötiger Lebensmittelverarbeitung (Lebensmittel sollten so natürlich wie möglich bleiben)
- Etwa die Hälfte der Nahrungsmittelmenge als unerhitzte Frischkost (Rohkost) essen
- Vermeiden von Lebensmittelzusatzstoffen

Umweltverträglichkeit

- Bevorzugen von Erzeugnissen aus kontrolliert-ökologischer Landwirtschaft
- Bevorzugen von Gemüse und Obst aus regionalem Anbau, das entsprechend der Jahreszeit geerntet wurde
- Vermeiden von aufwendiger Lebensmittelverpackung
- Einsatz umweltverträglicher Technologien in Industrie, im Verkehr und in Haushalten

Sozialverträglichkeit

- Vermindern der Verwendung von Nahrungsmitteln bei der Erzeugung tierischer Lebensmittel

- Vermindern des Imports von Futtermitteln aus Entwicklungsländern
- Verhindern von Überschußproduktion und Lebensmittelvernichtung
- Weltweite Existenzsicherung kleiner und mittlerer bäuerlicher Betriebe

Allen Grundsätzen übergeordnet ist natürlich der Anspruch, daß eine gesunderhaltende Kost gut schmecken und Freude bereiten soll. Der Genuß steht bei der Vollwert-Ernährung keineswegs im Widerspruch zu den gesundheitlichen, ökologischen und sozialen Forderungen; vielmehr können sogar manche neue Geschmackserlebnisse entdeckt werden, wie der zweite Teil dieses Buches eindrucksvoll dokumentiert.

Empfehlungen für die Lebensmittelauswahl

Die Grundsätze der Vollwert-Ernährung erklären, warum die daraus abgeleiteten Ernährungsempfehlungen nicht die Mindest- oder Höchstzufuhr einzelner Nährstoffe in den Vordergrund stellen, sondern die Auswahl bestimmter Lebensmittel beinhalten. Die Empfehlungen sind damit praxisnah und für den Verbraucher leicht nachzuvollziehen und anzuwenden. Es ergibt sich, daß die derzeit geltenden wissenschaftlichen Empfehlungen für die Nährstoffzufuhr ohne komplizierte Berechnungen erreicht werden, wenn man die Vollwert-Ernährung beherzigt.
Als **Orientierung** bei der Lebensmittelauswahl soll die nachfolgende Übersichtstabelle dienen. Hier werden die Lebensmittel in mehrere Wertstufen eingeteilt, wobei die Übergänge fließend sind und es mehr auf die Tendenz der Bewertung ankommt.
Als Einteilungskriterien dienen vorrangig der Nährstoffgehalt beziehungsweise der Verarbeitungsgrad, aber auch ökologische und soziale Aspekte. Damit wird dem Zusammenhang Rechnung getragen, daß der Nährstoffgehalt in der Regel in hohem Maße vom Verarbeitungsgrad der Nahrung abhängt. Bis auf wenige Ausnahmen werden nämlich bei zunehmender Intensität der Lebensmittelverarbeitung auch in stärkerem Maße lebenswichtige sowie gesundheitsfördernde Inhaltsstoffe abgetrennt, vermindert oder zerstört.
Der Verarbeitungsgrad der Lebensmittel läßt sich von den Verbrauchern sehr viel einfacher erkennen und bewerten als der (nur chemisch analysierbare) Gehalt an Inhaltsstoffen. Deshalb ist das Prinzip der Einteilung von Lebensmitteln nach dem Verarbeitungsgrad und damit nach dem Nährstoffgehalt ein geeignetes und inzwischen vielfach akzeptiertes Hilfsmittel in der Verbraucheraufklärung. Anhand der wichtigsten Lebensmittelgruppen wollen wir nun die konkreten Empfehlungen für die Vollwert-Ernährung nennen und kurz begründen.

Getreide
Getreideerzeugnisse sollten aus dem **vollen Korn** hergestellt sein. Hier sind besonders Frischkornmüsli (aus unerhitztem Vollkornschrot oder gekeimtem Getreide, Obst, Milchprodukten und Nüssen), Brot und anderes Gebäck, erhitzte Getreidespeisen, Teigwaren und anderes zu nennen. Weniger empfehlenswert sind Produkte aus Weißmehl (Auszugsmehl) wie Weißbrot und Graubrot sowie andere helle Gebäcksorten, helle Nudeln, geschälter (weißer, polierter) Reis und anderes.
Diese Empfehlungen berücksichtigen die drastische Wertminderung bei der Herstellung heller Mehltypen, da sich viele Vitamine und Mineralstoffe, alle Ballaststoffe und sekundäre Pflanzenstoffe unter der Schale der Körner befinden und bei der Verarbeitung abgetrennt werden. Außerdem führen Auszugsmehlprodukte nach dem Verzehr in der Regel zu einer höheren Blutzuckerbelastung als Vollkornprodukte.
Für Frischkornmüsli mit unerhitztem Getreideschrot oder mit gekeimtem Getreide spricht unter anderem, daß hier keine Nährstoffe durch Erhitzen verlorengehen. Die Lebensmittelkombination im Frischkornmüsli garantiert einen hohen Gehalt an hochwertigem Eiweiß, Getreidekeimlinge enthalten darüber hinaus sehr viele Vitamine. Müsli aus unerhitztem Vollkornschrot oder aus gekeimtem Getreide bewirkt eine sehr niedrige Blutzuckerbelastung, was für Diabetiker von besonderer Bedeutung ist.

Keimlinge von Getreide und anderen Samen enthalten besonders viele hochwertige Inhaltsstoffe

Bei der Herstellung von Auszugsmehlen gehen viele Vitamine, Mineral- und Ballaststoffe verloren

Frischkornmüsli enthält hochwertiges Eiweiß, viele Vitamine, Mineral- und Ballaststoffe

Einteilung der Lebensmittel nach Wertstufen

Wertstufe I Sehr empfehlenswert	Wertstufe II Empfehlenswert	Wertstufe III Weniger empfehlenswert	Wertstufe IV Nicht empfehlenswert
Unerhitzte Lebensmittel	**Erhitzte Lebensmittel**	**Stark verarbeitete Lebensmittel**	**Isolierte „Lebensmittelsubstanzen"**
gekeimtes Getreide, rohes Vollkornschrot (zum Beispiel in Frischkornmüsli)	Vollkornprodukte (zum Beispiel Vollkornbrot, -gebäck, -nudeln)	Auszugsmehlprodukte (zum Beispiel Weißbrot, Graubrot), weißer, polierter Reis	isolierte Stärke (zum Beispiel Kartoffelstärke), isoliertes Eiweiß (zum Beispiel „Proteindrinks"), isolierte Ballaststoffe (zum Beispiel Weizenkleie)
rohes Gemüse (auch milchsauer konserviertes), gekeimte Hülsenfrüchte	erhitztes Gemüse, Gemüse- und Obstsäfte, Kartoffeln, erhitzte Hülsenfrüchte	Gemüsekonserven, Obstkonserven, Nektare, Kartoffelprodukte	isolierte Vitamine
rohes, süßes Obst, eingeweichtes Trockenobst	(in mäßigen Mengen und verdünnt) Honig, Apfel- und Birnendicksaft	Zuckerrübensirup, Melasse, Ahornsirup	isolierte Zucker, weitere Isolate, künstliche Süßstoffe
Nüsse, Samen (auch gekeimt), kaltgepreßte, unraffinierte Öle, ungehärtetes Kokosfett	ungehärtete Pflanzenmargarine mit hohem Anteil an kaltgepreßten Ölen	extrahierte, raffinierte Fette und Öle	Produkte aus isolierten Substanzen, Süßigkeiten, Nährstoffpräparate, Schlankheitspräparate
Vorzugsmilch, Rohmilchprodukte	pasteurisierte Milch(-produkte), Butter (in mäßiger Menge)	H-Milch, Milchpulver	Sterilmilch
–	Fisch, (in mäßiger Menge) Eier, Fleisch	Fleischwaren, Wurstwaren, Fleischkonserven	Innereien, Schweineschmalz
natürliches Mineralwasser	Leitungswasser, Kräuter-, Früchtetee, Malz-(Getreide-) Kaffee, Kakao (ungezuckert)	schwarzer Tee, Bohnenkaffee, Bier, Wein	Fruchtsaftgetränke, Limonaden, Colagetränke, Instantgetränke, Spirituosen
frische Kräuter und Samen, (wenig) jodiertes Meersalz	erhitzte Kräuter und Samen, Meersalz, (wenig) jodiertes Kochsalz	Gewürzextrakte	isolierte/künstliche Aromastoffe, Kochsalz

Empfehlungen: Jeweils etwa die Hälfte der Nahrung sollte sich aus Lebensmitteln der Wertstufen I und II zusammensetzen. Lebensmittel der Wertstufe III sollten Sie nicht täglich verzehren und solche der Wertstufe IV möglichst vermeiden.

Gemüse, Obst, Kartoffeln und Hülsenfrüchte
Gemüse und Obst bieten eine große Vielfalt an Sorten. Sie sollten **reichlich** verzehrt werden, ein großer Teil davon als unerhitzte Frischkost (Rohkost) oder auch milchsauer vergoren (zum Beispiel als Sauerkraut). Kartoffeln und Hülsenfrüchte, letztere auch als Keimlinge, sollten häufig und in nicht industriell verarbeiteter Form auf dem Speisezettel stehen. Weniger empfehlenswert sind Gemüse- und Obstkonserven, Kartoffelprodukte (wie Pommes frites, Fertigpüree, Chips und anderes) sowie gezuckerte Säfte (Fruchtnektare, Fruchtsaftgetränke, Limonaden und andere).
Gemüse und Obst enthält viele Vitamine, Mineral- und Ballaststoffe sowie sekundäre Pflanzenstoffe – bei gleichzeitig niedrigem Energiegehalt. Kartoffeln und Hülsenfrüchte enthalten neben vielen lebenswichtigen Inhalts- und Ballaststoffen gutes und hochwertiges Eiweiß, aber sehr wenig Fett und sollten daher reichlicher als bisher üblich gegessen werden.

Sauerkraut ist milchsauer vergoren und empfehlenswert

Bevorzugen Sie kaltgepreßte Öle, ungehärtete Pflanzenmargarine mit einem hohen Anteil an mehrfach ungesättigten Fettsäuren sowie Butter

Fette und Öle
Ihren durchschnittlichen Gesamtfettverzehr sollten Erwachsene auf **70 bis 80 Gramm pro Tag** reduzieren. Folgende Verwendung verschiedener Fette und Öle wird empfohlen: für Salate kaltgepreßte, unraffinierte Öle; als Brotaufstrich Butter oder ungehärtete Pflanzenmargarine mit möglichst hohem Anteil an unraffinierten, kaltgepreßten Ölen; zum Braten ungehärtetes Kokosfett (Dünsten ist vorzuziehen); zum Kochen oder Backen alle vorher genannten Fette. Durch die Kaltpressung werden die hitzeempfindlichen Vitamine weitgehend geschont, deshalb sollte man kaltgepreßte Öle nicht erhitzen.
Weniger empfehlenswert sind die extrahierten, raffinierten und gehärteten Fette und Öle, das heißt fast alle gewöhnlichen Öle und Margarinesorten.
Durch die Raffination können allerdings vorhandene Rückstände an Pestiziden und anderen unerwünschten Stoffen entfernt werden. Die Rohstoffauswahl muß daher bei kaltgepreßten, unraffinierten Ölen zwangsläufig besser sein (nur frische Saat, kein Pestizideinsatz), da eine nachträgliche Schönung durch Raffination nicht möglich ist. Dabei ist zu bedenken, daß selbstverständlich auch die kaltgepreßten Öle den gesetzlichen Höchstmengenverordnungen unterliegen und damit bei deren Erfüllung offiziell als unbedenklich gelten; kaltgepreßte Öle wurden in der Praxis bisher nicht wegen Pestizidrückständen beanstandet.
Andererseits kann aus ökologischer Sicht die Möglichkeit, Pestizide durch Raffination zu entfernen, den unbedenklichen Einsatz solcher chemischen „Keulen“ nicht rechtfertigen. Aus Entwicklungsländern, woher ein Großteil der Ölsaaten kommt, ist bekannt, daß durch den vergleichsweise unachtsamen Umgang mit Pestiziden sowohl die Gesundheit von Landarbeitern als auch die Umwelt geschädigt werden können. Ein weiterer Aspekt, der für die Verwendung kaltgepreßter Öle spricht, ist, daß ihre Verarbeitung weniger Energie, weniger technischen Aufwand und keine chemischen Hilfsstoffe erfordert.
Die Verwendung von Butter ist im Rahmen einer ballaststoffreichen, fettverminderten und überwiegend pflanzlichen Kost, wie sie die Vollwert-Ernährung darstellt, hinsichtlich einer möglichen Erhöhung des Cholesterinspiegels unproblematisch.

Tierische Lebensmittel
Der Verzehr von **Milch** und **Milchprodukten,** auch in gesäuerter Form, ist empfehlenswert. Pasteurisierte Milch, im Idealfall unerhitzte Vorzugsmilch, sollte der H-Milch vorgezogen werden. Rohmilch ab Hof ist nur dann zu empfehlen, wenn sie unter hygienisch einwandfreien Verhältnissen erzeugt und abgegeben wird; für Säuglinge und Schwangere ist davon abzuraten. Der Verzehr von **Fisch,** insbesondere von Seefisch, in den üblichen Mengen (etwa 1 Fischmahl-

Der Verzehr von Milch und Milchprodukten, auch in gesäuerter Form, ist empfehlenswert

Seefisch ist eine gute Quelle für Jod und Selen

Natürliches Mineralwasser, Kräuter- und Früchtetees oder verdünnte Obstsäfte sind die besten Durstlöscher

zeit pro Woche) ist sinnvoll. **Fleisch** und **Eier** werden in der Vollwert-Ernährung nicht ausdrücklich empfohlen, aber ein auf 1 bis 2 Fleischmahlzeiten und 1 bis 2 Eier pro Woche reduzierter Verzehr ist unbedenklich. Weniger empfehlenswert sind **Fleisch-** und **Wurstwaren** sowie Fleischkonserven, auf Innereien und Schweineschmalz sollte man verzichten.

Milch und Milchprodukte verbessern die Versorgung mit Calzium und Eiweiß. Fisch trägt zur Versorgung mit Jod und Selen bei. Fleisch und Eier sind zwar hinsichtlich ihres Nährstoffgehalts wertvolle Lebensmittel, sie sind aber weder für die Eiweiß-, noch für die Vitamin- oder Mineralstoffversorgung notwendig. Fleisch- und Wurstwaren enthalten häufig besonders viel Fett in Form von gesättigten Fettsäuren, außerdem Cholesterin, Purine (werden zur Harnsäure abgebaut, die bei erhöhter Konzentration im Blut zu Gicht führen kann), Kochsalz und chemische Hilfsstoffe (zum Beispiel Pökelsalz).

Gegen einen hohen Konsum tierischer Lebensmittel sprechen auch ihr Schadstoffgehalt, die durch die Massentierhaltung bedingten Umweltprobleme, der Energieaufwand bei der Tierhaltung und die Veredelungsverluste (die als Futtermittel verwendeten Nahrungsmittel liefern insgesamt ein Vielfaches mehr an Nahrungsenergie und wertvollen Nährstoffen als die damit produzierten Fleischmengen). Hinzu kommen Futtermittelimporte – ihre Problematik wurde bereits angesprochen (siehe Seite 26). Insgesamt ist die Produktion tierischer Lebensmittel, wie sie in den Industriestaaten betrieben wird, eine „Luxusproduktion", die zum Teil zu Lasten der Ernährungssituation in den Entwicklungsländern geht.

Getränke

Für die Flüssigkeitsaufnahme werden natürliches Mineralwasser, Leitungswasser, Kräuter- und Früchtetees, Malzkaffee sowie verdünnte Obst- und Gemüsesäfte empfohlen. Weniger empfehlenswert sind schwarzer Tee und Bohnenkaffee sowie Bier und Wein, die nicht zum Durstlöschen, sondern (wenn überhaupt) nur in kleinen Mengen getrunken werden sollten. Limonaden, Colagetränke, Instantgetränke und Spirituosen sind nicht empfehlenswert. Milch ist als nährstofflieferndes Lebensmittel und nicht als Durstlöscher anzusehen. Erwachsene sollten täglich **1 bis 2 Liter** Flüssigkeit zu sich nehmen.

Eine ausreichende Flüssigkeitszufuhr ist für einen gesunden Stoffwechsel, besonders für die Funktion der Niere, und für die Wärmeregulation des Körpers erforderlich. Krankheiten wie Nierensteine, Verstopfung und Durchblutungsstörungen können Anzeichen für eine zu geringe Flüssigkeitszufuhr sein. Der Flüssigkeitsbedarf wird besonders von der Intensität körperlicher Aktivität, der Umgebungstemperatur und von individuellen Gegebenheiten bestimmt. Außerdem spielen die Mengen des zugeführten Eiweißes und des Kochsalzes eine Rolle, beide sind in der Vollwert-Ernährung herabgesetzt; es wird eine Reduzierung des Salzverbrauchs auf 5 Gramm pro Tag empfohlen. Verwenden Sie jodiertes Meersalz. Die Wasseraufnahme über „feste" Lebensmittel, wie Gemüse und Obst, ist in der Vollwert-Ernährung bereits relativ hoch, so daß die empfohlenen 1 bis 2 Liter Flüssigkeit pro Tag normalerweise ausreichen.

Zum Durstlöschen eignen sich besonders Getränke ohne Kalorien (Mineralwasser, Kräutertees und andere). Schwarzer Tee und Bohnenkaffee sind wegen ihres Koffeingehalts, Bier und Wein wegen ihres Alkoholgehalts weniger empfehlenswert. Gegen sogenannte Erfrischungsgetränke spricht der teilweise sehr hohe Gehalt an isolierten Zukkern, vor allem Diabetiker sollten diese deshalb meiden.

Süßungsmittel

Der Schlüssel zur Reduzierung des Zuckerverzehrs liegt vor allem in einem **„Senken der Süßschwelle"**. Das kann jeder leicht erreichen, wenn er einige Wochen lang konsequent Süßigkeiten sowie stark gesüßte Speisen und Getränke meidet, bis die Geschmacksempfindung „süß" auch schon bei geringen Zuckerkonzentrationen auftritt. Vieles erscheint dann als zu süß, und das Verlangen nach Süßem läßt von selbst nach. Es reicht nun aus, Speisen mit reifen Früchten (wie Weintrauben oder Bananen) zu süßen oder in mäßiger Menge eingeweichte Trokkenfrüchte (wie Feigen, Datteln, Aprikosen, Birnen) und Honig, Apfel- oder Birnendicksaft dafür zu verwenden. In der Vollwert-Ernährung werden isolierte Zucker (also auch Fruchtzucker), künstliche Süßstoffe und damit hergestellte Produkte gemieden.

Die Gründe für diese Empfehlungen liegen nicht nur in der karieserzeugenden Wirkung des Zuckers, sondern auch darin, daß isolierte Zucker ausschließlich Kalorien, aber keine lebensnotwendigen oder gesundheitsfördernden Inhaltsstoffe enthalten. Durch einen Verzicht oder eine starke Einschränkung des Zuckerverzehrs kann viel Energie eingespart werden. Außerdem erhöhen zukkerhaltige Lebensmittel den Blutzuckerspiegel in der Regel stärker, als es zum Beispiel Vollkornprodukte tun. Schließlich zeigen klinische Beobachtungen, daß isolierte Zukker eine Unverträglichkeit gerade von Vollkornprodukten und unerhitzter Frischkost hervorrufen können. Künstliche Süßstoffe erschweren die angestrebte Senkung der Süßschwelle.

Zusammenfassende Bewertung der Vollwert-Ernährung

Mit der Vollwert-Ernährung können nicht alle Probleme unserer modernen Gesellschaft gelöst werden, dieses Konzept versucht jedoch, den komplexen Zusammenhängen des Ernährungssystems gerecht zu werden und einen Beitrag zur besseren Gesundheit aller Menschen, zur Erhaltung der Umwelt sowie zur weltweiten sozialen Gerechtigkeit zu leisten.

Vollwert-Ernährung ist keine ideologische Lehre und auch kein Dogma, das aus mystischen Kräften entspringt und als Glaubenssache abgetan werden kann. Sie ist eine Ernährungsform, deren zugrundeliegende Idee bereits in der Antike entwickelt wurde und die seit dem Beginn dieses Jahrhunderts klinisch erprobt wird. Die Erfahrungen der letzten Jahre zeigen, daß die Vollwert-Ernährung zunehmend als eine zeitgemäße Ernährungsweise Anerkennung findet, mit der ernährungsbedingten Krankheiten wirksam vorgebeugt werden kann. Für Diabetiker ist die Vollwert-Ernährung ideal, weil sie zum einen alle Erfordernisse ihrer Krankheit berücksichtigt und zum anderen die ganze Familie einbezieht.

Frühere Konzepte für die Ernährungstherapie bei Diabetes

Vermutlich wurde schon lange vor der Entdeckung des Insulins versucht, den Diabetes durch gezielte Ernährung günstig zu beeinflussen. Vor etwa 100 Jahren begann die systematische Erforschung verschiedener Ernährungsformen. Bei der Bewertung dieser Bemühungen muß bedacht werden, daß es damals überwiegend Typ-1-Diabetiker gab und daß die meisten von ihnen wegen des Fehlens sinnvoller Therapien nach kurzer Krankheitsdauer im diabetischen Koma starben.

Die Bemühungen um eine „richtige" Diabetikerernährung basierten auf **drei Grundkonzeptionen:** Die erste ging davon aus, daß der Körper „entzuckert" werden müsse. Vertreter dieser Richtung verordneten zum Beispiel 300 Gramm Fleisch pro Tag und dazu reichlich Fleischbrühe, zusätzlich etwa 100 Gramm Fett und allenfalls etwas Wein. Dem stand die Auffassung entgegen, daß mit der Ernährung der mit dem Urin ausgeschiedene Zucker ersetzt werden müsse. Vertreter dieser Richtung verordneten hohe Zuckermengen, um den Zuckerverlust auszugleichen.

Die dritte Konzeption schließlich gründete sich auf die Beobachtung, daß die Konzentration des Urinzuckers nach Nahrungszufuhr generell ansteigt. Um das zu vermeiden, wurde Diabetikern eine Einschränkung der Energie(Kalorien-)zufuhr bis zur systematischen Unterernährung empfohlen. Der Grad der Einschränkung richtete sich nicht etwa danach, wieviel Übergewicht jemand hatte, sondern nach der Schwere des Diabetes. Das bedeutete, daß magere Typ-1-Diabetiker besonders stark belastet wurden, während normal- oder übergewichtige Typ-2-Diabetiker mit mildem Krankheitsverlauf relative Freizügigkeit genossen. Es verwundert heute wohl niemanden, daß bei diesen Behandlungsversuchen der Erfolg ausblieb und sie nach kurzer Dauer für die Diabetiker tödlich endeten. Vor etwa 120 Jahren starben schätzungsweise drei von vier Diabetikern im Koma. Erste, allerdings bescheidene Erfolge wurden mit der „Reiskur" und den „Hafertagen" erzielt.

Große Erfolge brachten erst die Einführung der **Insulinbehandlung** Mitte der 1920er Jahre und die Einführung der **Sulfonylharnstoffe** Mitte der 1950er Jahre. Trotzdem ist aber die Ernährung bis heute für jeden Diabetiker ein wichtiger Faktor der Therapie, den er selbst beeinflussen kann.

Anstieg und Abfall des injizierten oder des durch Tabletten freigesetzten Insulins im Blut folgen ganz bestimmten Zeitverläufen. Wenn zum Zeitpunkt hoher Insulinkonzentrationen keine oder eine zu geringe Zuckermenge aus der Nahrung zur Verfügung steht, kommt es zu Unterzuckerungszuständen, im Extremfall zum Schock. Stehen hingegen geringe Insulinkonzentrationen einem zu großen Zuckerangebot aus der Nahrung gegenüber, so kann ein großer Teil dieser Glucose nicht verwertet oder gespeichert werden,

Honig und Trockenfrüchte, in mäßiger Menge, sind als Süßungsmittel gut geeignet

und es kommt zu einem erhöhten Blutzuckerspiegel und zu vermehrter Ausscheidung von Zucker im Urin. Der Gesunde setzt also Insulin frei, um die mit der Nahrung aufgenommene Glucose zu verwerten; der Diabetiker muß essen, um das gespritzte Insulin zu „beschäftigen".

Insulin- und Tablettentherapie erforderten deshalb eine genaue Abstimmung des Zeitpunktes, der Häufigkeit und des Umfangs der Mahlzeiten. Das führte zum Konzept der „geregelten Diät", das heißt, der Energiegehalt der Nahrung und die Verteilung der Nährstoffe (Kohlenhydrate, Eiweiß und Fett), deren Aufteilung auf die verschiedenen Mahlzeiten des Tages und die Verteilung der Mahlzeiten über den Tag wurden genau geregelt und der medikamentösen Therapie angepaßt. Der Diabetiker wurde „eingestellt". Dann mußte der Tagesablauf über Jahre hinweg gleichbleiben.

Um es den Diabetikern zu ermöglichen und zu erleichtern, die umfangreichen und komplizierten Ernährungsvorschriften einzuhalten, wurden „Austauschtabellen" entwickelt. Die Nahrungsmittel wurden in Gruppen zusammengefaßt, innerhalb derer, je nach dem Kohlenhydratgehalt, eine unterschiedliche Menge an Nahrungsmitteln gegeneinander ausgetauscht werden konnte. Die angegebenen Mengen wurden zumeist auf 12 Gramm Kohlenhydrate (= 1 BE, das heißt Broteinheit oder Berechnungseinheit) bezogen. So entspricht eine BE (12 Gramm Kohlenhydrate) zum Beispiel 60 Gramm Brot, 80 Gramm Banane, 130 Gramm Orange oder 250 Gramm Wassermelone. Neben den Kohlenhydrataustauschtabellen wurden auch Fettaustauschtabellen erarbeitet, bei denen sich die angegebenen Lebensmittelmengen auf 10 Gramm Fett beziehen.

Das Konzept der Austauschtabellen weist gewisse Mängel auf. Es basiert auf zwei Grundannahmen, die sich inzwischen beide als falsch erwiesen haben. Die erste Annahme ist, daß die Blutzuckerwirksamkeit verschiedener Nahrungsmittel ausschließlich vom Kohlenhydratgehalt bestimmt wird, daß also 1 BE aus Kartoffeln den gleichen Blutzuckeranstieg bewirkt wie 1 BE aus Äpfeln. Das ist nicht so, da Äpfel einen deutlich geringeren Blutzuckeranstieg zur Folge haben.

Die zweite Grundannahme ist, daß der Insulinbedarf allein vom Anteil der Kohlenhydrate in der Nahrung bestimmt wird. Auch das hat sich als falsch erwiesen. Wenn zum Beispiel zu einer Mahlzeit 6 statt 3 BE verzehrt werden, wird nicht die doppelte Menge an Insulin benötigt, wenn gleichzeitig weniger Fett und weniger Eiweiß aufgenommen werden, das heißt, wenn die Energiemenge (Kalorienzahl) insgesamt gleichbleibt.

Das Konzept der geregelten Diät war also nur bei einem sehr gleichförmigen und geregelten Tagesablauf und Lebenswandel erfolgreich. Besonders die jüngeren und die berufstätigen Diabetiker empfanden diese Regelung als zu starr. Außerdem waren die Erfolge auf die Dauer bescheiden, da sich der Blutzucker auch durch Stimmungsschwankungen, durch das Ausmaß der körperlichen Aktivität und selbst durch kleine Erkrankungen, zum Beispiel durch eine Erkältung, verändert.

Erst die Entwicklung einfacherer Methoden zur Blutzuckerbestimmung (Teststreifen und Blutzuckermeßgeräte) und die Entwicklung von Teststäbchen, mit denen der Urinzucker auch mengenmäßig erfaßt werden konnte, machten es möglich, daß der Diabetiker seinen Stoffwechsel zu Hause selbst kontrollieren und die Insulin- oder Tablettendosierung selbständig anpassen konnte. Bei konsequenter und sachkundiger Durchführung ist die **Stoffwechselselbstkontrolle** der größte Fortschritt seit der Entdeckung des Insulins, denn dadurch gelang es, die Stoffwechselwerte von Diabetikern denen Stoffwechselgesunder anzunähern. Alle Diabetiker sollten in einer Diabetesklinik oder einem Diabetesschulungszentrum die notwendigen Kenntnisse und praktischen Fähigkeiten für die Selbstkontrolle erwerben, denn sie sind die Voraussetzung für die sinnvolle Anwendung der neuen Therapiemöglichkeiten.

Die Grundregeln der Diabetikerernährung

Eine erfreuliche Konsequenz aus dieser Entwicklung ist, daß die Fülle der früher üblichen Ernährungsvorschriften auf ein Minimum zusammenschrumpft. Folgende drei Grundregeln müssen Sie als Diabetiker beachten:

1. Die Ernährung muß bedarfsgerecht sein

Ihre Ernährung muß Ihrem Energiebedarf entsprechen (das drückt sich in der Normalisierung Ihres Körpergewichts aus) und alle notwendigen Nähr- und Wirkstoffe (Fett, Eiweiß, Kohlenhydrate; Vitamine, Mineral- und Ballaststoffe) in ausreichender Menge enthalten.

2. Schnell resorbierbare Kohlenhydrate („schnelle Kohlenhydrate") meiden
Wenn Sie schnell resorbierbare Kohlenhydrate zu sich nehmen, also Nahrungsmittel, aus denen Kohlenhydrate im Darm schnell freigesetzt und ins Blut abgegeben werden, so steigt Ihr Blutzuckerspiegel nach der Mahlzeit rasch auf hohe Werte an. Das Insulin im Blut kann diesen raschen und starken Anstieg nicht verhindern, so daß es zur Zuckerausscheidung im Urin kommt. Falls Sie nun die Insulindosis erhöhen, kann der anfängliche hohe Blutzuckeranstieg zwar gebremst werden, es kommt jedoch nach 1 bis 2 Stunden zu einem Blutzuckerabfall – weil „zuviel" Insulin vorhanden ist. Um Unterzuckerungserscheinungen zu verhindern, müssen dann wiederum „schnelle" Kohlenhydrate aufgenommen werden, und das Ganze beginnt von vorn. Diese starken Blutzuckerschwankungen können Sie vermeiden, wenn Sie „langsame" Kohlenhydrate zu sich nehmen (siehe auch Seite 35).

3. Mehrere kleine Mahlzeiten (5 bis 6 pro Tag) bevorzugen
Bei wenigen üppigen Mahlzeiten ist es schwieriger, die Insulinmenge den Erfordernissen anzupassen. Diese Regel müssen Sie besonders dann beachten, wenn Sie mit konventioneller Insulintherapie (1 oder 2 Spritzen Verzögerungs- oder Mischinsulin) oder mit Tabletten behandelt werden. Die über einen längeren Zeitraum erhöhten Insulinspiegel „brauchen" öfter kleine Mahlzeiten, damit eine Unterzuckerung vermieden wird.

Diese drei Grundregeln werden von allen Fachleuten akzeptiert, die sich mit Fragen der Ernährung bei Diabetes beschäftigen und sich dazu geäußert haben. Über weitere Aspekte der Ernährung bei Diabetes gibt es jedoch teilweise widersprüchliche Ansichten und Empfehlungen. Dazu zählen unter anderen:

- das mengenmäßige Verhältnis von Kohlenhydraten zu Fett und Eiweiß sowie die Menge und die Art der verzehrten Kohlenhydrate;
- die Frage, ob Kohlenhydrate eingeschränkt oder berechnet werden müssen;
- die Menge und die Art der Fette;
- die Menge und die Herkunft der Eiweiße;
- die Bedeutung und die Menge der Ballaststoffe;
- die Frage, welche Nahrungsmittel im einzelnen bevorzugt und welche eher gemieden werden sollten.

Die Grundregel, sich „bedarfsgerecht zu ernähren", gibt keine konkreten Hinweise zur praktischen Ernährung. Diese lassen sich aus den Ergebnissen der Ernährungsforschung bei Diabetikern in den letzten 15 Jahren ableiten. Diese Erkenntnisse werden bisher nur zögernd und in geringem Umfang von den Diabetikern berücksichtigt. Das liegt zum einen daran, daß die Ärzte selbst nur zögernd die neuen Erkenntnisse umsetzen, und zum anderen daran, daß viele Bücher mit Ernährungsratschlägen und Rezepten für Diabetiker veraltet sind.

Was können und sollten Diabetiker von einer „richtigen" Ernährung erwarten?

Bevor wir konkrete Ernährungsempfehlungen geben, wollen wir zunächst aufzeigen, was die Ernährung des Diabetikers leisten sollte und was von ihr erwartet werden muß.
Die Ernährung muß:
- eine bedarfsgerechte Versorgung mit allen notwendigen Nähr- und Wirkstoffen gewährleisten;
- helfen, bei guter Sättigung ein normales Körpergewicht zu erreichen beziehungsweise zu halten;
- Blutzuckerspitzen und/oder „Hypos" nach dem Essen verhindern;
- dazu beitragen, die erforderliche Insulin- oder Tablettendosis zu minimieren;
- den Nüchternblutzucker senken;
- die Bildung von Ketonkörpern und damit die Übersäuerung des Blutes verhindern;
- den Triglycerid- und den Cholesterinspiegel im Blut senken;
- den Blutdruck normalisieren;
- die Nieren schonen;
- die Funktion des Immunsystems optimieren und
- einfach durchzuführen, wohlschmeckend und abwechslungsreich sein.

Diese Anforderungen an die Ernährung und ihre Erfüllung kann der Diabetiker nicht alle selbst bewerten. Wir wollen daher im folgenden anhand des derzeitigen internationalen Standes der Wissenschaft darstellen, wie eine solche Ernährung praktisch aussieht, und dies begründen. Eine Kost, die al-

Die drei Grundregeln für die Ernährung bei Diabetes mellitus:

1. Die Ernährung muß bedarfsgerecht sein

2. Schnell resorbierbare Kohlenhydrate meiden

3. Mehrere kleine Mahlzeiten (5 bis 6 pro Tag) bevorzugen

len oben genannten Punkten gerecht wird, unterscheidet sich deutlich von der heute bei Diabetikern in der Bundesrepublik Deutschland noch üblichen.

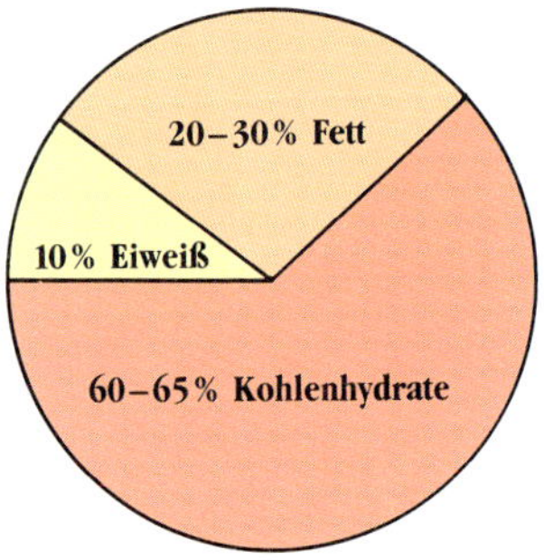

Günstige Nährstoffrelationen bei Diabetikern (prozentualer Anteil der Kalorien aus den Nährstoffen an der Gesamtenergiezufuhr)

Wie soll die optimale Ernährung für Diabetiker aussehen?

Die Energiezufuhr muß stimmen

Untersuchungen des Körpergewichts zeigen, daß männliche Typ-1-Diabetiker mittleren Alters in der Regel normalgewichtig sind, weibliche haben ein leichtes Übergewicht von etwa 5 Kilogramm (= 8 Prozent). Typ-2-Diabetiker haben hingegen typischerweise starkes Übergewicht, Männer im Durchschnitt 10 Kilogramm (= 13 Prozent) und Frauen 20 Kilogramm (= 31 Prozent). Übergewichtige essen selten zuviel, sondern oft das Falsche. Ballaststoffreiche Nahrungsmittel, zum Beispiel Vollkornprodukte, Hülsenfrüchte, Gemüse und Obst, sind gegenüber Fleisch, Wurst und Käse energiearm und haben zusätzlich einen guten Sättigungseffekt. Sie regulieren dadurch die Kalorienaufnahme auf natürliche Weise. Besonders wenn Sie übergewichtig sind, hilft es Ihnen bei der Gewichtsabnahme, wenn Sie Getreidegerichte aus vollem Korn, reichlich frisches Gemüse und frisches Obst sowie Hülsenfrüchte bevorzugen. So können Sie abnehmen, ohne zu hungern.
Mit 400 Gramm Gemüse können Sie sich satt essen, mit 40 Gramm fettem Fleisch, das die gleiche Kalorienzahl enthält, erreichen Sie das jedoch nicht.

400 Gramm Gemüse und 40 Gramm Fleisch enthalten die gleiche Kalorienmenge

Die Nährstoffrelation sollte optimal sein

In der Bundesrepublik Deutschland decken Diabetiker ihren Nahrungsenergiebedarf durchschnittlich zu 43 Prozent mit Kalorien aus Fett, zu 37 Prozent mit Kalorien aus Kohlenhydraten und zu 20 Prozent mit Kalorien aus Eiweiß. Diese Nährstoffrelation ist in vielerlei Hinsicht ungünstig und entspricht dem Stand der Empfehlungen, die bis Mitte der 1970er Jahre üblich waren.
Unter dem Druck neuerer Forschungsergebnisse haben die Diabetes-Gesellschaften der USA, Kanadas und Europas ihre Empfehlungen zur Nährstoffrelation korrigiert. Allgemein werden heute (1990) folgende Empfehlungen gegeben: Die **Fette** sollten nur mit **25 bis 30 Prozent** an der Gesamtenergiezufuhr beteiligt sein. **Eiweiß** sollte einen Anteil von **0,8 Gramm pro Kilogramm Sollkörpergewicht** haben, das entspricht etwa **10 Prozent** der Energie; maximal sollten es 15 Prozent sein. Für die **Kohlenhydrate** wird ein Anteil von **mindestens 50** beziehungsweise **55 Prozent** gefordert. Die Obergrenze ergibt sich aus den Empfehlungen für Eiweiß und Fett und liegt bei 65 Prozent der Gesamtenergiezufuhr. Die Nährstoffrelation bei Diabetikern sollte demnach die gleiche sein, wie sie die Deutsche Gesellschaft für Ernährung (DGE) Gesunden empfiehlt. Für den Anteil der „Fettkalorien" an der Gesamtenergiemenge werden 25 bis 30 Prozent, für den der „Eiweißkalorien" etwa 10 Prozent oder 0,8 Gramm pro Kilogramm Sollkörpergewicht empfohlen. Den Rest bilden die Kohlenhydrate mit 60 bis 65 Prozent.
Beachten Sie, daß 1 Gramm Fett mehr als doppelt soviel Energie enthält wie 1 Gramm Kohlenhydrate oder Eiweiß, so daß Sie die angegebenen Prozentzahlen nicht direkt in Grammzahlen übertragen können. Für eine 60 Kilogramm schwere Person mit einem Bedarf von täglich 2000 Kilokalorien werden bei 30 Prozent Fettkalorien etwa 600 Kilokalorien in Form von Fett aufgenommen. Da 1 Gramm Fett 9 Kilokalorien enthält, entspricht diese Menge (600:9) 66 Gramm Fett.
Entsprechend können die Prozentzahlen für Kohlenhydrate und Eiweiß in Gramm umgerechnet werden. Bei beiden liefert jeweils 1 Gramm 4 Kilokalorien.

Keine Angst vor Kohlenhydraten

Der Kohlenhydratanteil in der üblichen Ernährung von Diabetikern liegt mit durchschnittlich 37 Prozent der Energiezufuhr (Kalorienprozent) erheblich unter den aktuellen Empfehlungen. Die 37 Prozent der Energiezufuhr entsprechen bei Diabetikerinnen durchschnittlich 154 Gramm Kohlenhydraten (12,8 BE), bei Diabetikern etwa 192 Gramm (16 BE).
Bei mit Insulin behandelten Diabetikerinnen entsprechen diese Prozentwerte etwa 166 Gramm Kohlenhydraten (13,8 BE), bei Diabetikern 223 Gramm (18,6 BE). Diese Kohlenhydratmengen sind unzureichend. Die generelle „Angst" der Diabetiker vor

Kohlenhydraten besteht zu Unrecht. Aus diesen Nährstoffen sollte vielmehr ein größerer Teil der Energie stammen.
Wichtig ist jedoch, daß Diabetiker möglichst nur solche Nahrungsmittel auswählen, deren Kohlenhydrate bei der Verdauung langsam freigesetzt werden und die daher auch langsam ins Blut gelangen (**„langsame" Kohlenhydrate,** siehe auch Seite 35 bis 38).
In Experimentaldiäten konnte bei Diabetikern selbst bei einem Kohlenhydratanteil von 85 Kalorienprozent keine Stoffwechselverschlechterung beobachtet werden, wenn die Art der Kohlenhydrate stimmte. Eine Kohlenhydratbeschränkung wird daher heute von den meisten Diabetes-Gesellschaften und von der Weltgesundheitsorganisation (WHO) abgelehnt. Im Gegenteil: Um die empfohlenen 50 bis 65 Prozent Kohlenhydratanteile an der Gesamtenergiezufuhr zu erreichen, müssen Diabetiker bewußt kohlenhydratreich essen. Auch bei der Allgemeinbevölkerung liegt hierzulande der Kohlenhydratanteil an der Energiezufuhr unter 50 Prozent und damit zu niedrig.
Langfristig führt eine Erhöhung des richtigen Kohlenhydratanteils zu einem verringerten Insulinbedarf, da die Insulinempfindlichkeit ansteigt. Die Energie- beziehungsweise Kalorienmenge der Kohlenhydrate bestimmt den Insulinbedarf, und sie sollte daher berechnet werden. Sie können, wenn Sie möchten, weiterhin mit BE oder Kohlenhydraten in Gramm rechnen, um zu überprüfen, ob Sie die empfohlenen 50 bis 65 Kalorienprozent Kohlenhydratanteil tatsächlich erreichen. Die Berechnungen können anhand von gängigen Nährwerttabellen erstellt werden.
Die Erhöhung der Insulinempfindlichkeit ist aber nicht der einzige Vorteil, den eine an „langsamen" Kohlenhydraten reiche Ernährung bietet. Der Kohlenhydratanteil und der Fett- beziehungsweise der Eiweißanteil stehen im umgekehrten Verhältnis zueinander. Mit einer kohlenhydratreichen Ernährung werden in der Regel weniger Fett und Eiweiß, aber mehr Ballaststoffe, Mineralstoffe und wasserlösliche Vitamine und weniger schädliche oder unerwünschte Stoffe aufgenommen. Die Vorzüge einer an „langsamen" Kohlenhydraten reichen Ernährung sind vielfältig.
Eine solche Ernährung bewirkt:

- die Verdoppelung bis Verdreifachung der Ballaststoffaufnahme;
- die Verbesserung der Versorgung mit Mineralstoffen und mit wasserlöslichen Vitaminen;
- eine vereinfachte Normalisierung des Körpergewichts bei Übergewicht;
- Positives für den Stoffwechsel, wie die Senkung des Nüchternblutzuckers, die Verhinderung eines starken Blutzuckeranstiegs nach den Mahlzeiten, die Senkung des Insulin- oder des Tablettenbedarfs, weniger „Hypos" (Unterzuckerungszustände), die Verbesserung des Säure-Basen-Gleichgewichts (antiacidotische Wirkung), die Verringerung der Ketonkörperbildung (antiketogene Wirkung);
- die Verbesserung vorliegender Fettstoffwechselstörungen;
- die Erhöhung der Zufuhr an mehrfach ungesättigten Fettsäuren;
- die Senkung des Risikos arteriosklerotische Erkrankungen, wie Herzinfarkt, Schlaganfall, Nierenversagen, Gangrän (Gewebsbrand);
- die Reduzierung der Eiweißzufuhr, dadurch geringere Belastung der Nieren;
- die Normalisierung des Blutdrucks.

Die Einschränkung der Nahrungsmittel mit langsam resorbierbaren Kohlenhydraten ist wissenschaftlich nicht zu rechtfertigen. Dennoch ist diese Empfehlung heute immer noch weit verbreitet, da sie von einigen „Experten" weiterhin propagiert wird. Der Einwand, daß eine hohe Kohlenhydrataufnahme eine Erhöhung der Blutfette (Triglyceride) verursacht, trifft nur auf eine kleine Gruppe von Menschen mit einer ganz bestimmten Fettstoffwechselkrankheit zu oder beschränkt sich auf Fälle, in denen die Nahrung zuwenig Ballaststoffe enthält. Ansonsten bewirkt kohlenhydratreiche Ernährung ein Absinken der Blutfettwerte.

Die „langsamen" Kohlenhydrate sind die „guten" Kohlenhydrate

Früher wurde angenommen, daß die Kohlenhydrate aus allen stärkehaltigen Speisen langsam aus dem Darm ins Blut aufgenommen werden, da die Stärke im Darm zunächst in Zucker (Glucose) gespalten werden muß. Diese Annahme hat sich als falsch erwiesen, denn isolierte Stärke (Kartoffel-, Weizen-, Maisstärke) wird genauso schnell wie Trauben- oder Haushaltszucker ins Blut aufgenommen (resorbiert). Der geschwindigkeitsbestimmende Schritt ist nicht die Spaltung selbst, sondern der Zugang der Verdauungsenzyme zur Stärke.
Die **Resorptionsgeschwindigkeit** (Geschwindigkeit der Aufnahme eines Nährstoffes vom Darm ins Blut) eines kohlenhydrathaltigen

„Schnelle" Kohlenhydrate, zum Beispiel aus Zucker, Traubenzucker und isolierter Stärke, sollten Sie meiden

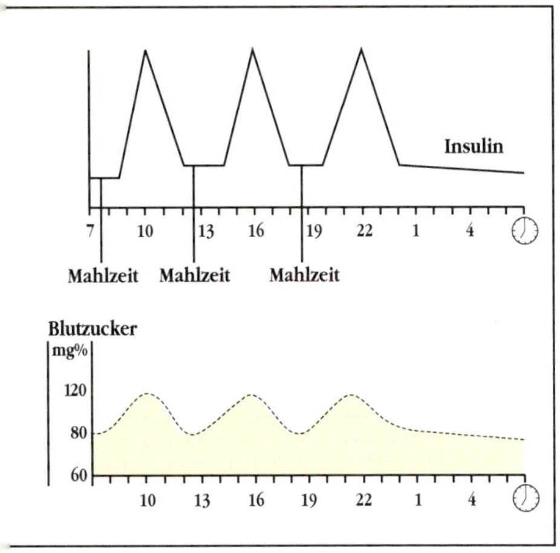

Der Insulin- und der Blutzuckerspiegel beim Stoffwechselgesunden. Nach jeder Mahlzeit gibt die Bauchspeicheldrüse – entsprechend der aufgenommenen Kohlenhydratmenge – Insulin ins Blut ab, das dann den Blutzuckerspiegel wieder reguliert

Lebensmittels wird anhand der Veränderungen des Blutzuckerspiegels nach dem Verzehr bestimmt. Gemessen wird der Gipfelwert des Blutzuckers und eventuell die Zeit bis zum Erreichen des Gipfels, nachdem eine bestimmte Menge Kohlenhydrate, zum Beispiel 50 Gramm, in Form des zu testenden Nahrungsmittels verzehrt wurde. Die Werte werden dann mit denen verglichen, die nach dem Verzehr derselben Menge isolierter Glucose (dem Bezugskohlenhydrat) ermittelt werden, und als Prozentwerte des Glucosewertes angegeben.

Lebensmittel	Glykämischer Index von Diabetikern (in Prozent)
Glucose (= Bezugsgröße)	100
Getreideprodukte	
Weißbrot	65
Vollkornbrot	63
Reis, poliert	48
Teigwaren aus Auszugsmehl	39
Mais aus der Dose	36
Corn-flakes	81
Haferflockenbrei	61
Kartoffeln und getrocknete Hülsenfrüchte	
Kartoffeln, gebacken	73
Kartoffelmasse aus Instantpulver	51
Kartoffeln, gekocht	46
Kidneybohnen	31
Erbsen	30
Linsen	27
Obst und Süßungsmittel	
Bananen	48
Orangen	48
Orangensaft	43
Äpfel	41
Honig	61
Milch und Milchprodukte	
Milch	30
Eiscreme	63

Eine andere Methode berechnet statt dessen die Flächen unter der aufgezeichneten Blutzuckerkurve bis zu einem bestimmten Zeitpunkt. Als Vergleichsgröße dient auch hier die Blutzuckerkurve nach dem Verzehr isolierter Glucose. Da unterschiedliche Meßzeiten gewählt werden (45, 120, 180 Minuten), unterscheiden sich die Ergebnisse entsprechend. Die mit dieser Methode bestimmten Werte werden als **„glykämischer Index"** (Blutzuckerindex) bezeichnet und in Prozent des Glucosewertes angegeben. Ist zum Beispiel die Fläche unter der Blutzukkerkurve nach dem Verzehr eines Nahrungsmittels nur halb so groß wie die unter der Kurve nach dem Verzehr von Glucose, so beträgt der glykämische Index für dieses Nahrungsmittel 50. Der glykämische Index zeigt also die Wirkung von Nahrungskohlenhydraten auf den Blutzuckerspiegel im Vergleich zur Wirkung von in gleicher Menge zugeführter Glucose (Traubenzucker).

Es werden hier nicht gleiche Lebensmittelmengen, sondern gleiche Kohlenhydratmengen miteinander verglichen. Der glykämische Index hängt nicht davon ab, ob die Werte bei Diabetikern oder bei Nichtdiabetikern bestimmt werden.

Die Forschungen haben ergeben, daß die Resorptionsgeschwindigkeit der Glucose von vielen Faktoren abhängt, die wir im folgenden zusammengestellt haben. **Die Resorptionsgeschwindigkeit von Glucose wird beeinflußt von:**

- **der Art des Nahrungsmittels:** Glucose aus Hülsenfrüchten wird langsamer resorbiert als die aus Getreide und Kartoffeln;
- **dem Ballaststoffgehalt der Nahrungsmittel:** Glucose aus verfeinerten, hellen Getreideprodukten wird schneller resorbiert als die aus Vollgetreideprodukten, zum Beispiel die aus Weißbrot schneller als die aus Vollkornbrot, Glucose aus „weißem" Reis schneller als die aus Naturreis und so weiter;
- **der Erhitzung von Nahrungsmitteln:** Glucose aus gekochtem Gemüse und Getreide wird schneller resorbiert als die aus rohem; die aus gekochtem Vollkornschrot schneller als die aus ungekochtem; die Glucose aus hitzebehandelten Haferflokken schneller als die aus rohen Haferflokken und so weiter;
- **der Verarbeitung von Nahrungsmitteln:** Glucose aus zerkleinertem Obst und Gemüse wird schneller resorbiert als die aus unzerkleinertem; die aus Apfelbrei schneller als die aus ganzen Äpfeln; die aus Apfelsaft schneller als die aus Apfelbrei; Glucose aus Kartoffelbrei schneller als die aus Kartoffeln; die aus vor dem Kochen geschrotetem Getreide schneller als die aus im ganzen Korn gekochtem Getreide und so weiter;

- **dem Fett- und Kaloriengehalt der Nahrungsmittel:** Glucose aus Vollkornbrot ohne Butter wird schneller resorbiert als die aus Vollkornbrot mit Butter; die aus Vollkornbrot mit Magerquark schneller als die aus Vollkornbrot mit Butter und so weiter;
- **der Größe der Mahlzeiten:** Die doppelte Menge eines bestimmten Nahrungsmittels bewirkt nicht etwa einen doppelt so starken Blutzuckeranstieg, sondern liegt unter diesem theoretischen doppelten Wert.

Die Resorptionsgeschwindigkeit der Glucose hängt also nicht entscheidend davon ab, ob ein Nahrungsmittel die Kohlenhydrate als Stärke oder als Zucker enthält: So werden die Kohlenhydrate aus Kartoffeln (Stärke) schneller resorbiert als die aus Äpfeln oder Orangen (Zucker), die des Brotes (Stärke) schneller als die der Milch (Zucker).
Die Werte für den **glykämischen Index** verschiedener Lebensmittel und Speisen weisen eine große Schwankungsbreite auf. Sie reichen von 0 bis 100. In manchen Fällen ergab sich nach dem Verzehr sogar ein Blutzuckerabfall. Es ist daher nicht möglich, nach den herkömmlichen Austauschtabellen, die sich auf die jeweils gleiche Menge an Kohlenhydraten (Broteinheiten) beziehen, verläßliche Rückschlüsse auf die Blutzuckerwirksamkeit oder die erforderliche Insulindosierung zu ziehen. Genau damit wird aber die Verwendung dieser Tabellen begründet. Dieses Argument ist heute nicht mehr aufrechtzuerhalten. Als informative Übersicht zum Kohlenhydratgehalt der Nahrungsmittel behalten die Tabellen weiterhin eine gewisse Existenzberechtigung, jedoch wird die Bedeutung der „Broteinheiten" von vielen Diabetikern (und nicht nur von diesen) überschätzt oder falsch interpretiert.

Empfehlungen zu den Kohlenhydraten
Aus den Untersuchungen zur Blutzuckerwirksamkeit und zum glykämischen Index lassen sich auf einfache Weise direkte Empfehlungen ableiten:

- Bevorzugen Sie Lebensmittel, die einen **geringen Blutzuckeranstieg bewirken.** An erster Stelle stehen die Hülsenfrüchte, also verschiedene Bohnen, Linsen, Erbsenarten, Sojabohnen, Erdnüsse und andere. Zu empfehlen sind alle Gemüsearten in frischem Zustand und frisches Obst, wie Äpfel, Apfelsinen, Grapefruits, verschiedene Beeren und anderes. Weiterhin Milch und alle Milchprodukte, also zum Beispiel Joghurt, Dickmilch und Buttermilch. Getreide und Getreideprodukte aus dem vollen Korn sind zu bevorzugen, wie Frischkornmüsli, Nudeln aus vollem Hartweizen, gekochtes Getreide, Naturreis, Vollkornbrot und -backwaren.
Schonend gegartes Gemüse ist ebenfalls empfehlenswert. Gekochte Kartoffeln, Karotten, rote Bete, Kohlrüben und Artischocken sollten jedoch nur in kleinen Portionen genossen werden. Mit den verschiedenen Getreidearten und der großen Auswahl an Hülsenfrüchten läßt sich viel Abwechslung in den Speisenplan bringen. Verwenden Sie keine Kartoffel- oder Maisstärke oder Weißmehl zum Eindicken und Binden von Saucen und Suppen. Dafür gibt es pflanzliche Bindemittel aus unverdaulichen Kohlenhydraten (zum Beispiel Pektin und Agar-Agar). Sie zählen zu den Ballaststoffen.
- Bevorzugen Sie Lebensmittel, die den **vollen natürlichen Ballaststoffgehalt** aufweisen, wie Vollkornbrot, Vollkornnudeln, Naturreis, Vollkornflocken, Apfel mit Schale und andere. Bedenken Sie auch, daß sich die Wirkung von Ballaststoffen durch Erhitzen verringern kann.
- Essen Sie Obst **in frischem Zustand,** also möglichst unerhitzt, und nicht als Konserven. Obstsäfte sollten nur in geringer Menge und in verdünnter Form getrunken werden (Fruchtsaftgetränke und Nektare sind bereits verdünnt, ihnen wird aber häufig Zucker zugesetzt). Essen Sie etwa die Hälfte des Gemüses frisch als Salate. Wählen Sie für die Zubereitung von Gemüse schonende Garverfahren, zum Beispiel Dünsten und Dämpfen. Garen Sie das Gemüse nicht zu lange, es sollte noch „Biß" haben. Essen Sie auch einen Teil des Getreides frisch, zum Beispiel als Frischkornmüsli zum Frühstück oder als gekeimtes Getreide in Salaten. Auch Hülsenfrüchte können als Keimlinge frisch gezogen werden.

Um den Energiegehalt der Nahrung zu senken, können vorübergehend **Süßstoffe** eingesetzt werden. Diese Substanzen sollten nur kurze Zeit und in geringen Mengen verwendet werden, da es sonst nicht zur Senkung der „Süßschwelle" kommt. Versuchen Sie auf natürliche Weise und systematisch das Verlangen nach Süßem zu vermindern.
Die Verwendung von **Zuckerersatzstoffen,** auch Zuckeraustauschstoffe genannt, also Fruchtzucker, Sorbit und Xylit, wird dem Diabetiker häufig empfohlen, da diese Substanzen ohne Insulin verstoffwechselt werden können. Da die meisten Diabetiker

Glucose aus verfeinerten, hellen Getreideprodukten wird schneller resorbiert als die aus Vollkornprodukten

Glucose aus zerkleinertem Obst und Gemüse wird schneller resorbiert als die aus unzerkleinertem

Glucose aus Vollkornbrot ohne Butter wird schneller resorbiert als die aus Vollkornbrot mit Butter

übergewichtig sind und diese Zuckeraustauschstoffe energetisch angerechnet werden müssen, hilft diese Maßnahme nicht, die Nahrungsenergiezufuhr zu senken. Aus diesem Grunde sollte auf diese Hilfsmittel weitgehend verzichtet werden.

Ballaststoffreiche Kost wirkt unter anderem günstig auf die Verdauung und auf die Blutfett- und Blutzuckerwerte

Ballaststoffe sind kein Ballast

Unter dem Begriff „Ballaststoffe" werden viele unterschiedliche Substanzen zusammengefaßt. Sie werden in **Füllstoffe** (zum Beispiel Zellulose) und **Quellstoffe** (zum Beispiel Pektin) unterschieden. Quellstoffe können sehr viel Wasser aufnehmen und gelieren. Sie können eine Senkung des Blutzuckerspiegels bewirken.

Diabetiker in der Bundesrepublik Deutschland nehmen täglich durchschnittlich etwa 20 Gramm Ballaststoffe zu sich, ähnlich wie der Durchschnitt der Gesamtbevölkerung. Empfohlen wird eine Zufuhr von **mindestens 30 Gramm pro Tag** oder ein Ballaststoffanteil von 15 Gramm pro 1000 Kilokalorien Nahrungsenergie. Diese Menge läßt sich problemlos nur durch eine kohlenhydratbetonte und ballaststoffreiche Ernährung erreichen, denn Kohlenhydrat- und Ballaststoffaufnahme stehen in enger Beziehung zueinander.

Die Ballaststoffe verstärken die genannten positiven Wirkungen einer kohlenhydratreichen Kost, beziehungsweise sie sind dafür mitverantwortlich. Die Entstehung der meisten „Zivilisationskrankheiten" wird mit ballaststoffarmer Ernährung in Verbindung gebracht. Zu den „Zivilisationskrankheiten" zählen Übergewicht, Fettstoffwechselstörungen, Gicht, Arteriosklerose und Herzinfarkt, Gallensteine, Bluthochdruck, Typ-2-Diabetes, Blinddarmentzündung, Dickdarmkrebs, Krampfadern, Divertikulose (Ausstülpungen der Darmwand), Hämorrhoiden und andere. Die **Wirkungen der Ballaststoffe** auf Verdauung und Stoffwechsel sind vielseitig:

- Ballaststoffe bewirken eine intensivere Kautätigkeit und eine erhöhte Speichelbildung;
- sie verlängern die Dauer der Magenentleerung und bewirken somit eine langsame Resorption der Nährstoffe;
- bestimmte Ballaststoffe (Quellstoffe) überziehen die Darmwand wie ein Gel, verzögern dadurch die Resorption und vermindern den Blutzuckeranstieg;
- sie verringern die Freisetzung von Enzymen zur Kohlenhydratverdauung in den Darm, wodurch erreicht wird, daß die Kohlenhydrate langsamer verdaut und resorbiert werden, und der Blutzuckerspiegel langsamer ansteigt;
- Ballaststoffe bewirken einen geringeren Anstieg der Blutfettwerte nach dem Essen, der zu einer verbesserten Insulinwirkung führt;
- sie verringern den Insulinbedarf, so daß relativ niedrige Insulinkonzentrationen in der Lage sind, den Blutzuckerspiegel wirkungsvoll zu senken;
- sie binden Cholesterin und senken dadurch einen erhöhten Cholesterinspiegel im Blut.

Ballaststoffe unterstützen die Diabetesbehandlung

In den letzten 10 Jahren wurden die Wirkungen einer ballaststoffreichen Ernährung auf den Stoffwechsel von Typ-1- und Typ-2-Diabetikern intensiv erforscht. So wurde bei einer gemischten Gruppe von insulinspritzenden und mit Tabletten behandelten Diabetikern der Ballaststoffgehalt der Nahrung von 16 auf 54 Gramm pro Tag erhöht. Die Kost enthielt in beiden Fällen einen Kohlenhydratanteil von 53 Kalorienprozent (53 Prozent der Gesamtkalorienzufuhr stammten aus Kohlenhydraten). Der Fettanteil lag bei 30 Prozent der Gesamtenergiezufuhr und der Eiweißanteil bei 17 Prozent.

Nach 10 Tagen ballaststoffreicher Kost waren der durchschnittliche Tagesblutzuckerwert um 29 Prozent, von 148 auf 104 mg/100 ml Blut, und der 2-Stunden-Blutzucker nach dem Essen um 37 Prozent, von durchschnittlich 178 auf 112 mg/110 ml Blut, gefallen. Die Harnzuckerausscheidung fiel um 82 Prozent, von 17,5 auf 3,1 Gramm pro Tag. Die im nüchternen Zustand ermittelten Konzentrationen von Cholesterin und Triglyceriden im Blut fielen um 14 beziehungsweise 12 Prozent. Bei den insulinspritzenden Diabetikern war eine Verringerung der Insulindosis um durchschnittlich 9 Einheiten pro Tag möglich.

In zahlreichen anderen Untersuchungen dieser Art zeigte sich derselbe günstige Einfluß der Ballaststoffe, wobei die einzelnen Ergebnisse je nach den Untersuchungsbedingungen etwas variieren.

Inzwischen liegen auch langjährige Erfahrungen mit ballaststoff- und kohlenhydratreichen Ernährungsweisen bei Diabetikern vor. Sie belegen, daß Typ-2-Diabetiker die Insulindosis oder die von Sulfonylharnstoffen in der Regel stark reduzieren können. Typ-1-Diabetiker, die immer insulinbedürftig sind, können Insulin einsparen. In jedem

Fall sollte der behandelnde Arzt eine angemessene Einstellung der Medikamentenmenge vornehmen.
Die Erkenntnis, daß eine ballaststoffreiche Ernährung den Blutzucker senken kann, hat zur Erforschung der Wirkung einzelner Ballaststoffe auf den Blutzucker geführt. Die meisten Untersuchungen liegen für Guarkernmehl vor, das aus der Guarbohne gewonnen wird. Guarkernmehl kann als Bindemittel für Suppen und Saucen verwendet werden. Nebenwirkungen wie Blähungen treten kaum auf, wenn mit geringen Mengen gearbeitet wird. Im Gegensatz zu der Behandlung mit Sulfonylharnstoffen besteht hierbei kein Risiko gefährlicher Hypoglycämien. Unter den stärkefreien Diätbindemitteln befinden sich auch guarkernmehlhaltige Erzeugnisse. Wenn Sie selbst backen, können Sie dem Getreidemehl Guarkernmehl bis zu einem Anteil von 20 Prozent zusetzen.
Eine weitere Neuentwicklung auf dem Gebiet der blutzuckersenkenden Medikamente (orale Antidiabetika) sind Enzymhemmstoffe. Ihre Wirkung beruht darauf, daß im Darm die Spaltung der Disaccharide (Zweifachzucker; siehe Seite 8) zu resorptionsfähigen Monosacchariden (Einfachzucker; siehe Seite 8) gehemmt wird. Enzymhemmstoffe sind zwar keine Ballaststoffe im eigentlichen Sinn, sie verzögern aber die Aufnahme der Kohlenhydrate aus dem Darm ins Blut. Im Gegensatz zu den Ballaststoffen beeinflussen sie jedoch nicht den Nüchternblutzucker und führen häufig zu Darmbeschwerden und Durchfällen. Bei einer Ernährung, die reich an natürlichen Ballaststoffen ist, sind Enzymhemmstoffe überflüssig. Ballaststoffe können durch Erhitzen (Kochen) teilweise ihre Wirksamkeit verlieren. Eine Untersuchung mit verschiedenem Gemüse ergab, daß der Wirksamkeitsverlust unterschiedlich hoch ist. Geringe Verluste (3 bis 4 Prozent) zeigten Blumenkohl, Weißkohl und Wirsing, mittlere Verluste (11 bis 13 Prozent) Sellerie und Porree und hohe Verluste (20 bis 24 Prozent) Möhren, rote Beten und Kohlrabi. Die meist unterschiedliche Blutzuckerwirkung frischer und gekochter Kostformen ist größtenteils auf die Veränderung der Stärke, teilweise jedoch auch auf eine Veränderung der Ballaststoffe selbst zurückzuführen. Um eine ausreichende Ballaststoffaufnahme zu erreichen, beachten Sie bitte die „Empfehlungen zu den Kohlenhydraten" (Seite 37).

Zuviel Fett bringt den Kohlenhydratstoffwechsel aus dem Lot

Die durchschnittliche Fettaufnahme von Diabetikern in der Bundesrepublik Deutschland liegt etwas über 40 Prozent der Energiezufuhr, das entspricht 80 bis 120 Gramm Fett pro Tag. Empfohlen wird hingegen ein Fettanteil von **25 bis 30 Prozent.** Das sind etwa **1 Gramm Fett pro Kilogramm Sollkörpergewicht** oder 50 bis 80 Gramm Fett pro Tag. Die Cholesterinzufuhr liegt mit Werten bis 475 Milligramm pro Tag ebenfalls deutlich über dem empfohlenen Höchstwert von 300 Milligramm pro Tag.
Nicht nur die Fettmenge, auch die **Fettqualität** ist von erheblicher Bedeutung. Ein Kennzeichen der Fettqualität ist das Verhältnis von mehrfach ungesättigten Fettsäuren (engl. **P**olyunsaturated fatty acids) zu gesättigten Fettsäuren (engl. **S**aturated fatty acids), der sogenannte **P/S-Quotient.** In einer gesunden Ernährung wird ein P/S-Quotient von mindestens 1 angestrebt, das heißt gleiche Teile mehrfach ungesättigter und gesättigter Fettsäuren. Diabetiker nehmen jedoch im Durchschnitt dreimal soviel gesättigte wie mehrfach ungesättigte Fettsäuren zu sich (P/S-Quotient = 0,33).
Daran ist erkennbar, daß Diabetiker hierzulande viel Fleisch-, Wurstwaren, Käse und andere fettreiche tierische Lebensmittel konsumieren. Mit einer Ernährung, die übermäßige Mengen an tierischem Fett (überwiegend gesättigte Fettsäuren) enthält, wird jedoch die Entstehung von Gefäßerkrankungen gefördert. Diabetiker sind diesbezüglich ohnehin viel stärker gefährdet als Nichtdiabetiker. Von vier Diabetikern sterben heute drei an den Folgen einer Gefäßkrankheit, davon zwei allein an Herzinfarkt.
Es gibt zahlreiche Befunde, die eine Reduzierung des Fettkonsums und eine Erhöhung des Anteils an mehrfach ungesättigten Fettsäuren nahelegen. Folgende Gründe sprechen dafür:

- Der hohe Anstieg des Blutfettspiegels nach einer fettreichen Mahlzeit verschlechtert die Insulinwirkung und erhöht somit den Blutzuckerspiegel.
- Eine gleichbleibende Fettzufuhr, bei der Fette mit einem hohen Anteil an gesättigten Fettsäuren (tierische Fette) gegen Fette mit einem hohen Anteil an mehrfach ungesättigten Fettsäuren (ungehärtete Pflanzenfette) ausgetauscht werden, erhöht die Insulinempfindlichkeit und senkt den Insulinbedarf.

Fettreiche tierische Nahrungsmittel sind ungünstig

Bevorzugen Sie kaltgepreßte pflanzliche Öle

Fischfett hat durchschnittlich einen günstigeren P/S-Quotienten als Fleischfett

Wenn Sie Wurst essen möchten, dann wählen Sie sehr magere Sorten

Gemüse ist im allgemeinen fettarm, Ausnahmen sind Hafer, Oliven, Sojabohnen und Avocados

- Diabetiker leiden häufig an einer Leberverfettung, die durch einen erhöhten Abbau von Fettgewebe bei Insulinmangel verursacht wird. Eine fettreiche Ernährung aber verschlechtert den Zustand der Leber.
- Eine dauerhafte fettreiche Ernährung kann auch die Bauchspeicheldrüse schädigen und eine chronische Bauchspeicheldrüsenentzündung hervorrufen.
- In Japan, wo Gesunde und auch Diabetiker traditionellerweise fettarm essen und die bevorzugten Fette zudem reich an ungesättigten Fettsäuren sind, kommt Herzinfarkt bei Diabetikern zehnmal seltener vor als in den USA und in Westeuropa. Die diabetische Gangrän (Gewebsbrand wegen Unterversorgung der Gewebe infolge von Gefäßschäden) tritt in Japan unter Diabetikern sogar hundertmal seltener auf.
- Für Diabetiker besteht ein erhöhtes Risiko, an Bluthochdruck, Gallensteinen und Gicht zu erkranken. Übergewicht leistet der Entstehung dieser Krankheiten erheblichen Vorschub. Eine fettreiche Ernährung führt leichter zu Übergewicht oder macht es schwerer, Übergewicht abzubauen.

Empfehlungen zum Fett

Bezüglich der Fettzufuhr sollten Diabetiker die folgenden Empfehlungen beherzigen:

- Die Fettaufnahme auf 1 Gramm pro Kilogramm Sollkörpergewicht begrenzen.
- Ein Verhältnis von mehrfach ungesättigten zu gesättigten Fettsäuren (P/S-Quotient) von mindestens 1 : 1 einhalten. Dazu ist es notwendig, den Fettanteil aus tierischen Quellen (Fleisch, Wurst, Butter, Käse) auf höchstens ein Drittel der Gesamtfettmenge zu begrenzen; zwei Drittel der Fettmenge sollten aus pflanzlichen Quellen, also aus hochwertigen Pflanzenölen, zum Beispiel Sonnenblumenöl, und/oder aus ungehärteter Pflanzenmargarine stammen.
- Die Cholesterinaufnahme durch Einschränkung des Anteils tierischer Fette an der Gesamtfettzufuhr verringern.
- Fleischfett hat einen P/S-Quotienten von 0,05 bis 0,2. Bevorzugen Sie Fisch. Fischfett hat einen durchschnittlichen P/S-Quotienten von 1 (0,6 bis 2). Gegen 1 bis 2 Fleischmahlzeiten in der Woche mit magerem Fleisch ist jedoch nichts einzuwenden.
- Wenn Sie Wurst essen möchten, dann wählen Sie sehr magere Wurstsorten wie Putenwurst, Lachsschinken oder auch Corned beef aus.
- Getreide, Hülsenfrüchte, Gemüse und Obst enthalten im allgemeinen sehr wenig Fett, und es überwiegen die mehrfach ungesättigten Fettsäuren. Sie brauchen hier die Fettmengen nicht besonders zu beachten. Ausnahmen sind Hafer (etwa 7 g Fett/100 g), Oliven (etwa 14 g Fett/100 g), Sojabohnen (etwa 18 g Fett/100 g) und Avocados (etwa 23 g Fett/100 g).
- Nüsse sind sehr fettreich; in 100 Gramm sind 40 bis 65 Gramm Fett enthalten.
- Wenn Sie etwas anbraten wollen, verwenden Sie dazu (möglichst wenig) Kokosfett.
- Vermeiden Sie alle fritierten und panierten Speisen.

Zuviel Eiweiß schafft Probleme

Diabetiker nehmen hierzulande mit der Nahrung im Durchschnitt 85 bis 110 Gramm Eiweiß zu sich, das entspricht 20 Prozent der Gesamtenergiezufuhr. Ein Teil der Diabetiker kommt auf tägliche Eiweißmengen von durchschnittlich 140 bis 170 Gramm.

Empfohlen wird eine Eiweißmenge von **0,8 Gramm pro Kilogramm Sollkörpergewicht** oder **45 bis 55 Gramm täglich,** was einem Anteil von etwa 10 Prozent an der Gesamtenergiezufuhr entspricht. Diabetiker nehmen also durchschnittlich das Doppelte bis Dreifache der empfohlenen Eiweißmenge zu sich. In der Empfehlung von 0,8 Gramm pro Kilogramm Sollkörpergewicht ist bereits ein „Sicherheitszuschlag" von fast 100 Prozent für individuelle Schwankungen und für die unterschiedlich hohe Eiweißqualität in verschiedenen Nahrungsmitteln enthalten. Der tatsächliche Mindestbedarf liegt bei etwa 0,5 Gramm pro Kilogramm Sollgewicht. Eine erhöhte Eiweißzufuhr ist im allgemeinen und speziell für Diabetiker ungünstig. Der Körper benötigt zwar Eiweiß zur Erneuerung und zum Ersetzen von Körperstrukturen. Doch bei einer den Bedarf übersteigenden Eiweißaufnahme dient das überschüssige Eiweiß der Energiegewinnung, und das ist aus folgenden Gründen nicht wünschenswert:

- Beim Eiweißabbau entstehen giftige Stickstoffverbindungen, die in der Leber und in der Niere entgiftet und dann ausgeschieden werden müssen. Für den Gesunden ist dieser Vorgang bis zu einem gewissen Grad kein Problem. Bei vielen Diabetikern ist jedoch die Nierenfunktion infolge diabetischer Gefäßerkrankungen eingeschränkt. Bei jugendlichen Typ-1-Diabetikern sind Nierenfunktionsstörungen die häufigste Todesursache. Eine knapp bemessene Eiweißzufuhr entlastet die Nieren, indem sie ihre Leistungsfähigkeit erhöht und das Voranschreiten der Funktionsstörung verzögert.

- Eine hohe Eiweißaufnahme bedingt einen erhöhten Bedarf an bestimmten Mineralstoffen, zum Beispiel an Magnesium, da große Eiweißmengen die Magnesiumresorption behindern. Auch der Kalziumbedarf erhöht sich mit zunehmender Eiweißaufnahme.
- Ein hoher Eiweißverzehr führt nach dem Essen zu einem vorübergehenden Anstieg der Aminosäuren- beziehungsweise der Eiweißkonzentration im Blut. Neben der Hypoglycämie (Unterzuckerung) wirkt dies als starker Reiz für die Freisetzung von Glucagon aus der Bauchspeicheldrüse ins Blut. Hohe Glucagonspiegel schwächen die Wirkung des Insulins oder heben sie ganz auf. Das Eiweiß wird unter dem Einfluß von Glucagon in der Leber zu Glucose umgewandelt, und es kommt zu einem Blutzuckeranstieg. Daher hat eine überhöhte Eiweißzufuhr eine blutzuckersteigernde (glucogene) Wirkung.
- Eine hohe Eiweißzufuhr kann sich ungünstig auf die Darmflora auswirken. Das Wachstum von Fäulniserregern wird gefördert, die unter bestimmten Bedingungen krankmachende Stoffe produzieren.

Empfehlungen zum Eiweiß

Eine den tatsächlichen Bedarf deckende Eiweißzufuhr von **45 bis 55 Gramm** pro Tag sollten Diabetiker möglichst nicht überschreiten.

Eine überhöhte Eiweißzufuhr ist in der Regel das Ergebnis eines übermäßigen Fleisch- und Wurstkonsums. Selbst wenn Fleisch und Wurst vollständig vom Speiseplan gestrichen würden, bestünde keine Gefahr einer zu geringen Eiweißzufuhr. Das bestätigen zahlreiche Untersuchungen an Vegetariern. Eine Reduzierung des Fleisch- und Wurstverzehrs auf ein vernünftiges Maß hat über die Verringerung der Eiweißzufuhr hinaus folgende Vorteile:

- Fleisch und Wurst enthalten keine Stoffe, die Sie nicht auch auf andere Weise zu sich nehmen können; hingegen sind in Fleisch und Wurst oft unerwünschte Stoffe enthalten (Schwermetalle, Pestizide, Tierarzneimittelrückstände), da das Tier diese während seines ganzen Lebens speichert. Diese Stoffe belasten zum Teil den Stoffwechsel, weil sie die Wirkungen von Enzymen beeinträchtigen.
- Fleisch und Wurst können die Zusatzstoffe Nitrit (Nitritpökelsalz) und Phosphat enthalten. Beide sind als nicht unbedenklich anzusehen. Wenn es Ihnen nicht allzu schwer fällt, sollten Sie Wurst und Schinken wegen dieser Zusatzstoffe ganz von Ihrem Speisezettel streichen. Nutzen Sie das umfangreiche Käseangebot, jedoch in Maßen, da Käse ebenfalls sehr eiweißreich ist (12 bis 30 g Eiweiß/100 g) und darüber hinaus viel Salz enthält. Es gibt viele einfach herzustellende und wohlschmeckende Brotaufstriche, die Wurst und Schinken ersetzen und Käse ergänzen können. Anregungen dazu finden Sie im Rezeptteil dieses Buches.
- Die Tatsache, daß wesentlich weniger Vegetarier an „Zivilisationskrankheiten" leiden als Nichtvegetarier, legt den Schluß nahe, daß ein übermäßiger Fleisch- und Wurstkonsum die Entwicklung dieser Krankheiten begünstigt. Eine deutliche Verringerung des Fleisch- und Wurstkonsums ist daher angezeigt. Etwa ein bis zwei Fleischmahlzeiten pro Woche sind ein vernünftiges Maß, das vermutlich keine schädlichen Auswirkungen hat.

Mineralstoffe und Vitamine sind lebenswichtig

Die Qualität der Ernährung wird nicht nur von den Hauptnährstoffen Eiweiß, Fett und Kohlenhydrate bestimmt. Diese können sich beim Gesunden bezüglich der Energiegewinnung in gewissem Umfang gegenseitig ersetzen. Bei der Versorgung mit Mineralstoffen und Vitaminen ist das nicht der Fall. Mindestens 13 Verbindungen werden als **Vitamine** bezeichnet, das heißt, der Mensch ist auf ihre ausreichende Zufuhr mit der Nahrung angewiesen. Ebenso sind mindestens 28 Mineralstoffe für den Menschen lebenswichtig und müssen daher in der „richtigen" Menge zugeführt werden.

Vitamine haben eine große Bedeutung als Bestandteile von Enzymen. Jede chemische Umwandlung sowie die meisten Transportprozesse im Körper werden erst durch eine entsprechende Enzymaktivität ermöglicht. Die Zahl der verschiedenen Enzyme liegt bei weit über 2000, denn fast jede chemische Reaktion im Körper hat ihr ganz spezielles Enzym. Bei Vitaminmangel kommt es daher zu Stoffwechselstörungen.

Nutzen Sie das umfangreiche Käseangebot, jedoch in Maßen

Es gibt köstliche pflanzliche Brotaufstriche als Alternative zu Wurst und Fleischwaren (siehe Rezeptteil)

Getreide, Hülsenfrüchte und Gemüse sind gute Quellen für Kalium, Magnesium und Zink

½ Liter Milch, Dickmilch oder Joghurt oder 50 Gramm Käse sichern den täglichen Bedarf an Kalzium

Der hohe Verzehr an Fleisch- und Wurstwaren ist hauptsächlich für die überhöhte Phosphataufnahme verantwortlich

Die **„Hauptmineralstoffe"** Natrium, Kalium, Magnesium, Kalzium, Chlor, Phosphor und Schwefel müssen in ganz bestimmten Konzentrationen innerhalb und außerhalb der Zellen vorhanden sein, damit der Körper überhaupt lebensfähig bleibt. Schon geringe Störungen, zum Beispiel durch zusätzliche Verluste nach schwerem Durchfall oder Erbrechen, verursachen Beschwerden. Die normalen Verluste durch Stuhl, Schweiß und Urin müssen ständig ausgeglichen werden. Genauso wie ein Mangel wirkt sich aber auch eine überhöhte Zufuhr ungünstig aus. Die **Spurenelemente** zählen auch zu den Mineralstoffen, sie kommen aber im Vergleich zu den Hauptmineralstoffen nur in ganz geringen Mengen im Körper vor. Spurenelemente sind wie die Vitamine Bestandteile von Enzymen oder aktivieren diese. Ein Mangel verursacht daher ähnliche Krankheitserscheinungen wie ein Vitaminmangel. Einige Mineralstoffe und Vitamine sind für den Kohlenhydratstoffwechsel von besonderer Bedeutung; das sind die Mineralstoffe Kalium, Kalzium, Magnesium, Zink, Nickel und Chrom und die Vitamine B_1, B_2, Niacin, Pantothensäure und Biotin.

Mineralstoffe sind für Diabetiker besonders wichtig

Untersuchungen haben ergeben, daß Diabetiker zu einer Unterversorgung mit den Mineralstoffen Kalzium, Magnesium und Zink neigen. Phosphor beziehungsweise Phosphat wird hingegen in überhöhter Menge aufgenommen. Eine Unterversorgung mit den genannten Mineralstoffen und auch die erhöhte Phosphataufnahme sind aus folgenden Gründen bedenklich:

- **Zinkmangel** stört die Insulinsynthese und Insulinspeicherung in der Bauchspeicheldrüse. Als Folge davon können die Glucoseverwertung und der Fettstoffwechsel beeinträchtigt werden. Bei Zinkmangel tritt auch eine verminderte Wundheilung auf.
- **Magnesiummangel** führt zu allgemeinen vegetativen Störungen (Störungen der automatisch ablaufenden Körperfunktionen) wie erhöhter Nerven- und Muskelerregbarkeit. Magnesium wird eine „streßabschirmende" Wirkung zugesprochen, und es wird dadurch als Schutzfaktor gegen Herzinfarkt, Magengeschwüre und ähnliche Krankheiten angesehen. Die Magnesiumaufnahme aus der Nahrung wird durch hohe Fett-, Eiweiß- und Phosphatmengen sowie durch Vitamin-B- und Vitamin-D-Mangel herabgesetzt. Diese resorptionsmindernden Faktoren liegen bei Diabetikern oft vor.
- **Kalziummangel** beeinträchtigt die Insulinfreisetzung aus der Bauchspeicheldrüse ins Blut und damit die Glucoseverwertung. Kalzium erfüllt auch wichtige Aufgaben bei der Blutgerinnung, bei der Nerventätigkeit und bei der Muskelkontraktion. Das meiste Kalzium befindet sich jedoch im Knochen, wo es für dessen Festigkeit sorgt. Ähnlich wie beim Magnesium wird die Kalziumaufnahme aus dem Darm ins Blut durch hohe Fett- und Phosphatmengen und durch Vitamin-D-Mangel vermindert.
- **Phosphat im Übermaß** senkt neben der Aufnahme von Kalzium und Magnesium den Kalziumspiegel im Blut. Ein erhöhter Phosphatspiegel bei gleichzeitig zu niedrigem Kalziumspiegel führt zu erhöhtem Knochenabbau und kann dadurch zu einer erhöhten Knochenbrüchigkeit beitragen. Es wird empfohlen, Kalzium und Phosphat zu gleichen Teilen aufzunehmen. Die bei Diabetikern übliche Nahrung enthält jedoch etwa doppelt soviel Phosphat wie Kalzium.
- **Kalium** und **Magnesium** sollten reichlich in der Nahrung von Diabetikern vorkommen, da diese eventuell einen etwas höheren Mineralstoffbedarf haben als Nichtdiabetiker.

Diese Erkenntnisse sprechen dafür, daß Diabetiker, aber auch Gesunde, die Aufnahme von Kalium, Kalzium, Magnesium und Zink steigern und die von Phosphat verringern sollten. Das gilt in besonderem Maße für Typ-2-Diabetiker. Bei ihnen ist die Mineralstoffversorgung durchschnittlich schlechter als bei Typ-1-Diabetikern.
Kalium, Magnesium und Zink sind reichlich in Getreide, Hülsenfrüchten und Gemüse enthalten. Die Kalziumaufnahme kann mit ½ Liter Milch (auch Dickmilch oder Joghurt) und/oder 50 Gramm Käse pro Tag sichergestellt werden. Für die überhöhte Phosphataufnahme ist hauptsächlich ein hoher Verzehr an Fleisch- und Wurstwaren verantwortlich. In diesen Nahrungsmitteln ist die enthaltene Phosphatmenge nicht nur natürlicherweise 15- bis 100mal höher als die des Kalziums, sondern Phosphat wird hier auch noch als Zusatzstoff beigefügt.

Vitamine erfüllen lebenswichtige Funktionen

Ungünstiger als bei den Mineralstoffen ist die Versorgungslage bei den Vitaminen. Untersuchungen haben gezeigt, daß die Versorgung der Diabetiker mit Vitamin D, Pantothensäure und Folsäure unzureichend ist. Drei von vier Diabetikern erreichten noch nicht einmal 75 Prozent der anzustrebenden täglichen Zufuhrmenge. Eine teilweise unzureichende Versorgung wurde bei den Vitaminen A, E, B_1, B_2 und C beobachtet. Nur bei den Vitaminen B_6 und B_{12} kann von einer zufriedenstellenden bis guten Versorgung gesprochen werden.

Vitamin-D-Mangel beeinträchtigt unter anderem die Aufnahme von Magnesium und Kalzium sowie den Stoffwechsel von Kalzium und Phosphat. Reich an Vitamin D sind alle Fische, aber auch andere tierische Lebensmittel enthalten Vitamin D.

Pantothensäuremangel äußert sich durch eine erhöhte Infektionsanfälligkeit besonders an den Schleimhäuten und der Haut, durch Muskelschwäche und durch Störungen der Nerventätigkeit mit Symptomen wie „brennenden Füßen". Sulfonamide (eine bestimmte Art von Antibiotika), die eng mit den Sulfonylharnstoffen verwandt sind, können einen Pantothensäuremangel verursachen.

Folsäuremangel äußert sich ebenfalls durch Schleimhautveränderungen, durch Magen-Darm-Beschwerden sowie durch eine bestimmte Form der Anämie (Blutarmut).

Die ermittelte Unterversorgung mit Folsäure und Pantothensäure läßt darauf schließen, daß Diabetiker viel zu wenig Gemüse, Hülsenfrüchte und Getreideprodukte aus Vollkorn zu sich nehmen, da die beiden Vitamine in diesen Nahrungsmitteln in reichlicher Menge vorkommen. Beide Vitamine sind hitzeempfindlich, sie werden durch Erhitzen zu 50 bis 90 Prozent zerstört. In Gemüsekonserven kann daher der Vitamingehalt bis um 90 Prozent verringert sein.

Mit einer abwechslungsreichen Ernährung aus möglichst naturbelassenen, sachgerecht gelagerten und schonend zubereiteten Nahrungsmitteln werden alle Vitamine in ausreichendem Umfang zugeführt. Starke Be- und Verarbeitung, unsachgemäße Lagerung und wertmindernde Zubereitung (zum Beispiel „totkochen") verringern den Vitamingehalt in der Nahrung und damit die Vitaminzufuhr teilweise beträchtlich. Innereien, wie Leber und Niere, sind zwar ebenfalls reiche Vitaminquellen, wegen der hohen Schadstoffbelastung gerade dieser beiden Organe kann jedoch ein Verzehr nicht empfohlen werden.

Ziehen Sie deshalb **frische Nahrungsmittel** Konserven, mit Konservierungsstoffen haltbar gemachten Produkten oder Fertigprodukten vor. Essen Sie möglichst alles **Obst** und **einen Teil des Gemüses** unerhitzt **als Frischkost.** Wählen Sie **wertschonende Garverfahren,** zum Beispiel Dünsten und Dämpfen. Achten Sie beim Kauf von Brot, Backwaren, Teigwaren oder Mehl darauf, daß Sie wirklich Erzeugnisse aus Vollkorn erhalten. Wenn Sie selbst backen, lohnt sich die Anschaffung einer guten Getreidemühle, mit der Sie Mehl und Schrot stets frisch herstellen können.

Zusätzliche Empfehlungen

Neben der Berücksichtigung der Nährstoffe sind einige weitere Aspekte für eine bedarfsgerechte Ernährung bedeutsam:

- **Die Größe der Mahlzeit:** Essen Sie sich satt, jedoch nicht „bis zum Platzen". Es dauert eine gewisse Zeit, bis Sie ein Gefühl für die „richtige Menge" bekommen.
- **Die Verarbeitung:** Vermeiden Sie eine unnötige oder übertriebene Bearbeitung der Lebensmittel (Zubereiten von Apfelbrei und anschließendes Konservieren) und bevorzugen Sie frische unverarbeitete Produkte. Verwenden Sie frische Früchte statt Fruchtsäften, Gemüse statt Gemüsesäften, frisches Gemüse statt Gemüsekonserven, Vollkornmehle statt Auszugsmehlen und so weiter. Wenn kein frisches Gemüse zur Verfügung steht, ziehen Sie Tiefkühlgemüse Gemüsekonserven vor. Getreide sollte vor dem Kochen möglichst nicht geschrotet werden. Gemüse sollte vor dem Dünsten nicht in zu kleine Stücke geschnitten werden. Je kleiner die Stücke sind, desto größer wird die Oberfläche, an der Vitamine und Mineralstoffe verlorengehen können.

Wenn Sie diese Ratschläge beherzigen, ist die Nahrungsmittelauswahl und -zubereitung weder schwierig noch kompliziert. Obwohl es schneller geht und bequemer ist, einfach „eine Dose aufzumachen" oder ein Fertiggericht in die Mikrowelle zu schieben, wird Sie ein kleiner Mehraufwand kaum stören, da es Ihnen sicherlich Freude bringt, schmackhafte und „gesunde" Gerichte zuzubereiten. Die Ernährung zählt zu den wichtigeren Dingen des Lebens, so daß die Zeit für die Nahrungszubereitung und das Essen eine sinnvolle Investition darstellt.

Fisch ist reich an Vitamin D

Gemüse, Hülsenfrüchte und Vollkorngetreideprodukte enthalten reichlich Folsäure und Pantothensäure

Wenn keine frischen Nahrungsmittel verfügbar sein sollten, ziehen Sie Tiefkühlprodukte der Dosenware vor

HINWEISE ZU DEN REZEPTEN

Wichtiger Hinweis:
Alle Nährwertangaben bei den Rezepten gelten für 1 Person

Verwenden Sie Kräuter und Gewürze nach Belieben, Salz dagegen nur sehr sparsam

Die meisten Rezepte in diesem Buch sind verschiedenen **Tagesplänen** zugeordnet. Wir fanden dies aus zwei Gründen ideal:

- Wer seine Ernährung auf eine vollwertige Kost umstellen möchte, kann sich zunächst anhand der Tagespläne mit der Zusammenstellung verschiedener Rezepte zu einem gesunden Tagesmenü vertraut machen. So ist es leichter, für die richtige Kombination der Lebensmittel, ihre Mengen und für schonende Zubereitungen ein Gespür zu entwickeln.
- Übergewichtige, die gesund abnehmen möchten, brauchen keine Kalorien zu zählen. In den Plänen für eine tägliche Energiezufuhr von ungefähr 1200 oder 1600 Kilokalorien haben wir für Sie eine ausgewogene Kost zusammengestellt.

Sie können die Rezepte aus den Tagesplänen **beliebig austauschen** oder, falls es besser in Ihren Tagesablauf paßt, die Mittagsmahlzeit abends und das Abendessen mittags zu sich nehmen. Beachten Sie beim Austausch von Rezepten deren Gehalt an Broteinheiten und, falls Sie Gewichtsprobleme haben, den Kaloriengehalt.

In der Vollwert-Ernährung gilt die Berechnung der Nährstoffe eher als Nebensache, vielmehr stehen die Lebensmittel, ihre Auswahl und schonende Zubereitung im Vordergrund. Trotzdem sind für alle Rezepte die Gehalte an **Kilokalorien (kcal), an Eiweiß (E), Fett (F), Kohlenhydraten (KH), Ballaststoffen (Bst.)** und **Broteinheiten (BE) für jeweils eine Portion** angegeben. Viele Diabetiker sind mit diesen Zahlen vertraut und erhalten dadurch wertvolle Orientierungshilfen. Darüberhinaus erleichtern die Berechnungen das Variieren der Rezepte.

Alle Rezepte sind **für zwei Personen** gedacht, die Berechnungen beziehen sich jedoch, außer beim Gebäck, auf den Gehalt **einer Portion.** Beim Gebäck sind jeweils das gesamte Rezept und zusätzlich ein Stück oder eine Scheibe berechnet.

Alle Mengenangaben beziehen sich auf **küchenfertige, das heißt auf geputzte und gewaschene Ware,** Ausnahmen sind jeweils angemerkt. Für den Einkauf müssen Sie durchschnittliche Abfallmengen dazurechnen.

Die angegebenen **Zubereitungszeiten** umfassen die Zeit für Vorbereitungen und die Garzeit eines Gerichts. Nur bei einzelnen Rezepten sind längere Vorbereitungszeiten, wie die Keim- oder Quellzeit und die Gehzeit von Hefeteigen, extra erwähnt. So sehen Sie auf einen Blick, daß Sie hier eine längere Vorbereitung einplanen müssen.

Betrachten Sie die Mengen und die Auswahl an **Kräutern** und **Gewürzen** in den Rezepten als Empfehlungen. Sie können hier beliebig variieren, lediglich mit **Salz** sollten Sie **sparsam** umgehen.

Zum **Süßen** wird in vielen Rezepten Trockenobst genommen. Verwenden Sie hier stets ungeschwefelte Produkte.

Bei **Mengenangaben** wie Eßlöffel oder Teelöffel gehen wir immer von gestrichenen Maßen aus. Ausnahmen sind jeweils angemerkt.

Verwenden Sie **kaltgepreßte Öle** nur für Zubereitungen, bei denen das Öl nicht erhitzt wird, da sonst die wertvollen Inhaltsstoffe reduziert, verändert oder zerstört werden. Verwenden Sie zum Kochen **normale Öle,** zum Braten **ungehärtetes Kokosfett** oder in Ausnahmefällen **geklärte Butter** (Seite 160). Verwenden Sie zum Kochen, Dünsten und Backen sowie als Aufstrichfette **Butter** oder **Pflanzenmargarine** (mit einem hohen Anteil an unraffinierten, kaltgepreßten Ölen).

In den Rezepten werden häufig **Keime und Sprossen** verwendet. Wie Sie diese selbst ziehen können, erfahren Sie auf den Seiten 162 und 163. Auf den Seiten 160 und 161 können Sie auch Wichtiges zum **Vorbereiten und Kochen von Getreide** sowie zum **Backen mit Vollkornmehl** nachlesen.

Bei der **Umstellung der Ernährung** auf eine ballaststoffreichere Kost kann es anfangs zu Verdauungsproblemen und zu Blähungen kommen. Es dauert einige Zeit, bis sich die

Darmflora auf die veränderte Ballaststoffzufuhr eingestellt hat. Haben Sie ein wenig Geduld, denn letztlich bringt eine faserreiche Kost, gerade für Diabetiker, so viele gesundheitliche Vorteile mit sich, daß es sich lohnt, anfängliche Schwierigkeiten zu überwinden.

Kleine Warenkunde

Agar Agar ist ein Geliermittel, das aus Algen gewonnen wird. Es wird meist in Pulverform angeboten. Agar Agar löst sich wie Gelatine in warmen Speisen auf und geliert beim Abkühlen. Beachten Sie die Hinweise auf der Verpackung.

Delifruit ist eine fertige Gewürzmischung für süße und fruchtige Speisen, die im Reformhaus erhältlich ist. Sie besteht aus Zimt, Anis, Koriander, Kardamom, Bourbon-Vanille und Nelken.

Pflanzliches Bindemittel ist unter den Bezeichnungen Nestargel oder Biobin im Reformhandel in Pulverform erhältlich. Beide sind nahezu kalorienfrei und müssen bei der Berechnung der Broteinheiten nicht berücksichtigt werden. Man rührt das Pulver in die Speise, läßt diese aufkochen und binden. Beachten Sie auch die Hinweise auf der Verpackung.

Weinsteinbackpulver ist ein Backtriebmittel aus Weinstein, das wie herkömmliches Backpulver verwendet werden kann.

Erklärung der Abkürzungen:

BE	=	Brot- oder Berechnungseinheit (1 BE entspricht 12 g Kohlenhydraten)
Bst.	=	Ballaststoffe
ca.	=	zirka
dl	=	Deziliter (1 dl = 100 ml)
EL	=	Eßlöffel
g	=	Gramm (1 g = 1000 mg)
kg	=	Kilogramm (1 kg = 1000 g)
l	=	Liter (1 l = 1000 ml)
mg	=	Milligramm
mg %	=	Milligramm pro 100 Milliliter
Min.	=	Minuten
ml	=	Milliliter
Msp.	=	Messerspitze
Std.	=	Stunde
TK-...	=	Tiefkühl-...
TL	=	Teelöffel
E	=	Eiweiß
F	=	Fett
kcal	=	Kilokalorien (1 kcal = 4,184 Kilojoule)
KH	=	Kohlenhydrate

TAGESPLÄNE

Nach einem Tagesplan zu kochen, bedeutet für manch einen eine Erleichterung, für andere ist es eher umständlich. Wir meinen, die Pläne sind für all diejenigen, die abnehmen oder sich mit der Zusammenstellung eines gesunden Tagesmenüs vertraut machen möchten, ideal. Sie finden Kalorienreduziertes in den Beispielen für eine tägliche Energiezufuhr von etwa 1200 Kilokalorien (11 BE), Leichtes in den Tagesplänen mit 1600 Kilokalorien (15 BE) und Rezepte für eine Kalorienzufuhr, bei der man sein Gewicht halten kann, in den Plänen für 2000 Kilokalorien (19 BE). Sie können die Rezepte natürlich auch beliebig zusammenstellen und Ihren individuellen Bedürfnissen anpassen. Zusätzliche Rezepte zu pikantem und süßem Gebäck sowie zu Desserts finden Sie auf den Seiten 144 bis 159.
Müslis, besonders wenn sie mit frischem, unerhitztem, Getreide zubereitet werden, sind für Diabetiker eine ideale Morgenmahlzeit. Müslis sind aber nicht jedermanns Sache, und auch nicht jeder verträgt sie. In den Plänen mit 1200 und 1600 Kilokalorien entsprechen die jeweiligen Müslis für zwei Personen etwa 6 Broteinheiten. Sie können hier statt des Müslis auch 150 g Vollkornbrot bestrichen mit 10 g Butter oder Pflanzenmargarine und belegt mit 50 g fettarmer Wurst (Geflügelwurst, Corned beef u. a.) oder mit 50 g fettarmem Käse (mit maximal 30 % Fett i. Tr.) essen. Wählen Sie dazu ein Stück Obst (1 BE), zum Beispiel einen kleinen Apfel (100 g). Für 1 Person gelten jeweils die halben Mengen.
Wenn Sie morgens Süßes mögen, bestreichen Sie das Brot mit etwa 50 g Fruchtaufstrich. Rezepte dazu finden Sie in den verschiedenen Tagesplänen. Sie sind auch im Rezeptverzeichnis auf Seite 165 aufgeführt.
Alle Tagespläne sehen jeweils zwei Zwischenmahlzeiten und, mit Ausnahme des 1200-Kalorien-Plans, auch eine Spätmahlzeit vor. Es ist von der Empfehlung Ihres Arztes abhängig (ob Sie täglich drei große oder fünf bis sechs kleinere Mahlzeiten zu sich nehmen sollten), wie Sie Ihre Ernährung gestalten. Bei drei großen Mahlzeiten können Sie die erste Zwischenmahlzeit mit dem Frühstück, die zweite mit dem Mittagessen und die Spätmahlzeit mit dem Abendessen verbinden.
Besteht eine Zwischenmahlzeit aus frischem Obst, das keiner weiteren Zubereitung bedarf, so erfolgen die Angaben zur Menge und die Berechnungen in der den Rezepten vorangestellten Übersicht eines jeden Tagesplans. Wählen Sie zwischen den Mahlzeiten, nicht dazu, kalorienarme Getränke, zum Beispiel Kräutertee, Mineralwasser, frisch gepreßten, verdünnten Frucht- oder Gemüsesaft (BE anrechnen), Malzkaffee oder Kaffee ohne Zucker.
Sie sollten täglich etwa 1,5 Liter Flüssigkeit trinken.

7 TAGESPLÄNE
für 1200 Kilokalorien (11 BE)

1. Beispiel
Für 2 Personen

Frühstück
Dinkelmüsli

1. Zwischenmahlzeit
Vollkornbrot mit körnigem Frischkäse

Mittagessen
Sellerie-Rotkraut-Frischkost
4 Artischockentörtchen

2. Zwischenmahlzeit
360 g Orange (mit Schale gewogen)

ca. 70 kcal • 1 g E • ½ g F • 15 g KH • 1 g Bst. • 1 BE

Abendessen
Weizensprossensalat mit Steinpilzen
Vollkornbaguette

Dieser Tagesplan liefert pro Person ca. 1240 kcal • 47 g E • 40 g F • 165 g KH • 30 g Bst. • 11 BE

Dinkelmüsli

Zubereitungszeit: ca. ¼ Std.

Für 2 Personen

125 g Kefir
wenig Zitronensaft
150 g Apfel mit Schale
60 g Dinkelflocken
möglichst frisch hergestellt)
10 g Haselnüsse (10 Stück)
60 g Heidelbeeren

1. Den Kefir mit wenig Zitronensaft verrühren. Den Apfel grob raspeln und sofort unter den Kefir mischen.
2. Die Dinkelflocken darunterheben und das Müsli mit Haselnüssen und Blaubeeren bestreuen.

ca. 230 kcal • 6 g E • 6 g F • 35 g KH • 5 g Bst. • 3 BE

Vollkornbrot mit körnigem Frischkäse

Zubereitungszeit: ca. 5 Min.

Für 2 Personen

120 g Weizenvollkornbrot
(ca. 2 Scheiben)
40 g körniger Frischkäse
100 g Tomaten
Schnittlauch, in Röllchen

1. Das Vollkornbrot mit dem Frischkäse bestreichen.
2. Die Tomaten in Scheiben schneiden und auf dem Frischkäse verteilen. Die Brote zuletzt mit Schnittlauchröllchen bestreuen.

ca. 160 kcal • 7 g E • 2 g F • 25 g KH • 5 g Bst. • 2 BE

Sellerie-Rotkraut-Frischkost

Keimzeit: ca. 3 Tage
Zubereitungszeit: ca. ¼ Std.

Für 2 Personen

Für die Marinade:
wenig Meersalz
1 EL Obstessig
2 TL Senf
frisch gemahlener Pfeffer
15 g kaltgepreßtes Sonnenblumenöl (1½ EL)

Für die Frischkost:
100 g Linsenkeimlinge (ca. 30 g Trockengewicht; siehe auch Seite 162)
100 g Rotkraut
100 g Knollensellerie
50 g Feldsalat

1. Meersalz in dem Essig auflösen. Den Senf, Pfeffer und das Sonnenblumenöl darunterschlagen.
2. Die Linsenkeimlinge kurz in kochendem Wasser blanchieren und anschließend kalt abschrecken. Kurz in der Salatmarinade ziehen lassen.
3. Das Rotkraut dazuhobeln und leicht kneten. Den Sellerie grob raspeln und unter das Rotkraut heben.
4. Den Feldsalat waschen und trockenschleudern. Die Frischkost auf dem Feldsalat anrichten.

ca. 170 kcal • 6 g E • 8 g F • 16 g KH • 5 g Bst. • ½ BE

Artischocken-törtchen

Zubereitungszeit:
ca. 1¼ Std.

Für 2 Personen

4 blindgebackene Mürbteigtörtchen (à 45 g; siehe Rezept Seite 147)
50 g Zwiebel
¼ Knoblauchzehe
5 g Olivenöl (1 TL)
100 g Paprikaschote
100 g Artischockenherzen
wenig Meersalz
frisch gemahlener Pfeffer
1 Ei
60 g saure Sahne
1 EL gehackte Petersilie
1 EL Schnittlauch, in Röllchen
etwas Zitronensaft

1. Die Mürbteigtörtchen nach Anweisung zubereiten und blindbacken.
2. Die Zwiebel würfeln und den Knoblauch zerdrücken, beides in dem mäßig heißen Öl glasig dünsten.
3. Die Paprikaschote waschen, fein würfeln und mitdünsten. Die Artischokkenherzen vierteln und die Hälfte davon mit dem Gemüse mischen. Das Ganze salzen, pfeffern und leicht abkühlen lassen.
4. Den Backofen auf 200°C vorheizen. Das Ei mit zwei Dritteln der sauren Sahne und mit den Kräutern verrühren. Mit Zitronensaft abschmecken und unter das Gemüse heben.
5. Die Masse auf die in den Förmchen befindlichen Törtchen verteilen. Die restlichen Artischockenviertel daraufsetzen und die Törtchen 30 Minuten backen.
6. Die restliche saure Sahne mit Salz und Pfeffer würzen und dazu reichen.

ca. 290 kcal • 15 g E • 9 g F • 35 g KH • 8 g Bst. • 2 BE

Weizensprossen-salat mit Pilzen

Keimzeit: 2–3 Tage
Zubereitungszeit:
ca. ¼ Std.

Für 2 Personen

Für die Sauce:
wenig Kräutersalz
2 EL Sherryessig
20 g kaltgepreßtes Sonnenblumenöl (2 EL)

Für den Salat:
180 g Weizenkeimlinge (ca. 80 g Trockengewicht; siehe auch Seite 162)
1 Frühlingszwiebel
½ Knoblauchzehe
200 g Steinpilze
5 g Butter (1 TL)
wenig Meersalz
frisch gemahlener Pfeffer
40 g Brunnenkresse (1 Bund)
90 g Vollkornbaguette

1. Kräutersalz in dem Essig auflösen und das Öl darunterschlagen. Die Weizenkeimlinge abspülen, abtropfen lassen und kurz in der Salatsauce marinieren.
2. Die Frühlingszwiebel waschen und in Ringe schneiden. Die Knoblauchzehe zerdrücken. Die Steinpilze vorsichtig mit einem feuchten Tuch abreiben und in Scheiben schneiden.
3. Die Frühlingszwiebel mit dem Knoblauch in der mäßig heißen Butter andünsten. Die Steinpilze dazugeben, etwa 5 Minuten mitdünsten und würzen.
4. Inzwischen die Brunnenkresse waschen und trokkenschleudern. Die Pilz-Zwiebel-Mischung unter die Keimlinge ziehen und auf der Kresse anrichten.
Dazu das Vollkornbaguette oder -brot essen.

ca. 320 kcal • 10 g E • 14 g F • 37 g KH • 6 g Bst. • 2½ BE

2. Beispiel

Für 2 Personen

Frühstück
Gersten-Frischkorn-Müsli mit Kokos

1. Zwischenmahlzeit
Vollkornbrot mit griechischem Aufstrich

Mittagessen
Möhren-Pastinake-Frischkost
Bohneneintopf mit Lamm

2. Zwischenmahlzeit
240 g Stachelbeeren

ca. 45 kcal • 1 g E • 0 g F • 10 g KH • 6 g Bst. • 1 BE

Abendessen
Selleriesalat mit Grapefruit und Hafersprossen

Dieser Tagesplan liefert pro Person ca. 1215 kcal • 55 g E • 35 g F • 165 g KH • 50 g Bst. • 11 BE

Gersten-Frischkorn-Müsli mit Kokos

Quellzeit: ca. 10 Std.
Zubereitungszeit: ca. 10 Min.

Für 2 Personen

60 g grobes Gerstenschrot
60 ml Wasser
125 g Joghurt 1,5 % Fett
130 g Birne mit Schale
1 Msp. Delifruit
150 g Pflaumen ohne Stein
10 g Kokosraspel (1 EL)

1. Das Gerstenschrot in dem Wasser über Nacht quellen lassen.
2. Am Morgen das Schrot mit dem Joghurt mischen. Die Birne grob raspeln und sofort unter das Müsli mischen.
3. Das Ganze mit Delifruit abschmecken und mit den Pflaumen garnieren. Die Kokosraspel zuletzt darüberstreuen. Das Brot und den Paprika danach essen.

ca. 250 kcal • 6 g E • 5 g F • 45 g KH • 12 g Bst. • 3 BE

Vollkornbrot mit griechischem Aufstrich

Zubereitungszeit: ca. 40 Min.

Für 2 Personen

Für den Aufstrich:
200 g Aubergine
etwas Zitronensaft
wenig Kräutersalz
1 Knoblauchzehe
20 g Olivenöl (2 EL)
40 g weiche Butter
gehackter Thymian, Liebstöckel und Basilikum
frisch gemahlener Pfeffer

Außerdem:
120 g Vollkornbrot (ca. 3 dünne Scheiben)
50 g Paprikaschote

1. Den Aufstrich können Sie in größerer Menge als für diese Zwischenmahlzeit notwendig zubereiten. Er hält sich einige Tage im Kühlschrank.
Die Aubergine in etwa 1 Zentimeter dicke Scheiben schneiden. Die Scheiben mit etwas Zitronensaft beträufeln, mit Salz bestreuen und etwa 10 Minuten ziehen lassen.
2. Inzwischen den Knoblauch zerdrücken und mit dem Öl mischen. Die Auberginenscheiben damit bestreichen und so lange im Ofen bei 200° C oder in einer Pfanne backen, bis das Fruchtfleisch weich ist. Die Auberginen anschließend abkühlen lassen.
3. Inzwischen die Butter mit den Kräutern verrühren und mit Pfeffer würzen. Die Auberginenscheiben pürieren und das Püree mit der Kräuterbutter mischen.
4. Die Creme nochmals abschmecken, auf Butterbrotpapier geben und zu einer Rolle formen. Diese eingewickelt kalt stellen.
5. Die Brotscheiben mit 40 Gramm Aufstrich bestreichen. Die Paprikaschote in Streifen schneiden und die Brote damit garnieren.

ca. 170 kcal • 5 g E • 5 g F • 26 g KH • 4 g Bst. • 2 BE

1 Rezept Brotaufstrich liefert
ca. 530 kcal • 3 g E • 54 g F • 8 g KH • 0 g Bst. • 0 BE

Möhren-Pastinake-Frischkost

Keimzeit: 2–3 Tage
Zubereitungszeit:
ca. ¼ Std.

Für 2 Personen

Für die Marinade:
wenig Meersalz
1 EL Obstessig
frisch gemahlener Pfeffer
10 g kaltgepreßtes Maiskeimöl (1 EL)

Für die Frischkost:
100 g Pastinake (gelb- bis weißfleischige Wurzelrübe)
100 g Möhre
50 g Kopfsalat
2 EL gemischte, gehackte Kräuter
90 g Weizenkeimlinge (ca. 40 g Trockengewicht; siehe auch Seite 162)

1. Meersalz im Obstessig auflösen. Mit Pfeffer würzen und das Maiskeimöl darunterschlagen.
2. Die Pastinake in die Marinade reiben und leicht kneten. Die Möhre grob raspeln und mit der Pastinake mischen. Oder das Gemüse stifteln.
3. Den Kopfsalat waschen und trockenschleudern. Die Frischkost auf dem Salat anrichten und zuletzt mit den Kräutern und den Weizenkeimlingen bestreuen.

ca. 110 kcal • 3 g E • 5 g F • 11 g KH • 5 g Bst. • ½ BE

Bohneneintopf mit Lamm

Quellzeit: ca. 8 Std.
Zubereitungszeit: ca. 1½ Std.

Für 2 Personen

- 100 g getrocknete weiße Bohnen
- 350 ml Wasser
- 160 g Lammfleisch aus der Schulter
- wenig Meersalz
- frisch gemahlener Pfeffer
- 50 g Zwiebel
- 10 g geklärte Butter (1 EL; siehe auch Seite 160)
- 1 Bund Suppengrün
- ½ Chilischote
- ½ Bund frisches Basilikum
- 2 Zweige frischer Thymian
- ½ l heiße Gemüsebrühe (siehe Rezept Seite 160)
- 100 g grüne Bohnen
- 2 Stengel Bohnenkraut
- 50 g saure Sahne

1. Die weißen Bohnen in dem Wasser über Nacht quellen lassen.
2. Am nächsten Tag das Lammfleisch in Würfel schneiden und mit Salz und Pfeffer würzen. Die Zwiebel würfeln.
3. Die Butter in einem Topf erhitzen und das Fleisch darin anbraten. Die Zwiebeln hinzufügen und kurz mitbraten.
4. Die Bohnen abtropfen lassen, das Suppengrün kleinschneiden und beides zum Fleisch geben. Die Chilischote, das fein geschnittene Basilikum und die Thymianblättchen dazugeben.
5. Die Gemüsebrühe angießen und den Eintopf zugedeckt 60 bis 70 Minuten köcheln lassen.
6. Inzwischen die grünen Bohnen halbieren und zusammen mit dem Bohnenkraut etwa 15 Minuten vor Ende der Garzeit zu dem Eintopf geben. Das Ganze fertig garen.
7. Zwei Eßlöffel weiße Bohnen und etwas Brühe mit der sauren Sahne mischen und anschließend pürieren oder mit einer Gabel zerdrücken. Diese Mischung in den Eintopf rühren, diesen nun nicht mehr kochen lassen. Den Eintopf nach Belieben kräftig würzen.

ca. 325 kcal • 30 g E • 8 g F • 34 g KH • 15 g Bst. • 2 BE

Selleriesalat mit Grapefruit und Hafersprossen

Keimzeit: 2–3 Tage
Zubereitungszeit: ca. 20 Min.

Für 2 Personen

Für die Sauce:
- 30 g Blauschimmelkäse
- 10 g Walnußkerne (10 Stück)
- 125 g Dickmilch
- etwas Zitronensaft
- wenig Meersalz
- frisch gemahlener Pfeffer

Für den Salat:
- 200 g Staudensellerie
- 130 g Grapefruitfilets (siehe Tip)
- 140 g Hafersprossen (ca. 90 g Trockengewicht; siehe auch Seite 162)

Außerdem:
- 60 g Vollkornbrot (1 dicke Scheibe)

1. Den Käse mit den Walnüssen und der Dickmilch mischen und das Ganze pürieren. Die Sauce mit wenig Zitronensaft, Salz und etwas Pfeffer gut abschmecken.
2. Vom Staudensellerie etwas Grün abschneiden und beiseite legen. Die Stengel in feine Streifen schneiden und mit den Grapefruitfilets in einer Schüssel mischen. Die Sauce darübergeben.
3. Die Hafersprossen waschen, abtropfen lassen und darüberstreuen. Den Salat mit dem gehackten Selleriegrün garnieren. Das Vollkornbrot dazu essen.

ca. 310 kcal • 12 g E • 11 g F • 38 g KH • 5 g Bst. • 2½ BE

Tip
Grapefruitfilets können Sie wie folgt herstellen:

Mit einem scharfen Messer die Schale der Grapefruit einschließlich der weißen Haut abschneiden

Nun jeweils an den Zwischenhäuten einschneiden und die Filets herauslösen

3. Beispiel

Für 2 Personen

Frühstück
Roggenmüsli mit Banane

1. Zwischenmahlzeit
Vollkornbrot mit Kiwiaufstrich

Mittagessen
Schwarzwurzelfrischkost mit Bohnenkeimlingen
Kabeljau auf Mangold-Kartoffel-Gratin

2. Zwischenmahlzeit
220 g Nektarinen

ca. 50 kcal • 1 g E • 0 g F • 12 g KH • 4 g Bst. • 1 BE

Abendessen
Korsischer Bauernsalat
Weizenschrotbrot

Dieser Tagesplan liefert pro Person ca. 1225 kcal • 54 g E • 36 g F • 165 g KH • 34 g Bst. • 11 BE

Roggenmüsli mit Banane

Zubereitungszeit:
ca. ¼ Std.

Für 2 Personen

⅛ l Vorzugsmilch
etwas Zitronensaft
10 g Mandelmus (ca. 1 EL)
60 g Roggenflocken (möglichst frisch hergestellt)
150 g Apfel mit Schale
60 g Banane

1. Die Milch mit etwas Zitronensaft und dem Mandelmus verrühren. Die Roggenflocken in zwei Schälchen geben und die Milchmischung darübergießen.

2. Den Apfel grob raspeln oder in Stifte schneiden und unter das Müsli rühren. Die Banane in Scheiben schneiden und das Müsli damit garnieren.

ca. 240 kcal • 7 g E • 6 g F • 40 g KH • 6 g Bst. • 3 BE

Vollkornbrot mit Kiwiaufstrich

Zubereitungszeit:
ca. 10 Min.

Für 2 Personen

Für den Aufstrich:
10 g getrocknete Aprikose (1 Stück)
60 g Kiwi
etwas abgeriebene Schale von einer unbehandelten Zitrone

Außerdem:
90 g Vollkornbrot (ca. 2 dünne Scheiben)

1. Die Aprikose grob hacken. Zusammen mit dem Kiwifruchtfleisch pürieren oder mit einer Gabel fein zerdrücken.
2. Das Püree mit Zitronenschale abschmecken und die Brotscheiben damit bestreichen.

ca. 155 kcal • 5 g E • 4 g F • 25 g KH • 5 g Bst. • 2 BE

Schwarzwurzel-frischkost mit Bohnen-keimlingen

Keimzeit: ca. 4 Tage
Zubereitungszeit:
ca. ½ Std.

Für 2 Personen

Für die Marinade:
wenig Meersalz
1 EL Zitronensaft
frisch gemahlener Pfeffer
10 g kaltgepreßtes Sesamöl (1 EL)

Für die Frischkost:
100 g Mungobohnenkeimlinge (ca. 25 g Trockengewicht; siehe auch Seite 162)
200 g Schwarzwurzeln
50 g Radicchio
10 g Sesamsamen (1 EL)

1. Meersalz in dem Zitronensaft auflösen und Pfeffer und das Sesamöl darunterschlagen.
2. Die Bohnenkeimlinge kurz in kochendem Wasser blanchieren, kalt abschrekken und mit der Marinade mischen.
3. Die Schwarzwurzeln dazureiben und alles sofort mischen. Den Radicchio waschen, trockenschleudern und die Frischkost darauf anrichten.
4. Den Sesamsamen ohne Fettzugabe in einer Pfanne leicht rösten und zuletzt darüberstreuen.

ca. 165 kcal • 5 g E • 8 g F • 19 g KH • 7 g Bst. • ¼ BE

Kabeljau auf Mangold-Kartoffel-Gratin

Zubereitungszeit:
ca. 1 Std.

Für 2 Personen

10 g Olivenöl (1 EL)
50 g Zwiebel
½ Knoblauchzehe
200 g Mangold (Stiele und Blätter)
320 g Kartoffeln ohne Schale
wenig Meersalz
frisch gemahlener Pfeffer
frisch geriebene Muskatnuß
150 ml heiße Gemüsebrühe (siehe Rezept Seite 160)
200 g Kabeljaufilet
etwas Zitronensaft
10 g geriebener Emmentaler (1 EL)

1. Eine Gratinform mit wenig Olivenöl ausfetten. Die Zwiebel würfeln und den Knoblauch zerdrücken.
2. Die Zwiebelwürfel, den Knoblauch und die Mangoldstiele im restlichen Öl etwa 5 Minuten andünsten.
3. Den Backofen auf 200° C vorheizen. Die Kartoffeln in dünne Scheiben schneiden und zusammen mit der Zwiebel-Mangold-Mischung in die Gratinform geben. Jede Schicht mit Salz, Pfeffer und Muskatnuß würzen.
4. Die Gemüsebrühe angießen und das Gratin etwa 20 Minuten im Ofen garen.
5. Inzwischen die Mangoldblätter kurz in kochendem Wasser blanchieren und kalt abschrecken. Das Fischfilet mit etwas Zitronensaft beträufeln und salzen.
6. Den Fisch auf das Gratin legen und mit den Mangoldblättern bedecken. Den Käse darüberstreuen und weitere 10 Minuten backen.

ca. 270 kcal • 25 g E • 4 g F • 34 g KH • 5 g Bst. • 2¼ BE

Korsischer Bauernsalat

Zubereitungszeit:
ca. ½ Std.

Für 2 Personen

Für die Marinade:
wenig Kräutersalz
1 EL Rotweinessig
10 g kaltgepreßtes Distelöl (1 EL)
frisch gemahlener Pfeffer
½ Knoblauchzehe
½ Bund Basilikum

Für den Salat:
100 g Tomaten
100 g gelbe Paprikaschote
50 g Zwiebel
50 g römischer Salat
50 g Schafskäse
2 schwarze Oliven
150 g Weizenschrotbrot (ca. 3 Scheiben)

1. Kräutersalz in dem Essig auflösen und das Öl und Pfeffer darunterschlagen.
2. Den Knoblauch zerdrükken, das Basilikum fein schneiden und beides mit der Marinade verrühren.
3. Die Tomaten vierteln, die Paprikaschote in Streifen und die Zwiebel in Ringe schneiden. Alle Zutaten mit der Marinade mischen.
4. Den Salat waschen, trokkenschleudern und den griechischen Salat darauf anrichten. Den Schafskäse in Würfel schneiden und zusammen mit den Oliven über den Salat streuen. Das Brot dazu essen.

ca. 340 kcal • 12 g E • 15 g F • 37 g KH • 9 g Bst. • 2½ BE

4. Beispiel

Für 2 Personen

Frühstück
Hirsemüsli mit Himbeeren

1. Zwischenmahlzeit
Fünfkornbrot mit Camembert

Mittagessen
Rettich-Gurken-Frischkost mit Gerstensprossen
Vollkornnudeln mit Spinat-Käse-Sauce

2. Zwischenmahlzeit
300 g Pfirsich mit Stein

ca. 60 kcal • 1 g E • 0 g F • 14 g KH • 3 g Bst. • 1 BE

Abendessen
Gefüllte Tomate auf Curryreis

Dieser Tagesplan liefert pro Person ca. 1200 kcal • 45 g E • 38 g F • 162 g KH • 37 g Bst. • 11 BE

Hirsemüsli mit Himbeeren

Zubereitungszeit: ca. ½ Std.

Für 2 Personen

60 g Hirse
120 ml Mineralwasser
125 g Buttermilch
etwas Zitronensaft
1 Msp. Delifruit
10 g Maronen- oder Mandelmus (ca. 1 EL)
150 g Apfel mit Schale
200 g Himbeeren

1. Die Hirse zuerst mit warmem, dann mit kaltem Wasser abspülen. Die Hirse mit dem Mineralwasser aufkochen und bei geringer Hitzezufuhr etwa 10 Minuten zugedeckt köcheln lassen. Dann auf der ausgeschalteten Herdplatte weitere 10 Minuten ausquellen und anschließend abkühlen lassen.
2. Inzwischen die Buttermilch mit etwas Zitronensaft, dem Delifruit und dem Maronen- oder Mandelmus verrühren.
3. Den Apfel grob raspeln und sofort darunterheben.
4. Die Hirse mit einer Gabel auflockern und unter die Buttermilchmischung heben. Die Himbeeren kurz waschen und über das Müsli streuen.

ca. 235 kcal • 7 g E • 3 g F • 45 g KH • 16 g Bst. • 3 BE

Fünfkornbrot mit Camembert

Zubereitungszeit: ca. 10 Min.

Für 2 Personen

120 g Fünfkornbrot (ca. 2 Scheiben)
4 kleine Salatblätter
62,5 g Camembert 30 % Fett i. Tr. (½ Stück)
Paprikapulver edelsüß

1. Die Brotscheiben mit jeweils zwei Salatblättern belegen.
2. Den Camembert in Scheiben schneiden, auf dem Salat verteilen und mit Paprikapulver bestreuen.

ca. 195 kcal • 11 g E • 5 g F • 25 g KH • 3 g Bst. • 2 BE

Rettich-Gurken-Frischkost mit Gerstensprossen

Keimzeit: 2–3 Tage
Zubereitungszeit: ca. ¼ Std.

Für 2 Personen

Für die Sauce:
wenig Meersalz
2 EL Obstessig
1 Msp. Senf
10 g kaltgepreßtes Sonnenblumenöl (1 EL)
125 g Joghurt 1,5 % Fett
frisch gemahlener Pfeffer
20 g Zwiebel
1 EL gehackter Dill

Für die Frischkost:
100 g Rettich
100 g Salatgurke ohne Schale
50 g Friséesalat
45 g Gerstensprossen (ca. 20 g Trockengewicht; siehe auch Seite 162

1. Meersalz in dem Essig auflösen. Den Senf, das Öl und den Joghurt darunterschlagen. Die Salatsauce mit Pfeffer würzen.
2. Die Zwiebel fein würfeln und mit dem Dill in die Salatsauce rühren.
3. Den Rettich und die Gurke in dünne Scheiben in die Sauce hobeln und sofort mischen.
4. Den Friséesalat waschen, trockenschleudern und auf zwei Teller legen. Die Frischkost darauf anrichten. Die Gerstensprossen waschen, abtropfen lassen und über die Frischkost streuen.

ca. 95 kcal • 3 g E • 6 g F • 7 g KH • 3 g Bst. • ½ BE

Vollkornnudeln mit Spinat-Käse-Sauce

Zubereitungszeit:
ca. ½ Std.

Für 2 Personen

80 g Vollkornnudeln
wenig Meersalz
50 g Zwiebel
½ Knoblauchzehe
5 g Butter (1 TL)
200 g frischer Blattspinat
(oder 100 g TK-Ware)
30 g Gorgonzola
50 g saure Sahne
frisch gemahlener Pfeffer
5 g Pinienkerne (1 TL)

1. Die Nudeln in leicht gesalzenem Wasser bißfest kochen.
2. Inzwischen die Zwiebel würfeln und den Knoblauch zerdrücken. Beides in der mäßig heißen Butter glasig dünsten.
3. Den frischen Blattspinat grob hacken, dazugeben und etwa 5 Minuten mitdünsten (aufgetauten TK-Spinat etwa 3 Minuten). Die austretende Flüssigkeit abgießen und auffangen.
4. Den Gorgonzola würfeln, mit der sauren Sahne verrühren und diese Mischung nun zum Spinat geben. Das Ganze vorsichtig erhitzen und mit Salz und Pfeffer würzen. Eventuell etwas Gemüseflüssigkeit darunterrühren.
5. Die Nudeln abschrecken und abtropfen lassen. Die Spinatsauce zuletzt mit den Pinienkernen bestreuen und zu den Nudeln reichen.

ca. 325 kcal • 13 g E • 15 g F • 36 g KH • 7 g Bst. • 2 BE

Gefüllte Tomaten auf Curryreis

Zubereitungszeit:
ca. 1 Std.

Für 2 Personen

75 g Naturreis
160 ml ungesalzene Gemüsebrühe
(siehe Rezept Seite 160)
wenig Meersalz
Currypulver
50 g Zwiebel und Lauch
15 g Olivenöl (1½ EL)
200 g Tomaten (2 Stück)
frisch gemahlener Pfeffer
wenig Obstessig
75 g körniger Frischkäse
gehackte Petersilie

1. Den Reis abspülen, mit der Gemüsebrühe aufkochen und bei geringer Hitzezufuhr 30 bis 40 Minuten köcheln lassen.
2. Den Reis mit Salz und Currypulver würzen und auf der ausgeschalteten Herdplatte weitere 10 Minuten ausquellen und anschließend abkühlen lassen.
3. Inzwischen die Zwiebel würfeln und den Lauch in feine Ringe schneiden. Beides im mäßig heißen Öl glasig dünsten und dann abkühlen lassen.
4. Von den Tomaten jeweils einen Deckel abschneiden. Das Fruchtfleisch mit einem Teelöffel herauslösen und pürieren. Das Püree mit Salz und Pfeffer würzen und mit Essig pikant abschmecken. Das Püree mit der Zwiebel-Lauch-Mischung verrühren.
5. Den Frischkäse pfeffern und mit Petersilie mischen. Die Tomaten mit der Frischkäsemasse füllen.
6. Den Reis auf zwei Tellern anrichten, jeweils eine Tomate daraufsetzen und die Sauce darübergießen.

ca. 285 kcal • 10 g E • 10 g F • 35 g KH • 4 g Bst. • 2½ BE

5. Beispiel

Für 2 Personen

Frühstück
Müsli mit Weizenkeimlingen und Johannisbeeren

1. Zwischenmahlzeit
Vollkornbaguette mit Buchweizen-Paprika-Creme

Mittagessen
Rote-Bete-Zucchino-Frischkost
Hähnchenbrust in Orangensauce mit Fenchelgemüse

2. Zwischenmahlzeit
240 g Birne (2 kleine Früchte)

ca. 70 kcal • ½ g E • ½ g F • 16 g KH • 5 g Bst. • 1 BE

Abendessen
Gefüllter Chicorée auf Currysauce
Vollkornfladenbrot

Dieser Tagesplan liefert pro Person ca. 1205 kcal • 57 g E • 34 g F • 165 g KH • 30 g Bst. • 11 BE

Müsli mit Weizenkeimlingen und Johannisbeeren

Keimzeit: 2–3 Tage
Zubereitungszeit: ca. ¼ Std.

Für 2 Personen

20 g getrocknete Aprikosen (2 Stück)
125 g Dickmilch
etwas Zitronensaft
150 g Apfel mit Schale
180 g Weizenkeimlinge (ca. 90 g Trockengewicht; siehe auch Seite 162)
120 g schwarze oder 150 g rote Johannisbeeren
10 g Leinsamen (1 EL)

1. Die Aprikosen würfeln und in wenig Wasser etwa ¼ Stunde quellen lassen.
2. Die Dickmilch mit etwas Zitronensaft verrühren. Den Apfel grob raspeln und sofort unter die Dickmilch rühren.
3. Die Weizensprossen gründlich waschen, abtropfen lassen und ebenfalls unter die Dickmilch heben.
4. Die Johannisbeeren kurz waschen und zusammen mit den Leinsamen und den Aprikosenwürfeln über das Müsli streuen.

ca. 235 kcal • 8 g E • 5 g F • 38 g KH • 10 g Bst. • 3 BE

Vollkornbaguette mit Buchweizen-Paprika-Creme

Zubereitungszeit:
ca. ¾ Std.

Für 2 Personen

Für die Creme:
80 g rote Paprikaschote
30 g Zwiebel
½ Knoblauchzehe
30 g Butter
30 g Buchweizengrütze
60 ml Gemüsebrühe
(siehe Rezept Seite 160)
wenig Kräutersalz
frisch gemahlener Pfeffer
Paprikapulver edelsüß
1 TL Hefeflocken
1 EL gehackte gemischte Kräuter (Majoran, Thymian, Petersilie, Ysop)

Außerdem:
90 g Vollkornbaguette
2 Salatblätter
100 g Salatgurke ohne Schale
wenig Meersalz

1. Den Backofen auf 200° C vorheizen. Die Paprikaschote so lange in den Ofen legen, bis die Schale Blasen wirft.
2. Inzwischen die Zwiebel fein würfeln und den Knoblauch zerdrücken. 1 Teelöffel Butter erwärmen und die Zwiebel und den Knoblauch darin glasig dünsten.
3. Die Buchweizengrütze dazugeben, die Gemüsebrühe angießen und das Ganze bei geringer Hitzezufuhr etwa 15 Minuten köcheln lassen. Anschließend auf der ausgeschalteten Herdplatte weitere 10 Minuten quellen und dann abkühlen lassen.
4. Inzwischen die Haut der Paprikaschote abziehen und das Fruchtfleisch zu Mus hacken. Die restliche Butter cremig rühren und mit den Gewürzen, den Hefeflocken und den frischen Kräutern abschmecken.
5. Den abgekühlten Buchweizen und zuletzt das Paprikamus darunterrühren. Die Creme auf Butterbrotpapier geben und zu einer Rolle formen. Diese kalt stellen.
6. Die Baguette quer halbieren und auf jede Hälfte ein Salatblatt legen. Die Paprikacreme daraufstreichen. Die Gurke in Scheiben schneiden und die Brote damit belegen. Zuletzt mit Salz und Pfeffer würzen.

ca. 155 kcal • 6 g E • 4 g F • 22 g KH • 3 g Bst. • 2 BE

1 Rezept Creme liefert ca. 355 kcal • 5 g E • 25 g F • 27 g KH • 3 g Bst. • 2 BE

Rote-Bete-Zucchino-Frischkost

Zubereitungszeit:
ca. ¼ Std.

Für 2 Personen

Für die Marinade:
wenig Meersalz
1 EL Obstessig
10 g kaltgepreßtes Sonnenblumenöl (1 EL)
frisch gemahlener Pfeffer
wenig frisch geriebener Meerrettich

Für die Frischkost:
50 g Eichblattsalat
10 g Sonnenblumenkerne
140 g rote Bete
100 g Zucchino
50 g Zwiebel

1. Meersalz in dem Essig auflösen und das Öl darunterschlagen. Die Marinade mit Pfeffer würzen.
2. Den Eichblattsalat waschen, trockenschleudern und die Blätter durch die Marinade ziehen. Den Salat auf zwei Tellern anrichten.
3. Nun den geriebenen Meerrettich in die restliche Marinade rühren.
4. Die roten Beten und den Zucchino grob raspeln, die Zwiebel fein würfeln. Alles mit der Marinade mischen und die Frischkost auf dem Eichblattsalat anrichten.
5. Die Sonnenblumenkerne ohne Fettzugabe in einer heißen Pfanne leicht rösten und zuletzt über die Frischkost streuen.

ca. 115 kcal • 3 g E • 7 g F • 9 g KH • 5 g Bst. • ½ BE

Hähnchenbrust in Orangensauce mit Fenchelgemüse

Zubereitungszeit:
ca. 1 Std.

Für 2 Personen

45 g roter Naturreis
120 ml ungesalzene Gemüsebrühe (siehe Rezept Seite 160)
wenig Meersalz
200 g Hähnchenbrüste (2 Stück)
15 g geklärte Butter (1½ EL; siehe Rezept Seite 160)
frisch gemahlener Pfeffer
80 g Orangenfilets (wie Grapefruitfilets herstellen; siehe Tip zu dem Rezept „Selleriesalat mit Grapefruit und Hafersprossen", (Seite 53)
200 g Fenchel
⅛ l Gemüsebrühe (siehe Rezept Seite 160)
50 ml frisch gepreßter Orangensaft
1 Msp. pflanzliches Bindemittel

1. Den Reis zuerst mit warmem, dann mit kaltem Wasser abspülen. Den Reis mit der Brühe aufkochen und bei geringer Hitzezufuhr 30 bis 40 Minuten köcheln lassen. Auf der ausgeschalteten Herdplatte weitere 10 bis 15 Minuten ausquellen lassen. Erst dann salzen.
2. Inzwischen die Hähnchenbrüste waschen und trockentupfen. 1 Eßlöffel geklärte Butter erhitzen und die Hähnchenbrüste darin von beiden Seiten 2 bis 3 Minuten anbraten.
3. Das Fleisch herausnehmen, salzen, pfeffern, in Alufolie wickeln und warm stellen. Das Bratfett abgießen.
4. Inzwischen den Fenchel fein schneiden, in der Gemüsebrühe bißfest dünsten und abgießen. Das Gemüse eventuell leicht mit Salz und Pfeffer würzen.
5. Die restliche Butter in die Pfanne geben, erwärmen und die Orangenfilets darin wenden. Die Filets über das Fleisch geben.
6. Den Orangensaft in die Pfanne geben und leicht einkochen lassen. Den ausgetretenen Fleischsaft aus der Folie dazugeben.
7. Wenig pflanzliches Bindemittel in die Sauce rühren und diese nach Packungsanweisung binden. Eventuell mit Salz und Pfeffer abschmecken.
8. Das Fleisch und die Orangenfilets auf zwei Teller geben und mit der Sauce überziehen. Den Reis und den Fenchel dazu reichen.

ca. 275 kcal • 26 g E • 6 g F • 28 g KH • 4 g Bst. • 2 BE

Roter Naturreis ist eine aromatische, neue Sorte

Gefüllter Chicorée auf Currysauce

Zubereitungszeit:
ca. ½ Std.
Kühlzeit: ca. ½ Std.

Für 2 Personen

Für den Chicorée:
60 g Doppelrahmfrischkäse mit Kräutern
30 g Magerquark (1 gehäufter EL)
wenig Meersalz
frisch gemahlener Pfeffer
25 g rote Paprikaschote
25 g Bleichsellerie
100 g Chicorée (8 Blätter)

Für die Sauce:
125 g Joghurt 1,5 % Fett
etwas Zitronensaft
Currypulver
frisch geriebener Ingwer
60 g Banane
50 g Apfel mit Schale

Außerdem:
20 g Brunnenkresse (½ Bund)
5 g Mandelsplitter (1 TL)
90 g Vollkornfladenbrot (siehe Rezepte Seite 144)

1. Den Frischkäse mit dem Quark verrühren und mit Salz und Pfeffer würzen.
2. Die Paprikaschote und den Sellerie fein würfeln und darunterziehen.
3. Die Chicoréeblätter mit der Creme füllen und jeweils zwei zusammendrücken. Den gefüllten Chicorée etwa ½ Stunde in den Kühlschrank stellen.
4. Inzwischen den Joghurt mit etwas Zitronensaft verrühren und mit wenig Salz, Curry und Ingwer würzen.
5. Die Banane mit einer Gabel zerdrücken, den Apfel fein würfeln und beides rasch mit der Joghurtcreme mischen.
6. Die Kresse waschen und abtropfen lassen. Die Mandelsplitter ohne Fettzugabe in einer Pfanne anrösten.
7. Die Sauce auf zwei Teller verteilen. Den Chicorée schräg in Scheiben schneiden und diese auf der Sauce anrichten. Das Ganze mit Kresse garnieren und mit Mandelsplittern bestreuen. Das Volkornfladenbrot dazu essen.

ca. 350 kcal • 13 g E • 10 g F • 50 g KH • 3 g Bst. • 2½ BE

***Zu 3.:** Die Chicoréeblätter mit der Creme füllen*

***Zu 7.:** Den gefüllten Chicorée mit einem scharfen Messer in Scheiben schneiden*

6. Beispiel

Für 2 Personen

Frühstück
Buchweizen-Kirsch-Müsli

1. Zwischenmahlzeit
Vollkornbrot mit Birnen-aufstrich

Mittagessen
Paprika-Mais-Salat
Karpfenfilet auf Gemüse-bett

2. Zwischenmahlzeit
Kürbis-Obst-Salat

Abendessen
Topinamburfrischkost mit Kresse
Warmes Tomatenbrot

Dieser Tagesplan liefert pro Person ca. 1230 kcal • 53 g E • 36 g F • 170 g KH • 24 g Bst. • 11 BE

Buchweizen-Kirsch-Müsli

Zubereitungszeit: ca. ½ Std.

Für 2 Personen

60 g Buchweizengrütze
⅛ l Vorzugsmilch
Zimt
1 Msp. Delifruit
100 g Apfel mit Schale
60 g Sauerkirschen ohne Steine

1. Die Buchweizengrütze zuerst mit warmem, dann mit kaltem Wasser abspülen. Den Buchweizen mit der Milch, Zimt und dem Delifruit aufkochen und etwa 15 Minuten bei geringer Hitzezufuhr ausquellen lassen. Anschließend das Ganze abkühlen lassen.

2. Inzwischen den Apfel grob raspeln oder in Stifte schneiden. Die Apfelraspel und die Kirschen auf dem Buchweizenmüsli hübsch anrichten.

ca. 190 kcal • 6 g E • 4 g F • 35 g KH • 1 g Bst. • 3 BE

Vollkornbrot mit Birnenaufstrich

Quellzeit (bei getrockneten Birnen): ca. ½ Std.
Zubereitungszeit: ca. ¼ Std.

Für 2 Personen

120 g frische Birne oder 20 g getrocknete Birne (ca. ½ Std. in Wasser quellen lassen)
etwas Zitronensaft
20 g Haselnüsse (20 Stück)
Mark von ½ Vanilleschote
90 g Vollkornbrot (ca. 2 Scheiben)

1. Die Birne pürieren und sofort mit etwas Zitronensaft mischen.
2. Die Haselnüsse fein mahlen und ebenfalls daruntermischen. Den Aufstrich mit dem Vanillemark abschmecken und auf die Brotscheiben streichen.

ca. 195 kcal • 5 g E • 7 g F • 27 g KH • 5 g Bst. • 2 BE

Paprika-Mais-Salat

Zubereitungszeit:
ca. ¼ Std.

Für 2 Personen

Für die Marinade:
wenig Meersalz
1 EL Balsamessig (Aceto balsamico)
10 g kaltgepreßtes Sonnenblumenöl (1 EL)
frisch gemahlener Pfeffer

Für den Salat:
100 g Paprikaschote
50 g Chinakohl
70 g frische Maiskörner
gehackte gemischte Kräuter

1. Meersalz in dem Essig auflösen und das Öl darunterschlagen. Die Sauce mit Pfeffer würzen.
2. Die Paprikaschote und den Chinakohl in Streifen schneiden und zusammen mit dem Mais unter die Marinade heben. Zuletzt die Kräuter darüberstreuen.

ca. 95 kcal • 2 g E • 5 g F • 10 g KH • 4 g Bst. • ½ BE

Karpfenfilet auf Gemüsebett

Zubereitungszeit:
ca. ¾ Std.

Für 2 Personen

320 g Kartoffeln ohne Schale
wenig Meersalz
200 g Karpfenfilet
etwas Zitronensaft
wenig Meersalz
50 g Möhre
50 g Knollensellerie
100 g Lauch
5 g Butter (1 TL)
frisch gemahlener Pfeffer
frisch geriebene Muskatnuß
50 ml herber Weißwein oder Gemüsebrühe (siehe Rezept Seite 160)
gehackte glatte Petersilie

1. Die Kartoffeln in gleichmäßige Streifen schneiden und kurz in leicht gesalzenem Wasser blanchieren. Anschließend kalt abschrekken und abtropfen lassen.
2. Inzwischen das Fischfilet waschen, trockentupfen und mit etwas Zitronensaft beträufeln. Das Filet leicht salzen.
3. Die Möhre, den Sellerie und den Lauch in Streifen schneiden und das Gemüse zusammen mit den blanchierten Kartoffelstreifen in einem Topf in der Butter andünsten. Mit Salz, Pfeffer und Muskatnuß würzen.
4. Den Wein oder die Brühe angießen, das Ganze aufkochen und bei geringer Hitzezufuhr etwa 10 Minuten köcheln lassen.
5. Nun das Fischfilet auf das Gemüse legen, mit Petersilie bestreuen und das Ganze weitere 10 Minuten dünsten. Eventuell noch etwas Wein oder Gemüsebrühe angießen.

ca. 260 kcal • 22 g E • 5 g F • 30 g KH • 5 g Bst. • 2 BE

Kürbis-Obst-Salat

Zubereitungszeit: ca. ¼ Std.

Für 2 Personen

- 100 g Kürbis
- 100 g Apfel mit Schale
- 130 g Orangenfilets (wie Grapefruitfilets herstellen; siehe Tip zu dem Rezept „Selleriesalat mit Grapefruit und Hafersprossen“, Seite 53)
- frisch geriebener Ingwer
- Mark von ½ Vanilleschote

1. Den Kürbis und den Apfel würfeln und mit den Orangenfilets mischen. Den beim Filetieren ausgetretenen Orangensaft dazugeben.
2. Den Salat mit Ingwer und dem Vanillemark abschmecken.

ca. 80 kcal • 1 g E • ½ g F • 17 g KH • 2 g Bst. • 1 BE

Topinamburfrischkost mit Kresse

Zubereitungszeit: ca. ¼ Std.

Für 2 Personen

Für die Sauce:

- wenig Meersalz
- 1 EL Zitronensaft
- 10 g kaltgepreßtes Sonnenblumenöl (1 EL)
- 125 g Joghurt 1,5 % Fett
- frisch gemahlener Pfeffer

Für die Frischkost:

- 150 g Topinambur (kartoffelartige Knollenfrucht)
- 50 g Radicchio
- 50 g Gartenkresse
- 10 g Kokosraspel (1 EL)

1. Meersalz in dem Zitronensaft auflösen und das Öl darunterschlagen. Den Joghurt hineinrühren und die Sauce mit Pfeffer würzen.
2. Die Topinambur in die Sauce raspeln und alles sofort mischen.
3. Den Radicchio waschen, trockenschleudern und auf zwei Teller legen. Die Frischkost darauf anrichten und mit Kresse garnieren. Die Kokosraspel zuletzt darüberstreuen.

ca. 160 kcal • 5 g E • 8 g F • 17 g KH • 2 g Bst. • ¼ BE

Warmes Tomatenbrot

Zubereitungszeit: ca. 20 Min.

Für 2 Personen

- 160 g Vollkornbrot (ca. 4 dünne Scheiben)
- 5 g Butter (1 TL)
- 200 g Tomaten (2 Stück)
- wenig Meersalz
- frisch gemahlener Pfeffer
- frisches Basilikum
- 60 g Emmentaler (2 Scheiben)

1. Den Backofen auf 200° C vorheizen.
2. Das Vollkornbrot toasten und die Scheiben dünn mit Butter bestreichen.
3. Die Tomaten in Scheiben schneiden, die Brote damit belegen und mit Salz und Pfeffer würzen.
4. Basilikum fein schneiden und darüberstreuen. Die Brote mit jeweils einer halben Scheibe Käse belegen und nun im Ofen so lange überbacken, bis der Käse geschmolzen, aber noch nicht braun ist.

ca. 245 kcal • 11 g E • 7 g F • 31 g KH • 5 g Bst. • 2¼ BE

7. Beispiel

Für 2 Personen

Frühstück
Frischkornmüsli mit Aprikosen

1. Zwischenmahlzeit
Roggenvollkornbrötchen mit Pflaumenpüree

Mittagessen
Kohlrabi-Kürbis-Frischkost mit Hirsekeimlingen
Gefüllte Wirsingröllchen mit Rote-Bete-Sauce

2. Zwischenmahlzeit
Quitten-Apfel-Kompott

Abendessen
Lauwarmer Spinatsalat
Pellkartoffeln mit Kräuterdip

Dieser Tagesplan liefert pro Person ca. 1225 kcal • 41 g E • 40 g F • 170 g KH • 26 g Bst. • 11 BE

Frischkornmüsli mit Aprikosen

Quellzeit: ca. 10 Std.
Zubereitungszeit: ca. ¼ Std.

Für 2 Personen

60 g gemischtes Getreide (Weizen, Roggen, Hirse, Hafer, Gerste)
60 ml Wasser
125 g Joghurt 1,5 % Fett
etwas Zitronensaft
150 g Apfel mit Schale
120 g Aprikosen
10 g Walnußkerne (10 Stück)

1. Das Getreide (außer dem Hafer) grob schroten und über Nacht in dem Wasser quellen lassen.
2. Am Morgen den Hafer grob schroten und mit dem gequollenen Getreide mischen. Den Joghurt mit etwas Zitronensaft und dem Getreide verrühren.
3. Den Apfel grob raspeln und sofort unter das Müsli mischen. Die Aprikosen vierteln und zusammen mit den Walnußkernen darüberstreuen.

ca. 240 kcal • 7 g E • 5 g F • 40 g KH • 6 g Bst. • 3 BE

Roggenvollkornbrötchen mit Pflaumenpüree

Quellzeit: ca. ½ Std.
Zubereitungszeit: ca. ¼ Std.

Für 2 Personen

20 g getrocknete Pflaume (1 Stück)
20 g Kokosraspel (1½ EL)
etwas abgeriebene Schale von einer unbehandelten Zitrone
Zimt
90 g Roggenvollkornbrötchen (1 Stück)

1. Die Trockenpflaume etwa ½ Stunde in Wasser quellen lassen.
2. Die Pflaume anschließend hacken und mit einer Gabel zerdrücken. Das Mus nun mit den Kokosraspeln mischen und mit Zitronenschale und einer Prise Zimt abschmecken.
3. Die Brötchen halbieren und jede Hälfte mit Pflaumenpüree bestreichen.

ca. 185 kcal • 4 g E • 7 g F • 26 g KH • 7 g Bst. • 2 BE

Kohlrabi-Kürbis-Frischkost mit Hirsekeimlingen

Keimzeit: ca. 3 Tage
Zubereitungszeit: ca. 20 Min.

Für 2 Personen

Für die Marinade:
wenig Meersalz
1 EL Limonensaft
10 g kaltgepreßtes Sonnenblumenöl (1 EL)
frisch geriebener Ingwer
frisch gemahlener Pfeffer

Für die Frischkost:
100 g Kohlrabi
100 g Kürbis
50 g Portulak oder Spinat
10 g gekeimte Kürbiskerne (ca. 1 EL Samen; siehe auch Seite 162)
45 g Hirsekeimlinge (ca. 20 g Trockengewicht; siehe auch Seite 162)

1. Meersalz in dem Limonensaft auflösen und das Öl darunterschlagen. Die Marinade mit Ingwer und Pfeffer abschmecken.
2. Den Kohlrabi und den Kürbis grob raspeln und sofort mit der Marinade mischen.
3. Den Portulak oder den Spinat waschen, trockenschleudern und auf zwei Teller verteilen. Die Frischkost darauf anrichten.
4. Die gekeimten Kürbiskerne und die Hirsekeimlinge waschen, abtropfen lassen und darüberstreuen.

ca. 125 kcal • 4 g E • 7 g F • 10 g KH • 3 g Bst. • ¼ BE

Gefüllte Wirsingröllchen mit Rote-Bete-Sauce

Zubereitungszeit: ca. 1¼ Std.

Für 2 Personen

Für die Röllchen:
- je 50 g Zwiebel und Lauch
- 5 g Butter (1 TL)
- 120 ml Gemüsebrühe
- 100 g Wirsingblätter (8 Stück)
- 80 g grobes Grünkernschrot
- wenig Meersalz
- frisch gemahlener Pfeffer
- 1 Ei
- 50 g saure Sahne
- 20 g geriebener Emmentaler (4 EL)
- frischer Estragon
- frisches Basilikum
- 3 g Butter (½ TL) für die Form
- Gemüsebrühe zum Garen

Für die Sauce:
- 70 g rote Bete
- 20 g Zwiebel
- 5 g Butter (1 TL)
- 30 ml Gemüsebrühe
- 1 kleines Lorbeerblatt
- einige Tropfen Essig

1. Die Zwiebel und den Lauch würfeln. Die Zwiebelwürfel in der mäßig heißen Butter glasig dünsten, den Lauch dazugeben und mitdünsten. Das Ganze beiseite stellen.
2. Inzwischen die Gemüsebrühe zum Kochen bringen und die Wirsingblätter darin kurz blanchieren. Die Gemüsebrühe aufheben. Die Blätter kalt abschrecken.
3. Das Grünkernschrot in die Gemüsebrühe geben und unter ständigem Rühren aufkochen lassen. Anschließend bei geringer Hitzezufuhr etwa 10 Minuten köcheln lassen. Zwischendurch umrühren. Das Schrot auf der ausgeschalteten Herdplatte weitere 10 Minuten quellen, dann leicht abkühlen lassen.
4. Den Backofen auf 200° C vorheizen. Die Wirsingblätter trockentupfen und mit Salz und Pfeffer bestreuen. Jeweils zwei Blätter so nebeneinanderlegen, daß sie sich leicht überlappen.
5. Die Zwiebel-Lauch-Mischung, das Ei, die saure Sahne und den Käse unter die Grünkernmasse rühren. Die frischen Kräuter fein schneiden und ebenfalls daruntermischen.
6. Die Masse mit Salz und Pfeffer würzen und auf dem Wirsing verteilen.
7. Die Blätter zusammenrollen, mit einem Faden umwickeln und die Röllchen in eine gefettete Kasserolle oder eine Auflaufform setzen.
8. Etwas Gemüsebrühe angießen. Die Röllchen etwa ½ Stunde im Ofen garen.
9. Inzwischen die Sauce zubereiten. Dafür die rote Bete und die Zwiebel würfeln und in der mäßig heißen Butter andünsten.
10. Die Gemüsebrühe angießen, das Ganze aufkochen lassen und bei geringer Hitzezufuhr etwa 10 Minuten dünsten. Kurz vor Ende der Garzeit das Lorbeerblatt dazugeben.
11. Die Gemüsemischung mit Salz, Pfeffer und wenig Essig abschmecken. Das Lorbeerblatt wieder entfernen und die Sauce pürieren. Die Sauce zu den Wirsingröllchen reichen.

ca. 290 kcal • 10 g E • 10 g F • 40 g KH • 4 g Bst. • 2¼ BE

Quitten-Apfel-Kompott

Zubereitungszeit:
ca. 20 Min.

Für 2 Personen

---

140 g Quitten
50 g Apfel mit Schale
50 ml Apfelsaft
etwas abgeriebene Schale von einer unbehandelten Orange
frisch geriebener Ingwer

1. Das Quittenfruchtfleisch und den Apfel in Würfel schneiden.
2. Das Obst zusammen mit dem Apfelsaft in einem Topf zum Kochen bringen und bei geringer Hitzezufuhr bißfest dünsten.
3. Das Kompott mit etwas Orangenschale und Ingwer abschmecken und abkühlen lassen.

ca. 70 kcal • 0,5 g E • 0,5 g F • 15 g KH • 1 g Bst. • 1 BE

Lauwarmer Spinatsalat

Zubereitungszeit:
ca. 20 Min.

Für 2 Personen

200 g Blattspinat
50 g Zwiebel
½ Knoblauchzehe
10 g Olivenöl (1 EL)
Obstessig
wenig Gemüsebrühe (siehe Rezept Seite 160)
wenig Meersalz
frisch gemahlener Pfeffer

1. Den Spinat waschen und trockenschleudern. Die Zwiebel fein würfeln und die Knoblauchzehe zerdrücken.
2. Die Zwiebel und den Knoblauch in dem Öl glasig dünsten. Mit etwas Essig und Gemüsebrühe ablöschen und mit Salz und Pfeffer würzen.
3. Die noch heiße Sauce über den Spinat gießen, alles mischen und sofort servieren.

ca. 85 kcal • 4 g E • 5 g F • 5 g KH • 1 g Bst. • 0 BE

Pellkartoffeln mit Kräuterdip

Keimzeit: 2–3 Tage
Zubereitungszeit (je nach Größe der Kartoffeln):
ca. 40 Min.

Für 2 Personen

400 g Kartoffeln mit Schale
wenig Meersalz
Kümmel
100 g Magerquark
10 g kaltgepreßtes Sonnenblumenöl (1 EL)
frisch gemahlener Pfeffer
gehackte gemischte Kräuter (Petersilie, Estragon, Schnittlauch)
45 g Weizenkeimlinge (ca. 20 g Trockengewicht; siehe auch Seite 162)

1. Die Kartoffeln in leicht gesalzenem Wasser mit etwas Kümmel garen.
2. Inzwischen den Quark mit dem Öl verrühren und mit Salz und Pfeffer würzen. Die Kräuter hineinrühren.
3. Die Weizenkeimlinge waschen, abtropfen lassen und unter den Quark ziehen. Den Dip zu den Kartoffeln essen.

ca. 230 kcal • 10 g E • 5 g F • 35 g KH • 5 g Bst. • 2½ BE

7 TAGESPLÄNE
für 1600 Kilokalorien (15 BE)

1. Beispiel
Für 2 Personen

Frühstück
Obstsalat mit Weizenkeimlingen

1. Zwischenmahlzeit
Roggenvollkornbrot mit Geflügelwurst

Mittagessen
Sauerkraut-Rote-Bete-Frischkost
Gemüsenudeln mit Kurkumasauce
Sauerkirschen

2. Zwischenmahlzeit
Aprikosenjoghurt mit Vollkornzwieback

Abendessen
Maissalat mit Adzukibohnenkeimlingen

Spätmahlzeit
Vollkornfladenbrot mit Kräuterfrischkäse

Dieser Tagesplan liefert pro Person ca. 1600 kcal • 50 g E • 52 g F • 225 g KH • 40 g Bst. • 15 BE

Obstsalat mit Weizenkeimlingen

Keimzeit: 2–3 Tage
Zubereitungszeit: ca. ¼ Std.

Für 2 Personen

260 g Birne mit Schale
110 ml frisch gepreßter Orangensaft
140 g Brombeeren
180 g Weizenkeimlinge (ca. 90 g Trockengewicht; siehe auch Seite 162)
20 g Mandeln (15 Stück)

1. Die Birne waschen, grob raspeln und sofort mit dem Oragensaft mischen.
2. Die Brombeeren und die Weizenkeimlinge waschen, abtropfen lassen und auf die Birnenmischung geben.
3. Die Mandeln grob hacken und ohne Fettzugabe in einer heißen Pfanne leicht rösten. Die gerösteten Mandeln über den Salat streuen.

ca. 230 kcal • 6 g E • 5 g F • 40 g KH • 15 g Bst. • 3 BE

Roggenvollkornbrot mit Geflügelwurst

Zubereitungszeit: ca. 5 Min.

Für 2 Personen

140 g Roggenvollkornbrot (ca. 3 Scheiben)
15 g Butter (1½ EL)
60 g Geflügelwurst (4 Scheiben)
60 g Salatgurke ohne Schale

1. Die Brotscheiben dünn mit der Butter bestreichen und mit der Wurst belegen.
2. Die Gurke in Scheiben schneiden und auf die Brote verteilen.

ca. 240 kcal • 10 g E • 8 g F • 30 g KH • 5 g Bst. • 2 g BE

Sauerkraut-Rote-Bete-Frischkost

Zubereitungszeit:
ca. ¼ Std.

Für 2 Personen

Für die Marinade:
wenig Meersalz
1 EL Obstessig
20 g kaltgepreßtes Sonnenblumenöl (2 EL)
etwas frisch geriebener Meerrettich
frisch gemahlener Pfeffer

Für die Frischkost:
140 g rote Beten
200 g Sauerkraut
50 g Friséesalat

1. Meersalz in dem Essig auflösen und das Öl darunterschlagen. Den Meerrettich in die Marinade rühren und mit Pfeffer würzen.
2. Die roten Beten fein raspeln und unter die Marinade mischen. Das Sauerkraut mit einer Gabel auflockern und dazugeben.
3. Den Friséesalat waschen, trockenschleudern und auf zwei Teller verteilen. Die Frischkost auf dem Salat anrichten.

ca. 140 kcal • 3 g E • 10 g F • 9 g KH • 5 g Bst. • ½ BE

Gemüsenudeln mit Kurkumasauce

Zubereitungszeit:
ca. ½ Std.

Für 2 Personen

100 g Vollkorneiernudeln
wenig Meersalz
50 g Zwiebel
100 g Möhren
100 g Zucchino
10 g Butter (1 EL)
2 Msp. Kurkuma
frisch gemahlener Pfeffer
frisch geriebene Muskatnuß
60 g saure Sahne
1 EL gehackte Petersilie

Als Dessert:
240 g Sauerkirschen mit Steinen

1. Die Nudeln in leicht gesalzenem Wasser etwa 10 Minuten bißfest kochen.
2. Inzwischen die Zwiebel fein würfeln. Die Möhren und den Zucchino in feine Streifen schneiden (oder grob raspeln). Die Zwiebelwürfel in der Butter glasig dünsten. Das Gemüse dazugeben und bißfest dünsten.
3. Das Gemüse vom Herd nehmen, mit Kurkuma, Salz, Pfeffer und Muskatnuß würzen. Die Sahne dazugeben.
4. Die Nudeln abgießen und sofort mit der Gemüsesauce mischen. Mit Muskatnuß nachwürzen und die Petersilie darüberstreuen. Die Kirschen als Dessert essen.

ca. 285 kcal • 8 g E • 8 g F • 45 g KH • 3 g Bst. • 2½ BE

Sauerkirschen:
ca. 75 kcal • 1 g E • ½ g F • 16 g KH • 0 g Bst. • 1 BE

Aprikosenjoghurt mit Vollkorn-zwieback

Zubereitungszeit:
ca. 5 Min.

Für 2 Personen

130 g Aprikosen mit Stein
250 g Joghurt 1,5 % Fett
etwas abgeriebene Schale von einer unbehandelten Zitrone
30 g eifreier Vollkorn-zwieback (3 Scheiben)

1. Die Aprikosen waschen, trockentupfen, entsteinen und vierteln. Den Joghurt glattrühren und über die Aprikosen geben.
2. Die Zitronenschale über den Joghurt streuen und den Vollkornzwieback dazu essen.

ca. 150 kcal • 6 g E • 3 g F • 25 g KH • 2 g Bst. • 2 BE

Maissalat mit Adzukibohnenkeimlingen

Keimzeit: 3–4 Tage
Zubereitungszeit: ca. ½ Std.

Für 2 Personen

Für die Marinade:
wenig Meersalz
1 EL Weinessig
2 TL Senf
20 g kaltgepreßtes Distelöl (2 EL)
frisch gemahlener Pfeffer
50 g Zwiebel
1 kleine Knoblauchzehe

Für den Salat:
100 g Adzukibohnenkeimlinge (ca. 30 g Trockengewicht; siehe auch Seite 162)
135 g Roggenkeimlinge (ca. 60 g Trockengewicht; siehe auch Seite 162)
140 g frische Maiskörner
½ Bund Schnittlauch
einige Blätter Friséesalat vom Mittag
60 g Weizenschrotbrot (ca. 1½ Scheiben)

1. Meersalz in dem Essig auflösen und den Senf und das Öl darunterschlagen. Mit Pfeffer würzen.
2. Die Zwiebel fein würfeln, den Knoblauch zerdrücken und beides in die Salatsauce rühren.
3. Die Adzukibohnenkeimlinge kurz in kochendem Wasser blanchieren und kalt abschrecken. Danach abtropfen lassen. Die Roggenkeimlinge gut waschen und abtropfen lassen.
4. Die Maiskörner zusammen mit den Bohnen- und Roggenkeimlingen unter die Sauce heben. Den Salat eventuell nachwürzen und etwa ¼ Stunde durchziehen lassen.
5. Den Friséesalat waschen, trockenschleudern und auf zwei Teller legen. Den Salat auf den Friséesalatblättern anrichten. Den Schnittlauch in feine Röllchen schneiden und darüberstreuen. Das Brot dazu essen.

ca. 310 kcal • 10 g E • 12 g F • 40 g KH • 9 g Bst. • 3 BE

Vollkornfladenbrot mit Kräuterfrischkäse

Zubereitungszeit: ca. 5 Min.

Für 2 Personen

30 g Doppelrahmfrischkäse mit Kräutern 60 % Fett i. Tr.
60 g Vollkornfladenbrot (2 Stück; siehe Rezept Seite 144)
100 g Tomate

Den Frischkäse glattrühren und das Brot damit bestreichen. Die Tomate dazu essen.

ca. 160 kcal • 5 g E • 5 g F • 23 g KH • 1 g Bst. • 1 BE

2. Beispiel

Für 2 Personen

Frühstück
Flockenmüsli mit Pflaumen und Kokos

1. Zwischenmahlzeit
Kräuter-Zwiebel-Quark auf Vollkornbaguette

Mittagessen
Weißkraut-Tomaten-Frischkost
Fruchtiges Grünkerngemüse mit Bananen-Apfel-Sauce

2. Zwischenmahlzeit
Vollkornsavarins mit Pfirsichsalat

Abendessen
Bunter Zucchinisalat mit Kichererbsenkeimlingen

Spätmahlzeit
2 Vollkornkäsestangen

Dieser Tagesplan liefert pro Person ca. 1605 kcal • 50 g E • 45 g F • 245 g KH • 42 g Bst. • 15 BE

Flockenmüsli mit Pflaumen und Kokos

Zubereitungszeit: ca. ¼ Std.

Für 2 Personen

- **1 EL ungesüßter Sanddornsaft**
- **¼ l Vorzugsmilch**
- **30 g Gerstenflocken**
- **30 g Roggenflocken**
- **220 g Pflaumen mit Stein**
- **10 g Kokosraspel (1 EL)**

1. Den Sanddornsaft mit der Milch verrühren. Die Getreideflocken darin kurz quellen lassen.
2. Inzwischen die Pflaumen waschen, entsteinen, das Fruchtfleisch vierteln und auf das Müsli geben. Die Kokosraspel zuletzt darüberstreuen.

ca. 270 kcal • 8 g E • 7 g F • 45 g KH • 13 g Bst. • 3 BE

Kräuter-Zwiebel-Quark auf Vollkornbaguette

Zubereitungszeit: ca. 5 Min.

Für 2 Personen

- **60 g Magerquark**
- **2 EL Vorzugsmilch**
- **wenig Meersalz**
- **frisch gemahlener Pfeffer**
- **1 kleine Frühlingszwiebel**
- **1 EL gehackte gemischte Kräuter (Petersilie, Liebstöckel, Basilikum, Ysop)**
- **120 g Vollkornbaguette**

1. Den Quark mit wenig Milch glattrühren und mit wenig Salz und Pfeffer würzen.
2. Die Zwiebel in feine Ringe schneiden und zusammen mit den Kräutern unter den Quark rühren.
3. Die Baguette halbieren und mit dem Kräuterquark bestreichen.

ca. 170 kcal • 8 g E • 3 g F • 25 g KH • 3 g Bst. • 2 BE

Weißkraut-Tomaten-Frischkost

Zubereitungszeit:
ca. ¼ Std.

Für 2 Personen

Für die Marinade:
50 g Zwiebel
½ Knoblauchzehe
20 g Olivenöl (2 EL)
2 EL Obstessig

Für die Frischkost:
200 g Weißkraut
wenig Kräutersalz
200 g Tomaten
50 g Kopfsalat
1 EL gehackte Petersilie

1. Die Zwiebel fein würfeln und den Knoblauch zerdrücken. Beides in dem mäßig heißen Öl glasig dünsten, mit dem Obstessig ablöschen und die Mischung anschließend abkühlen lassen.
2. Das Kraut in die Marinade hobeln. Mit Kräutersalz würzen und leicht kneten.
3. Die Tomaten waschen, von den Stielansätzen befreien und das Fruchtfleisch achteln. Locker unter den Krautsalat mischen.
4. Den Kopfsalat waschen, trockenschleudern und auf zwei Teller legen. Die Frischkost nun nochmals abschmecken und auf den Salatblättern anrichten. Die Petersilie darüberstreuen.

ca. 155 kcal • 4 g E • 10 g F • 12 g KH • 8 g Bst. • 0 BE

Fruchtiges Grünkerngemüse mit Bananen-Apfel-Sauce

Zubereitungszeit: ca. ¾ Std.

Für 2 Personen

Für das Gemüse:
80 g Grünkern
160 ml Gemüsebrühe (siehe Rezept Seite 160)
200 g Staudensellerie
5 g Butter (1 TL)
etwas Gemüsebrühe
180 g Ananas

Für die Sauce:
125 g Joghurt, 1,5 % Fett
etwas Zitronensaft
frisch geriebener Ingwer
½ TL Currypulver
wenig Meersalz
frisch gemahlener Pfeffer
60 g Banane
50 g Apfel mit Schale

1. Den Grünkern waschen, abtropfen und in einem heißen Topf kurz darren (trocknen) lassen. Die Gemüsebrühe angießen, aufkochen und das Ganze bei geringer Hitzezufuhr zugedeckt etwa 20 Minuten köcheln lassen.
2. Den Grünkern anschließend auf der ausgeschalteten Herdplatte weitere 10 Minuten quellen lassen.
3. Inzwischen den Sellerie in feine Scheiben schneiden und diese in der mäßig heißen Butter andünsten. Etwas Gemüsebrühe angießen und den Sellerie in etwa 10 Minuten bißfest dünsten. Die Ananas würfeln.
4. Für die Sauce den Joghurt mit etwas Zitronensaft verrühren und mit Ingwer, Curry, Salz und Pfeffer pikant würzen.
5. Die Banane und den Apfel fein würfeln und beides daruntermischen.
6. Den Grünkern mit dem Sellerie und der Ananas mischen, mit Salz und Pfeffer würzen und die Sauce darübergeben.

ca. 290 kcal • 8 g E • 2 g F • 59 g KH • 6 g Bst. • 4 BE

Vollkornsavarins mit Pfirsichsalat

Zubereitungszeit bei frischer Zubereitung der Savarins: ca. 1¾ Std.

Für 2 Personen

Für die Savarins:
2 Vollkornsavarins (siehe Rezept Seite 150; sie lassen sich auch gut vorbereiten und tiefgefrieren)

Für den Pfirsichsalat:
1 Backpflaume
60 ml frisch gepreßter Orangensaft
150 g Pfirsich mit Stein

1. Die Vollkornsavarins nach Rezeptanweisung frisch zubereiten oder tiefgefrorene auftauen lassen und kurz aufbacken.
2. Für den Salat die Pflaume kleinschneiden und in dem Orangensaft etwa 10 Minuten quellen lassen. Anschließend mit einer Gabel zu Mus zerdrücken.
3. Den Pfirsich entsteinen, das Fruchtfleisch würfeln und drei Viertel davon mit dem Pflaumenpüree mischen.
4. Die Savarins mit dem Fruchtsalat füllen und mit dem restlichen Pfirsich garnieren.

ca. 150 kcal • 3 g E • 4 g F • 24 g KH • 4 g Bst. • 2 BE

Bunter Zucchinosalat mit Kichererbsenkeimlingen

Keimzeit: 3–4 Tage
Zubereitungszeit: ca. ¾ Std.

Für 2 Personen

Für die Marinade:
- wenig Kräutersalz
- 1 EL Balsamessig (Aceto balsamico)
- 20 g Sonnenblumenöl (2 EL)
- frisch gemahlener Pfeffer
- 50 g rote Zwiebel
- ½ Knoblauchzehe

Für den Salat:
- 200 g Prinzeßbohnen
- 50 ml Gemüsebrühe (siehe Rezept Seite 160)
- 200 g Kichererbsenkeimlinge (ca. 50 g Trockengewicht; siehe auch Seite 162)
- 2 Stengel Bohnenkraut
- 100 g gelber Zucchino
- 100 g Tomate
- 1 EL Schnittlauch, in Röllchen

Außerdem:
- 150 g Vollkornfladenbrot (siehe Rezept Seite 144) oder Vollkornbrot (3 Scheiben)

1. Kräutersalz in dem Balsamessig auflösen. Das Öl darunterschlagen und die Marinade mit Pfeffer gut würzen.

2. Die Zwiebel halbieren und in Scheiben schneiden. Den Knoblauch zerdrücken und beides in die Marinade geben.

3. Die Bohnen in der Gemüsebrühe bißfest dünsten. Kurz vor Ende der Garzeit die Kichererbsenkeimlinge und das Bohnenkraut hinzufügen. Das Gemüse noch etwa 1 Minute kochen lassen.

4. Die Marinade über das vorbereitete Gemüse geben, alles vorsichtig mischen und den Salat etwa 10 Minuten durchziehen lassen.

5. Den Zucchino waschen, halbieren und in feine Scheiben schneiden. Die Tomate waschen, vom Stielansatz befreien, das Fruchtfleisch achteln und mit den Zucchinoscheiben unter den Bohnensalat mischen.

6. Den Salat mit den Schnittlauchröllchen bestreuen und das Brot dazu essen.

ca. 465 kcal • 15 g E • 12 g F • 70 g KH • 5 g Bst. • 3 BE

Vollkorn-käsestangen

Zubereitungszeit:
ca. 1¼ Std.

Für ca. 20 Stück

20 g frische Hefe (½ Würfel)
175 ml lauwarmes Wasser
300 g feines Weizenvollkornmehl
100 g feines Hafervollkornmehl
1 TL Meersalz
30 g geriebener Emmentaler 45 % Fett i. Tr.
Paprikapulver edelsüß
1 Ei
50 g Butter
Kümmel und/oder Sesam

1. Die Hefe in dem Wasser auflösen und die Mischung an einem warmen Ort etwa 15 Minuten gehen lassen, bis sich kleine Bläschen bilden.
2. Inzwischen das Weizen- und das Hafermehl mit dem Salz, dem Käse und etwas Paprikapulver mischen. Das Ei trennen.
3. Die Mehlmischung mit dem Hefeansatz und dem Eiweiß zu einem geschmeidigen Teig verkneten. Die Butter zerlassen, leicht abkühlen lassen und zuletzt unter den Teig kneten.
4. 20 etwa halbfingerdicke (ca. 20 cm lange) Stangen formen.
5. Die Teigstangen auf ein mit Backtrennpapier ausgelegtes Blech legen und abgedeckt an einem warmen Ort etwa 20 Minuten gehen lassen, bis sich ihr Volumen verdoppelt hat.
6. Den Backofen auf 200° C vorheizen. Das Eigelb mit wenig Wasser verquirlen und die Teigstangen damit bestreichen. Kümmel und/oder Sesam darauf streuen und die Stangen in 10 bis 15 Minuten goldgelb backen.

1 Rezept (= 20 Stangen) enthält ca. 1950 kcal • 67 g E • 72 g F • 250 g KH • 30 g Bst. • 20 BE
1 Stange = 1 BE

Zu 1.: *Die Hefemischung an einem warmen Ort etwa 15 Minuten gehen lassen*

Zu 4.: *Aus dem Teig 20 Stangen formen*

3. Beispiel

Für 2 Personen

Frühstück
Hirse-Reis-Müsli auf Tomatenmus

1. Zwischenmahlzeit
Vollkornbrötchen mit pikanter Butter und Zucchino

Mittagessen
Blumenkohlfrischkost mit Bananencreme
Putengeschnetzeltes in Estragonsauce
Birnenspalten in Ingwercreme

2. Zwischenmahlzeit
12 Aprikosenmakronen

Abendessen
Grünkern-Gemüse-Salat
Vollkornfladenbrot

Spätmahlzeit
Feigenmilch mit Weizenflocken

Dieser Tagesplan liefert pro Person ca. 1570 kcal • 64 g E • 54 g F • 223 g KH • 37 g Bst. • 15 BE

Hirse-Reis-Müsli auf Tomatenmus

Keimzeit:
2–3 Tage
Zubereitungszeit:
ca. ¼ Std.

Für 2 Personen

300 ml gut gewürzte Gemüsebrühe (siehe Rezept Seite 160)
60 g Hirseflocken
60 g Reisflocken
100 g Tomate
20 g Sahne (ca. 1½ EL)
wenig Kräutersalz
frisch gemahlener Pfeffer
5 g Radieschensprossen (1 EL) (ca. 1 TL Samen, eventuell die dreifache Menge bereits für den nächsten Tag keimen lassen; siehe auch Seite 162)

1. Die Gemüsebrühe in einem Topf erwärmen, die Hirse- und die Reisflocken hineinrühren und kurz quellen lassen.
2. Die Tomate vom Stielansatz befreien und das Fruchtfleisch pürieren. Die Sahne daruntermischen und das Mus mit Salz und Pfeffer würzen.
3. Das Tomatenmus in zwei tiefe Teller geben. Die Flockenmischung darauf verteilen. Die Radieschensprossen waschen, abtropfen lassen und zuletzt darüberstreuen.

ca. 245 kcal • 6 g E • 3 g F • 46 g KH • 5 g Bst. • 3 BE

Vollkornbrötchen mit pikanter Butter und Zucchino

Zubereitungszeit:
ca. ¼ Std.

Für 2 Personen

20 g weiche Butter (2 EL)
1 TL Senf
120 g Vollkornbrötchen (2 Stück)
50 g Zucchino mit Schale
½ Kästchen Gartenkresse
wenig Kräutersalz

1. Die Butter cremig rühren und mit dem Senf mischen.
2. Die Brötchen halbieren und mit der Senfbutter bestreichen. Den Zucchino in dünne Scheiben schneiden und die Brötchenhälften damit belegen. Mit Kräutersalz würzen.
3. Die Kresse waschen, abtropfen lassen und die Brötchenhälften damit garnieren.

ca. 205 kcal • 4 g E • 9 g F • 25 g KH • 4 g Bst. • 2 BE

Blumenkohl-frischkost mit Bananencreme

Zubereitungszeit:
ca. ¼ Std.

Für 2 Personen

Für die Sauce:
30 g Banane
125 g Joghurt, 1,5 % Fett
etwas Zitronensaft
10 g kaltgepreßtes Sonnenblumenöl (1 EL)
Currypulver
wenig Meersalz

Für die Frischkost:
200 g Blumenkohl
50 g Radicchio
10 g Kokosraspel (1 EL)

1. Die Banane mit einer Gabel zerdrücken und das Mus mit dem Joghurt verrühren.
2. Etwas Zitronensaft zusammen mit dem Öl unter die Sauce schlagen, diese kräftig mit Curry abschmecken und leicht salzen.
3. Den Blumenkohl grob raspeln und sofort unter die Sauce mischen.
4. Den Radicchio waschen, trockenschleudern und die Blätter auf zwei Teller verteilen.
5. Die Frischkost nochmals abschmecken und auf dem Radicchio anrichten. Zuletzt die Kokosraspel darüberstreuen.

ca. 165 kcal • 5 g E • 10 g F • 15 g KH • 5 g Bst. • ½ BE

Putengeschnetzeltes in Estragonsauce

Zubereitungszeit:
ca. 1 Std.

Für 2 Personen

70 g Naturreis
150 ml ungesalzene Gemüsebrühe (siehe Rezept Seite 160)
200 g Putenbrust
20 g Weizenvollkornmehl
wenig Kräutersalz
frisch gemahlener Pfeffer
Paprikapulver edelsüß
5 g geklärte Butter (1 TL; siehe Rezept Seite 160)
50 ml trockener Weißwein oder Gemüsebrühe
40 g Crème fraîche
½ TL gehackter Estragon

1. Den Reis in der Gemüsebrühe aufkochen lassen und 30 bis 40 Minuten garen. Dann ausquellen lassen.
2. Inzwischen das Putenfleisch waschen, trockentupfen und in feine Streifen schneiden.
3. Das Mehl mit wenig Kräutersalz, Pfeffer und Paprikapulver mischen. Die Fleischstreifen darin wenden und in einer Pfanne in der heißen Butter rundherum 2 bis 3 Minuten braten.
4. Das Fleisch herausnehmen und warm stellen. Das Fett abgießen und den Bratansatz mit dem Wein oder der Brühe loskochen.
5. Die Crème fraîche hineinrühren und alles rasch zu einer sämigen Sauce einkochen lassen. Den Estragon dazugeben und die Sauce würzen.
6. Das Fleisch unter die Sauce mischen und den Reis dazu servieren.

ca. 350 kcal • 27 g E • 12 g F • 32 g KH • 2 g Bst. • 2½ BE

Birnenspalten in Ingwercreme

Zubereitungszeit:
ca. ¼ Std.

Für 2 Personen

20 g getrocknete Feige (1 Stück)
40 g Sahne
frisch geriebener Ingwer
130 g reife Birne mit Schale
einige Tropfen Zitronensaft
einige Brombeeren

1. Die Feigen würfeln, in einem Eßlöffel Wasser etwa 10 Minuten einweichen und anschließend mit einer Gabel zu Mus zerdrücken.
2. Inzwischen die Sahne leicht cremig schlagen, mit dem Feigenmus mischen und mit Ingwer abschmekken. Die Sauce auf zwei Teller verteilen.
3. Die Birne halbieren und die Birnenhälften in Spalten schneiden. Diese sofort mit Zitronensaft beträufeln, damit sich das Fruchtfleisch nicht verfärbt.
4. Die Birnenspalten auf der Creme anrichten und die Brombeeren darüberstreuen.

ca. 145 kcal • 2 g E • 7 g F • 19 g KH • 7 g Bst. • 1 BE

Aprikosenmakronen

Zubereitungszeit:
ca. ¾ Std.

Für 12 Stück

40 g getrocknete Aprikosen (2 Stück)
1 EL Nußmus
40 g Weizenvollkornflocken (möglichst frisch hergestellt)
frisch geriebener Ingwer
etwas abgeriebene Schale von einer unbehandelten Zitrone
1 Eiweiß

1. Die Aprikosen fein hakken und mit dem Nußmus verrühren.
2. Die Weizenflocken in einer heißen Pfanne ohne Fettzugabe leicht bräunen.
3. Ingwer, Zitronenschale und die Weizenflocken mit einem Eßlöffel Wasser unter das Aprikosen-Nuß-Mus rühren und alles etwa 10 Minuten quellen lassen.
4. Das Eiweiß zu sehr steifem Schnee schlagen. Sofort locker unter die Früchtemischung heben. Den Backofen auf 180° C vorheizen.
5. Mit einem Teelöffel den Teig in 12 Häufchen auf ein mit Backtrennpapier ausgelegtes Blech setzen. Den Teelöffel anfeuchten, die Teighäufchen leicht glattstreichen und in 10 bis 15 Minuten goldgelb backen.

1 Rezept (12 Makronen) enthält ca. 290 kcal • 10 g E • 4 g F • 52 g KH • 6 g Bst. • 4 BE
3 Makronen = 1 BE

Grünkern-Gemüse-Salat

Zubereitungszeit:
ca. ¾ Std.

Für 2 Personen

Für den Salat:

70 g Grünkern
160 ml Gemüsebrühe
(siehe Rezept Seite 160)
wenig Meersalz
frisch gemahlener Pfeffer
150 g Fenchel
50 g Apfel mit Schale

Für die Marinade:

1 EL Obstessig
20 g kaltgepreßtes Sonnenblumenöl (2 EL)
25 g Möhre
25 g Knollensellerie
50 g rote Zwiebel

Außerdem:

50 g Radicchio
60 g Vollkornfladenbrot
(siehe Rezept Seite 144)
oder Vollkornbrot
(ca. 1½ Scheiben)

1. Den Grünkern zuerst mit kaltem und dann mit warmem Wasser abspülen. Den Grünkern mit der Gemüsebrühe in einen Topf geben, aufkochen und bei geringer Hitzezufuhr zugedeckt etwa 20 Minuten köcheln lassen.
2. Das Getreide anschließend auf der ausgeschalteten Herdplatte weitere 10 Minuten quellen lassen, mit Salz und Pfeffer würzen und abkühlen lassen.
3. Inzwischen für die Marinade wenig Salz in dem Essig auflösen. Das Öl darunterschlagen und die Marinade mit Pfeffer würzen.
4. Die Möhre, den Sellerie und die Zwiebel fein würfeln und kurz in der Marinade ziehen lassen.
5. Vom Fenchel das Grün abschneiden, waschen und beiseite legen. Die Fenchelknolle und den Apfel in feine Streifen schneiden. Beides sofort mit der Marinade mischen.
6. Den Grünkern mit einer Gabel auflockern und ebenfalls unter den Salat heben.
7. Den Radicchio waschen und trockenschleudern. Den Salat nochmals nachwürzen und auf den Radicchioblättern anrichten.
8. Das Fenchelgrün hacken und darüberstreuen. Das Brot zum Salat essen.

ca. 290 kcal • 9 g E • 6 g F • 47 g KH • 6 g Bst. • 3½ BE

Feigenmilch mit Weizenflocken

Zubereitungszeit:
ca. 5 Min.

Für 2 Personen

10 g getrocknete Feigen
(½ Stück)
¼ l Vorzugsmilch
10 g Weizenflocken (1 EL)

1. Die Feige in Stücke schneiden und zusammen mit der Milch pürieren.
2. Die Flocken dazugeben und etwa 2 Minuten quellen lassen.

ca. 115 kcal • 5 g E • 5 g F • 12 g KH • 2 g Bst. • ½ BE

4. Beispiel

Für 2 Personen

Frühstück
Weizenschrotmüsli mit Nektarinen

1. Zwischenmahlzeit
Roggenvollkornbrot mit Selleriequark

Mittagessen
Tomatensalat mit Weizenkeimlingen
Vollkornpizza mit Austernpilzen
320 g Wassermelone

ca. 40 kcal • 2 g E • 0 g F • 8 g KH • 1 g Bst. • 1 BE

2. Zwischenmahlzeit
Vollkornfladenbrot mit Radieschensprossen

Abendessen
Rettichfrischkost auf Feldsalat
Kartoffel-Lauch-Gratin

Spätmahlzeit
10 Käsecräcker mit Kümmel

Dieser Tagesplan liefert pro Person ca. 1605 kcal • 58 g E • 54 g F • 212 g KH • 43 g Bst. • 15 BE

Weizenschrotmüsli mit Nektarinen

Quellzeit:
ca. 10 Std.
Zubereitungszeit:
ca. ¼ Std.

Für 2 Personen

60 g grobes Weizenschrot
60 ml Wasser
200 g Nektarine ohne Stein
30 g Sahne
etwas Zitronensaft
20 g Rosinen (1 EL)
10 g Kürbiskerne (1 EL)

1. Das Weizenschrot mit dem Wasser verrühren und über Nacht quellen lassen.
2. Am Morgen eine Hälfte der Nektarine pürieren. Die andere Hälfte fein würfeln.
3. Das Weizenschrot, die Sahne und den Zitronensaft mit dem Fruchtpüree mischen. Die Nektarinenwürfel mit den Rosinen und den Kürbiskernen darüberstreuen.

ca. 245 kcal • 6 g E • 7 g F • 38 g KH • 6 g Bst. • 3 BE

Roggenvollkornbrot mit Selleriequark

Zubereitungszeit:
ca. ¼ Std.

Für 2 Personen

30 g Knollensellerie
etwas Zitronensaft
60 g Magerquark
wenig Selleriesalz
frisch gemahlener Pfeffer
140 g Roggenvollkornbrot (ca. 3 Scheiben)
etwas Selleriegrün

1. Den Sellerie fein reiben, sofort mit etwas Zitronensaft beträufeln und mit dem Quark mischen.
2. Den Aufstrich mit Selleriesalz und Pfeffer würzen und auf die Brote streichen.
3. Das Selleriegrün waschen, trockentupfen, fein hacken und die Brote damit bestreuen.

ca. 175 kcal • 9 g E • 1 g F • 31 g KH • 5 g Bst. • 2 BE

Tomatensalat mit Weizenkeimlingen

Keimzeit:
2–3 Tage
Zubereitungszeit:
ca. ¼ Std.

Für 2 Personen

Für die Marinade:
wenig Meersalz
1 EL Obstessig
20 g kaltgepreßtes Sonnenblumenöl (2 EL)
frisch gemahlener Pfeffer
90 g Weizenkeimlinge (ca. 40 g Trockengewicht; siehe auch Seite 162)
40 g Zwiebel
½ Knoblauchzehe
6 schwarze Oliven

Für den Salat:
50 g Friséesalat
200 g Tomaten
½ Bund Basilikum

1. Meersalz in dem Essig auflösen. Das Öl darunterschlagen und die Marinade mit Pfeffer würzen.
2. Die Keimlinge gründlich waschen und abtropfen lassen. Die Zwiebel, den Knoblauch und die Oliven fein würfeln und zusammen mit den Keimlingen unter die Marinade ziehen.
3. Den Friséesalat waschen, trockenschleudern und auf zwei Teller verteilen.
4. Die Tomaten von Stielansätzen befreien und das Fruchtfleisch in Scheiben schneiden. Die Tomatenscheiben auf dem Salat anrichten und die Marinade darübergeben. Den Salat mit Basilikum garnieren.

ca. 165 kcal • 3 g E • 12 g F • 10 g KH • 5 g Bst. • ½ BE

Vollkornpizza mit Austernpilzen

Zubereitungszeit:
ca. 1¼ Std.

Für 2 Personen

Für den Teig:
10 g frische Hefe (¼ Würfel)
50 ml lauwarmes Wasser
100 g feines Weizenvollkornmehl
wenig Meersalz
10 g Olivenöl (1 EL)

Für den Belag:
100 g Austernpilze
300 g Tomaten
½ Bund Basilikum
50 g Muschelfleisch
frisch gemahlener Pfeffer
50 g Mozzarellakäse

1. Die Hefe in dem Wasser auflösen. Das möglichst noch mühlenwarme Mehl und Salz dazugeben. Alles rasch zu einem geschmeidigen Teig verkneten.
2. Dann das Öl hineinkneten und den Teig an einem warmen Ort zugedeckt etwa ½ Stunde aufgehen lassen, bis sich sein Volumen verdoppelt hat.
3. In der Zwischenzeit die Austernpilze vorsichtig mit einem feuchten Tuch abreiben und eventuell zerteilen.
4. Die Tomaten waschen, von Stielansätzen befreien und das Fruchtfleisch in Scheiben schneiden. Das Basilikum waschen, trockentupfen und fein hacken.
5. Den Pizzateig nochmals gut durchkneten, halbieren und die Teighälften jeweils etwa ½ Zentimeter dick rund ausrollen.
6. Die Pizzas auf ein mit Backtrennpapier ausgelegtes Blech legen. Die Teigplatten mit den Tomatenscheiben belegen und die Pilze und die Muscheln gleichmäßig darauf verteilen. Die Pizzas salzen und pfeffern und mit dem Basilikum bestreuen.
7. Den Backofen auf 225° C vorheizen. Den Mozzarellakäse in dünne Scheiben schneiden und auf die Pizzas legen. Diese an einem warmen Ort nochmals etwa 15 Minuten gehen lassen und anschließend etwa 20 Minuten backen.

ca. 340 kcal • 18 g E • 11 g F • 38 g KH • 11 g Bst. • 2½ BE

Vollkornfladenbrot mit Radieschensprossen

Zubereitungszeit:
ca. 5 Min.

Für 2 Personen

120 g Vollkornfladenbrot (ca. 2 Stück)
30 g saure Sahne (2 EL)
10 g Radieschensprossen (2 EL) (ca. 2 TL Samen, eventuell vom Vortag; siehe auch Seite 162)

1. Die Brote mit der sauren Sahne bestreichen.
2. Die Radieschensprossen waschen, abtropfen lassen und die Brote dann damit bestreuen.

ca. 145 kcal • 5 g E • 2 g F • 25 g KH • 3 g Bst. • 2 BE

Rettichfrischkost auf Feldsalat

Zubereitungszeit:
ca. ¼ Std.

Für 2 Personen

Für die Marinade:
- wenig Kräutersalz
- 1 EL Obstessig
- 20 g kaltgepreßtes Sonnenblumenöl (2 EL)
- frisch gemahlener Pfeffer

Für die Frischkost:
- 50 g Zwiebel
- 250 g Rettich
- 50 g Feldsalat
- ½ Bund Schnittlauch, in Röllchen

1. Kräutersalz in dem Essig auflösen. Das Öl darunterschlagen und die Marinade mit Pfeffer würzen.
2. Die Zwiebel fein würfeln. Den Rettich grob raspeln und zusammen mit der Zwiebel unter die Marinade heben.
3. Den Feldsalat gründlich waschen, trockenschleudern und auf zwei Teller verteilen.
4. Die Frischkost nochmals abschmecken, auf dem Feldsalat anrichten und mit den Schnittlauchröllchen bestreuen.

ca. 130 kcal • 2 g E • 10 g F • 7 g KH • 3 g Bst. • 0 BE

Kartoffel-Lauch-Gratin

Zubereitungszeit:
ca. 1¼ Std.

Für 2 Personen

- 3 g Butter für die Form (½ TL)
- 400 g Kartoffeln ohne Schale
- 200 g Lauch
- wenig Meersalz
- frisch gemahlener Pfeffer
- frisch geriebene Muskatnuß
- ¼ l Vorzugsmilch
- 1 EL gehackte Petersilie

1. Eine Gratinform mit der Butter ausfetten. Die Kartoffeln in dünne Scheiben, den Lauch in etwas dickere Ringe schneiden.
2. Die Kartoffelscheiben und die Lauchringe lagenweise in die Form schichten (die Kartoffeln dachziegelartig legen).
3. Den Backofen auf 200° C vorheizen. Jede Schicht mit Salz, Pfeffer und Muskatnuß würzen. Die Milch aufkochen lassen und heiß über die Zutaten gießen.
4. Den Gratin dann etwa 40 Minuten backen. Zuletzt mit Petersilie bestreuen.

ca. 275 kcal • 10 g E • 7 g F • 42 g KH • 5 g Bst. • 3 BE

Käsecracker mit Kümmel

Zubereitungszeit:
ca. 1 Std.

Für ca. 40 Stück

- 20 g Butter (2 EL)
- 60 g saure Sahne
- 120 g feines Dinkelvollkornmehl
- 40 g feines Hafervollkornmehl
- 20 g geriebener Parmesan (4 EL)
- Kümmel
- wenig Kräutersalz
- frisch gemahlener Pfeffer

1. Die Butter cremig rühren und nach und nach die saure Sahne und zwei Eßlöffel Wasser darunterrühren.
2. Die Mehle mit dem Käse und den Gewürzen mischen und unter die Butter-Sahne-Mischung rühren. Den Teig etwa 20 Minuten abgedeckt kalt stellen.
3. Den Backofen auf 180° C vorheizen. Den Teig zwischen zwei Lagen Frischhaltefolie dünn ausrollen. Mit einem runden Ausstecher (3 cm Ø) etwa 40 Plätzchen ausstechen.
4. Die Plätzchen auf ein mit Backtrennpapier ausgelegtes Blech legen und etwa 15 Minuten backen.

1 Rezept (ca. 40 Cracker) enthält ca. 745 kcal • 24 g E • 28 g F • 96 g KH • 16 g Bst. • 8 BE
5 Cracker = 1 BE

5. Beispiel

Für 2 Personen

Frühstück
Gerstenmüsli mit Aprikosen

1. Zwischenmahlzeit
Birne auf Vollkorntoast

Mittagessen
Gurken-Rettich-Frischkost
Vollkorngnocchi mit Zucchinisauce
300 g Pfirsich mit Stein

---

ca. 60 kcal • 1 g E • 0 g F • 14 g KH • 3 g Bst. • 1 BE

---

2. Zwischenmahlzeit
Fruchtiger Frischkäse auf Vollkornzwieback

Abendessen
Mexikanische Bohnensuppe
Vollkornfladenbrot

Spätmahlzeit
Vollkornsesambrötchen mit Quark

Dieser Tagesplan liefert pro Person ca. 1620 kcal • 55 g E • 55 g F • 223 g KH • 35 g Bst. • 15 BE

Gerstenmüsli mit Aprikosen

Zubereitungszeit: ca. ¼ Std.

Für 2 Personen

60 g Gerstenflocken (möglichst frisch hergestellt)
250 g Kefir 1,5 % Fett
260 g Aprikosen mit Stein
10 g Sonnenblumenkerne (1 EL)

1. Die Gerstenflocken mit dem Kefir verrühren.
2. Die Aprikosen waschen, entsteinen, vierteln und auf das Müsli geben.
3. Die Sonnenblumenkerne in einer heißen Pfanne ohne Fettzugabe leicht rösten und zuletzt über das Müsli streuen.

ca. 270 kcal • 10 g E • 7 g F • 44 g KH • 6 g Bst. • 3 BE

Birne auf Vollkorntoast

Zubereitungszeit: ca. ¼ Std.

Für 2 Personen

75 g Vollkorntoast (ca. 3 Scheiben)
40 g Frischkäse
120 g reife Birne mit Schale

1. Die Vollkorntoasts toasten und mit dem Frischkäse bestreichen.
2. Die Birne halbieren und das Fruchtfleisch in dünne Scheiben schneiden. Die Toasts damit belegen.

ca. 205 kcal • 6 g E • 8 g F • 26 g KH • 3 g Bst. • 2 BE

Gurken-Rettich-Frischkost

Zubereitungszeit: ca. ¼ Std.

Für 2 Personen

Für die Sauce:
wenig Kräutersalz
1 TL Senf
2 EL Obstessig
60 g saure Sahne
frisch gemahlener Pfeffer
25 g rote Zwiebel

Für die Frischkost:
200 g Salatgurke ohne Schale
100 g Rettich
50 g roter Chicorée
1 EL gehackter Dill

1. Kräutersalz, den Senf und den Essig verrühren. Die saure Sahne dazugeben und die Sauce mit Pfeffer kräftig würzen.
2. Die Zwiebel sehr fein würfeln und in die Sauce rühren.
3. Die Gurke und den Rettich in feine Scheiben schneiden und sofort mit der Sauce mischen.
4. Den Chicorée waschen, trockenschleudern und auf zwei Teller verteilen. Die Frischkost nun nochmals abschmecken, auf dem Chicorée anrichten und mit dem Dill bestreuen.

ca. 55 kcal • 2 g E • 2 g F • 6 g KH • 3 g Bst. • 0 BE

Vollkorngnocchi mit Zucchinosauce

Zubereitungszeit:
ca. 1 Std.

Für 2 Personen

Für die Gnocchi (6 Stück à 50 g):
- 320 g Kartoffeln mit Schale
- Kümmel
- wenig Meersalz
- frisch gemahlener Pfeffer
- frisch geriebene Muskatnuß
- 60 ml Wasser
- 10 g Butter (1 EL)
- 40 g feines Weizenvollkornmehl
- 1 Eigelb

Für das Fenchelgemüse:
- 200 g Fenchel
- 25 g rote Zwiebel
- 5 g Butter (1 TL)
- 50 ml Gemüsebrühe (siehe Rezept Seite 160)

Für die Sauce:
- 100 g Zucchino mit Schale
- 30 g Gorgonzolakäse
- 20 g Sahne (1½ EL)
- Oregano

1. Die Kartoffeln mit Kümmel als Pellkartoffeln kochen, anschließend schälen und noch heiß durch die Kartoffelpresse drücken. Mit Salz, Pfeffer und Muskatnuß würzen.
2. Inzwischen das Wasser mit der Butter in einem Topf zum Kochen bringen. Das mit wenig Salz vermischte Mehl hineingeben und das Ganze zu einem Kloß rühren. So lange erhitzen, bis sich am Topfboden ein dünner Belag bildet.
3. Den Brandteig und den Kartoffelteig mischen. Das Eigelb darunterrühren und den Teig erkalten lassen.
4. Inzwischen vom Fenchel das Grün abschneiden und beiseite legen. Die Knolle halbieren, waschen und in feine Streifen schneiden.
5. Die Zwiebel fein würfeln und in der mäßig heißen Butter glasig dünsten. Die Fenchelstreifen dazugeben, etwas Gemüsebrühe angießen und alles etwa 10 Minuten dünsten.
6. Den Zucchino in feine Scheiben schneiden. Mit etwas Gemüsebrühe vom Fenchel bißfest dünsten. Die Sahne und den Käse dazugeben, das Ganze aufkochen lassen und anschließend pürieren. Die Sauce mit Salz, Pfeffer und Oregano abschmecken und warm stellen.
7. Inzwischen reichlich leicht gesalzenes Wasser zum Kochen bringen. Aus dem Kartoffelteig sechs walnußgroße Klößchen formen und diese etwa 5 Minuten im siedenden Wasser ziehen, nicht kochen lassen.
8. Das Fenchelgemüse mit Salz und Pfeffer würzen und auf zwei Teller verteilen. Die Gnocchi aus dem Wasser heben, abtropfen lassen und auf dem Fenchel anrichten. Mit der Zucchinosauce überziehen. Das Fenchelgrün hacken und zuletzt darüberstreuen.

ca. 435 kcal • 12 g E • 24 g F • 42 g KH • 8 g Bst. • 3 BE

Fruchtiger Frischkäse auf Vollkornzwieback

Zubereitungszeit:
ca. 5 Min.

Für 2 Personen

- 20 g frische Datteln (2 Stück)
- etwas abgeriebene Schale von einer unbehandelten Zitrone
- 50 g körniger Frischkäse
- 45 g eifreier Vollkornzwieback (4 Scheiben)

Die Datteln fein würfeln und mit der Zitronenschale und dem Frischkäse verrühren. Den Zwieback damit bestreichen.

ca. 140 kcal • 6 g E • 2 g F • 25 g KH • 1 g Bst. • 2 BE

Mexikanische Bohnensuppe

Quellzeit:
ca. 10 Std.
Zubereitungszeit:
ca. 1¼ Std.

Für 2 Personen

- 700 ml Gemüsebrühe (siehe Rezept Seite 160)
- 50 g rote Bohnenkerne
- 50 g rote Zwiebel
- ½ Knoblauchzehe
- 1 kleine Peperoni
- 10 g Olivenöl (1 EL)
- 100 g rote Paprikaschote
- 160 g Kartoffeln ohne Schale
- wenig Meersalz
- frisch gemahlener Pfeffer
- gemahlener Cayennepfeffer
- 60 g Vollkornfladenbrot (siehe Rezept Seite 144) oder Vollkornbrot (1 dicke Scheibe)

1. 200 Milliliter Gemüsebrühe erhitzen und die gewaschenen Bohnenkerne darin etwa 8 Stunden quellen lassen.
2. Am nächsten Tag die Zwiebel fein würfeln und den Knoblauch zerdrücken. Die Peperoni fein hacken.
3. Das Öl in einem Topf erhitzen und die Zwiebel-Knoblauch-Mischung darin glasig dünsten. Die Bohnen und die Peperoni dazugeben. Den restlichen ½ Liter Gemüsebrühe angießen und das Ganze zugedeckt etwa 1 Stunde kochen lassen.
4. Inzwischen die Paprikaschote in kleine Würfel schneiden. Die Kartoffeln ebenfalls fein würfeln und beides etwa 15 Minuten vor Ende der Garzeit in die Suppe geben und mitkochen.
5. Die Suppe mit Salz, Pfeffer und Cayennepfeffer kräftig würzen und das Brot dazu essen.

ca. 340 kcal • 14 g E • 7 g F • 55 g KH • 10 g Bst. • 3 BE

Vollkornsesambrötchen mit Frischkäse

Keimzeit:
2–3 Tage
Zubereitungszeit:
ca. 5 Min.

Für 2 Personen

- 60 g Vollkornsesambrötchen (1 Stück)
- 30 g Doppelrahmfrischkäse 60 % Fett i. Tr.
- wenig Kräutersalz
- 1 EL Senfgrün (ca. 1 TL Samen; siehe auch Seite 162)

1. Das Brötchen halbieren, die Hälften mit dem Frischkäse bestreichen und mit Kräutersalz würzen.
2. Das Senfgrün gut abspülen, abtropfen lassen und die Brötchen damit hübsch garnieren.

ca. 115 kcal • 4 g E • 5 g F • 12 g KH • 2 g Bst. • 1 BE

6. Beispiel

Für 2 Personen

Frühstück
Knusperflockenmüsli mit Walnüssen

1. Zwischenmahlzeit
Vollkornbrot mit Kohlrabifrischkost

Mittagessen
Möhren-Wirsing-Frischkost
Überbackener Chicorée
Apfelspalten in Sanddorn-Joghurt-Sauce

2. Zwischenmahlzeit
Johannisbeer-Zwetschgen-Mus auf Knäckebrot

Abendessen
Fenchel-Krabben-Salat
Vollkornbrot

Spätmahlzeit
Buttermilch-Bananen-Shake

Dieser Tagesplan liefert pro Person ca. 1605 kcal • 57 g E • 50 g F • 227 g KH • 33 g Bst. • 15 BE

Knusperflockenmüsli mit Walnüssen

Zubereitungszeit: ca. ¼ Std.

Für 2 Personen

60 g Hafervollkornflocken
20 g getrocknete Aprikose (1 Stück)
110 g Sauerkirschen mit Steinen
¼ l Vorzugsmilch
1 Msp. Delifruit
10 g Walnüsse

1. Die Haferflocken in einer heißen Pfanne ohne Fettzugabe leicht rösten. Die Aprikose würfeln (eventuell vorher quellen lassen).
2. Die Sauerkirschen entsteinen, mit den Haferflocken mischen und die Milch darübergießen. Mit Delifruit abschmecken.
3. Die Walnüsse hacken und mit den Aprikosenwürfeln auf das Müsli streuen.

ca. 285 kcal • 10 g E • 10 g F • 40 g KH • 1 g Bst. • 3 BE

Vollkornbrot mit Kohlrabifrischkost

Zubereitungszeit: ca. ¼ Std.

Für 2 Personen

120 g Vollkornbrot (ca. 3 Scheiben)
10 g Butter (1 EL)
100 g Kohlrabi
30 g saure Sahne (2 EL)
wenig Kräutersalz
1 EL Schnittlauch in Röllchen

1. Die Brotscheiben mit der Butter bestreichen.
2. Den Kohlrabi grob raspeln, mit der sauren Sahne mischen und die Frischkost mit Kräutersalz abschmecken.
3. Die Frischkost auf die Brote verteilen und die Schnittlauchröllchen darüberstreuen.

ca. 190 kcal • 5 g E • 6 g F • 27 g KH • 4 g Bst. • 2 BE

Möhren-Wirsing-Frischkost

Keimzeit: 2–3 Tage
Zubereitungszeit: ca. ½ Std.

Für 2 Personen

Für die Marinade:

- wenig Meersalz
- 1 EL Obstessig
- 20 g kaltgepreßtes Sonnenblumenöl (2 EL)
- frisch gemahlener Pfeffer

Für die Frischkost:

- 25 g Zwiebel
- 50 g Apfel mit Schale
- 100 g Wirsing
- 100 g Möhre
- 40 g Brunnenkresse (1 Bund; davon etwas für abends zurückbehalten)
- 90 g Weizenkeimlinge (ca. 40 g Trockengewicht; siehe auch Seite 162)
- 1 EL gehackte Petersilie

1. Salz in dem Essig auflösen. Das Öl darunterschlagen und die Marinade mit Pfeffer kräftig würzen.
2. Die Zwiebel und den Apfel fein würfeln. Den Wirsing sehr fein schneiden und alles unter die Marinade heben.
3. Die Möhre grob raspeln und ebenfalls unterheben. Die Frischkost dann etwa 10 Minuten durchziehen lassen.
4. Inzwischen die Brunnenkresse waschen, trockenschleudern und auf zwei Teller verteilen. Die Frischkost nochmals abschmekken und auf der Brunnenkresse anrichten.
5. Die Weizenkeimlinge waschen, abtropfen lassen und auf die Frischkost geben. Die Petersilie darüberstreuen.

ca. 190 kcal • 4 g E • 10 g F • 19 g KH • 4 g Bst. • ¾ BE

Überbackener Chicorée

Zubereitungszeit:
ca. 1 Std.

Für 2 Personen

80 g Hirse
160 ml Gemüsebrühe (siehe Rezept Seite 160)
frisch gemahlener Koriander
frisch geriebener Ingwer
Currypulver
200 g Chicorée mit Strunk
50 g Zwiebel
5 g Olivenöl (1 TL)
wenig Gemüsebrühe
5 g Butter für die Form (1 TL)
wenig Meersalz
frisch gemahlener Pfeffer
60 g saure Sahne
10 g geriebener Emmentaler (2 EL)
100 g Tomate
1 EL gehacktes Basilikum
10 g Pinienkerne (1 EL)

1. Die Hirse zuerst mit kaltem, dann mit warmem Wasser abspülen. Die Hirse mit der Gemüsebrühe in einem Topf aufkochen und bei geringer Hitzezufuhr 10 bis 15 Minuten köcheln lassen.
2. Die Hirse kräftig mit Koriander, Ingwer und Curry würzen und auf der ausgeschalteten Herdplatte weitere 10 Minuten quellen lassen.
3. Inzwischen den Chicorée halbieren, den Strunk herausschneiden und die Blätter waschen.
4. Die Zwiebel fein würfeln und im mäßig heißen Olivenöl glasig dünsten. Den Chicorée hinzufügen, etwas Brühe angießen und das Gemüse bißfest dünsten.
5. Den Backofen auf 200° C vorheizen. Die Hirse in eine gefettete Auflaufform geben. Den Chicorée darauf verteilen und mit Salz und Pfeffer würzen.
6. Die saure Sahne mit dem Käse verrühren und über das Gratin verteilen. Das Gratin etwa 25 Minuten backen.
7. Inzwischen die Tomate waschen, vom Stielansatz befreien und würfeln. Die Tomatenwürfel mit dem Basilikum mischen und zusammen mit den Pinienkernen über das Gratin streuen.
Dieses nochmals etwa 3 Minuten backen.

ca. 335 kcal • 10 g E • 16 g F • 36 g KH • 5 g Bst. • 2 BE

Apfelspalten in Sanddorn-Joghurt-Sauce

Zubereitungszeit:
ca. 10 Min.

Für 2 Personen

10 g getrocknete Aprikose (1 Stück)
125 g Joghurt 1,5 % Fett
2 EL ungesüßter Sanddornsaft
150 g Apfel mit Schale
einige Himbeeren zum Garnieren

1. Die Aprikose würfeln und in wenig Wasser etwa ¼ Stunde quellen lassen. Inzwischen den Joghurt mit dem Sanddornsaft verrühren und auf zwei Teller geben.
2. Den Apfel in Spalten schneiden, auf dem Joghurt verteilen und das Ganze mit den Himbeeren und den Aprikosenwürfelchen garnieren.

ca. 90 kcal • 3 g E • 1 g F • 16 g KH • 1 g Bst. • 1¼ BE

Johannisbeer-Zwetschgen-Mus auf Knäckebrot

Zubereitungszeit:
ca. ¼ Std.

Für 2 Personen

30 g getrocknete Zwetschgen (1½ Stück)
25 ml Apfelsaft
30 g schwarze Johannisbeeren
etwas abgeriebene Schale von einer unbehandelten Zitrone
Zimt
20 g Magerquark (1 EL)
40 g Vollkornknäckebrot (4 Scheiben)

1. Die Zwetschgen etwa 10 Minuten im Apfelsaft quellen lassen und anschließend zusammen mit den Johannisbeeren pürieren. Das Püree mit Zitronensaft und Zimt abschmecken.
2. Den Quark unter das Püree rühren und die Knäkkebrote damit bestreichen.

ca. 135 kcal • 4 g E • ½ g F • 27 g KH • 7 g Bst. • 2 BE

Fenchel-Krabben-Salat

Zubereitungszeit:
ca. ½ Std.

Für 2 Personen

Für die Sauce:
wenig Meersalz
1 EL Zitronensaft
125 g Joghurt 1,5 % Fett
Currypulver
frisch gemahlener Pfeffer

Für den Salat:
200 g Fenchel
180 g Mandarine mit Schale
50 g Krabben
1 EL gehackter Dill
etwas Brunnenkresse vom Mittag
160 g Roggenvollkornbrot (ca. 4 Scheiben)

1. Meersalz in dem Zitronensaft auflösen. Den Joghurt darunterrühren und die Sauce mit Curry und Pfeffer kräftig würzen.
2. Den Fenchel halbieren und waschen. In sehr feine Streifen schneiden und sofort unter die Sauce mischen.
3. Die Mandarine schälen und in einzelne Spalten teilen. Die Krabben abtropfen lassen und zusammen mit den Mandarinen unter den Fenchelsalat mischen.
4. Den Salat nochmals abschmecken. Die Brunnenkresse auf zwei Teller verteilen und den Salat darauf anrichten. Mit Dill bestreuen und das Brot dazu essen.

ca. 280 kcal • 15 g E • 4 g F • 42 g KH • 10 g Bst. • 3 BE

Buttermilch-Bananen-Shake

Zubereitungszeit:
ca. 5 Min.

Für 2 Personen

30 g Banane
125 g Buttermilch
15 g Vollkornzwieback (ca. 1½ Scheiben)

Die Banane mit einer Gabel zerdrücken und zusammen mit der Buttermilch pürieren. Den Zwieback dazu essen.

ca. 95 kcal • 4 g E • 1 g F • 18 g KH • 1 g Bst. • 1 BE

7. Beispiel

Für 2 Personen

Frühstück
Vollkornbrot mit Aprikosen-Nuß-Mus

1. Zwischenmahlzeit
Orangensalat mit knusprigen Weizenflocken

Mittagessen
Champignon-Sellerie-Frischkost
Lammsteaks mit Tomatencoulis und Bohnen
Heidelbeer-Melonen-Cocktail

2. Zwischenmahlzeit
8 Aprikosen-Kokos-Kekse

Abendessen
Reissalat mit Topinambur

Spätmahlzeit
Weizenvollkorntoast mit Kerbel-Creme-fraîche

Dieser Tagesplan liefert pro Person ca. 1610 kcal • 59 g E • 54 g F • 219 g KH • 28 g Bst. • 15 BE

Vollkornbrot mit Aprikosen-Nuß-Mus

Zubereitungszeit: ca. 10 Min.

Für 2 Personen

20 g getrocknete Aprikose (2 Stück)
10 g Haselnüsse (1 EL)
etwas abgeriebene Schale von einer unbehandelten Orange
150 g Weizenschrotbrot (ca. 3 Scheiben)

1. Die Aprikosen (eventuell vorher quellen lassen) hacken und zusammen mit einem Eßlöffel Wasser mit einer Gabel zu Mus zerdrücken.
2. Die Haselnüsse unter das Aprikosenmus ziehen und das Mus mit Orangenschale abschmecken. Das Mus auf die Brote streichen.

ca. 255 kcal • 7 g E • 7 g F • 38 g KH • 5 g Bst. • 3 BE

Orangensalat mit knusprigen Weizenflocken

Zubereitungszeit: ca. ¼ Std.

Für 2 Personen

40 g Weizenvollkornflocken
360 g Orange mit Schale
1 EL ungesüßter Sanddornsaft

1. Die Weizenflocken in einer heißen Pfanne ohne Fettzugabe leicht bräunen.
2. Inzwischen die Orange schälen, auch die weiße Haut abschneiden. Die Frucht halbieren und quer in Scheiben schneiden.
3. Den dabei austretenden Saft mit dem Sanddornsaft mischen und über die Orange geben. Die Weizenflocken darüberstreuen.

ca. 140 kcal • 4 g E • 2 g F • 28 g KH • 1 g Bst. • 2 BE

Champignon-Sellerie-Frischkost

Zubereitungszeit:
ca. ½ Std.

Für 2 Personen

Für die Marinade:
- wenig Kräutersalz
- 1 EL Zitronensaft
- 20 g kaltgepreßtes Sonnenblumenöl (2 EL)
- frisch gemahlener Pfeffer
- 50 g Zwiebel

Für die Frischkost:
- 100 g Staudensellerie
- 100 g Champignons
- 50 g Radicchio
- 1 EL gehackte Petersilie
- 10 g geriebener Parmesan (1 EL)
- etwas abgeriebene Schale von einer unbehandelten Zitrone

1. Kräutersalz in dem Zitronensaft auflösen. Das Öl darunterschlagen und die Marinade mit Pfeffer kräftig würzen.
2. Die Zwiebel sehr fein würfeln und unter die Marinade rühren.
3. Den Sellerie in sehr feine Streifen schneiden. Die Champignons mit einem mit Zitronensaft befeuchteten Tuch abreiben. Die Pilze in feine Scheiben schneiden und sofort zusammen mit dem Sellerie unter die Marinade mischen.
4. Den Radicchio waschen, trockenschleudern und auf zwei Teller verteilen.
5. Die Frischkost nochmals abschmecken und auf dem Salat anrichten. Den Parmesan mit der Zitronenschale und der Petersilie mischen und die Frischkost damit bestreuen.

ca. 130 kcal • 2 g E • 10 g F • 6 g KH • 4 g Bst. • 0 BE

Lammsteaks mit Tomatencoulis und Bohnen

Quellzeit:
ca. 8 Std.
Zubereitungszeit:
ca. 1¼ Std.

Für 2 Personen

600 ml Gemüsebrühe (siehe Rezept Seite 160)
50 g getrocknete rote Bohnen
50 g Zwiebel
1 Knoblauchzehe
200 g Tomaten
320 g Kartoffeln ohne Schale
1 Zwiebel, gespickt mit 1 kleinen Lorbeerblatt, 1 Nelke und 1 Thymianzweig
etwas Obstessig
wenig Meersalz
frisch gemahlener Pfeffer
5 g Butter (1 TL)
1 EL gehacktes Basilikum
200 g Lammsteaks (2 Stück)
5 g Kokosfett (1 TL)
gemahlener Rosmarin

1. 200 Milliliter Gemüsebrühe erhitzen und die gewaschenen Bohnenkerne darin etwa 8 Stunden quellen lassen.
2. Am nächsten Tag die restliche Gemüsebrühe zu den Bohnen geben, aufkochen und bei geringer Hitzezufuhr etwa 1 Stunde köcheln lassen.
3. Die Zwiebel fein würfeln, den Knoblauch zerdrücken. Die Tomaten halbieren, die Kerne herauskratzen und das Fruchtfleisch würfeln.
4. Die Kartoffeln vierteln und nach etwa 40 Minuten Garzeit zusammen mit der gespickten Zwiebel zu den Bohnen geben. Eventuell noch etwas Gemüsebrühe hinzufügen und das Ganze fertig garen.
5. Das Bohnen-Kartoffel-Gemüse zuletzt mit etwas Essig, Salz und Pfeffer abschmecken.
6. Die Lammsteaks waschen, trockentupfen und mit Pfeffer und Rosmarin würzen. Die Steaks im heißen Kokosfett von beiden Seiten etwa 3 Minuten braten und dann salzen.
7. Die Zwiebelwürfel und den Knoblauch in der mäßig heißen Butter glasig dünsten. Die Tomatenwürfel dazugeben und kurz erhitzen. Das Basilikum darunterziehen und das Ganze mit Salz und Pfeffer abschmecken.
8. Das Tomatencoulis über die Steaks geben. Nun die gespickte Zwiebel aus dem Bohnengemüse entfernen und das Gemüse zu den Steaks essen.

ca. 355 kcal • 30 g E • 5 g F • 45 g KH • 11 g Bst. • 3 BE

Eine Zwiebel spicken

Zu 1.: *Getrocknete Bohnenkerne sollten etwa 8 Stunden beziehungsweise über Nacht quellen*

Zu 6.: *Die Steaks von beiden Seiten etwa 3 Minuten braten*

Heidelbeer-Melonen-Cocktail

Zubereitungszeit:
ca. 5 Min.

Für 2 Personen

100 g Honigmelone
1 EL ungesüßter Sanddornsaft
1 Msp. Delifruit
60 g Heidelbeeren

1. Die Honigmelone in feine Würfel schneiden und mit dem Sanddornsaft und dem Delifruit mischen. Die Melonenwürfel auf zwei Teller verteilen.
2. Die Heidelbeeren waschen, abtropfen lassen und über die Melonenwürfel streuen.

ca. 30 kcal • ½ g E • ½ g F • 6 g KH • 1 g Bst. • 1 BE

Tip
Delifruit ist eine fertige Gewürzmischung aus Zimt, Anis, Koriander, Kardamom, Bourbon-Vanille und Nelken (siehe auch Seite 45).

Aprikosen-Kokos-Kekse

Zubereitungszeit:
ca. 1¼ Std.
Kühlzeit:
ca. ½ Std.

Für ca. 48 Stück

180 g getrocknete Aprikosen
100 g Butter
etwas Zitronensaft
Mark von ½ Vanilleschote
wenig Meersalz
300 g feines Weizenvollkornmehl
100 g frische Kokosraspel
1 Eigelb

1. Die Aprikosen etwa ¼ Stunde in wenig Wasser quellen lassen und anschließend pürieren.
2. Die Butter schaumig rühren und das Aprikosenpüree, etwas Zitronensaft, das Vanillemark und 1 Prise Salz hinzufügen.
3. Das Mehl mit den Kokosraspeln mischen und nach und nach unter die Buttermischung kneten. Der Teig sollte nicht kleben und formbar sein.
4. Den Teig zu einer Rolle (3 cm ∅) formen, die Rolle in Butterbrotpapier einschlagen und etwa ½ Stunde kalt stellen.
5. Den Backofen auf 180° C vorheizen. Ein Blech mit Backtrennpapier auslegen. Von der Teigrolle 48 etwa 1 Zentimeter dicke Scheiben abschneiden und diese auf das Blech legen.
6. Das Eigelb mit etwas Wasser verquirlen, die Teigscheiben damit bestreichen und die Kekse nun 15 bis 20 Minuten backen.

1 Rezept (ca. 48 Kekse) enthält ca. 2660 kcal • 54 g E • 126 g F • 312 g KH • 12 g Bst. • 24 BE
2 Kekse = 1 BE

Reissalat mit Topinambur

Zubereitungszeit:
ca. 1¼ Std.

Für 2 Personen

Für den Salat:
- 50 g Zwiebel
- 1 Knoblauchzehe
- 90 g Naturreis
- 5 g Olivenöl (1 TL)
- 200 ml heiße Gemüsebrühe (siehe Rezept Seite 160)
- 100 g Topinambur (kartoffelähnliche Wurzelknolle)
- 50 g Zucchino mit Schale
- 50 g Chicorée

Für die Marinade:
- wenig Kräutersalz
- 1 EL Obstessig
- 20 g kaltgepreßtes Sonnenblumenöl (2 EL)
- frisch gemahlener Pfeffer

Für die Sauce:
- 30 g saure Sahne (2 EL)
- etwas Zitronensaft
- 1 EL gehackter Kerbel

1. Die Zwiebel fein würfeln und den Knoblauch zerdrücken. Den Reis zuerst mit kaltem und dann mit warmem Wasser abspülen.
2. Das Olivenöl in einem Topf erhitzen und die Zwiebel, den Knoblauch und den Reis darin anschwitzen.
3. Die Gemüsebrühe angießen, das Ganze aufkochen und zugedeckt bei geringer Hitzezufuhr 30 bis 40 Minuten köcheln lassen. Anschließend auf der ausgeschalteten Herdplatte weitere 10 Minuten quellen und dann abkühlen lassen.
4. Inzwischen für die Marinade Kräutersalz in dem Essig auflösen, das Öl darunterschlagen und die Marinade mit Pfeffer würzen.
5. Den Topinambur und den Zucchino grob raspeln oder fein würfeln und unter die Marinade mischen.
6. Den Chicorée waschen, abtropfen lassen und die Blätter auf zwei Teller legen.
7. Den abgekühlten Reis mit einer Gabel auflockern und vorsichtig mit den Salatzutaten mischen. Den Salat etwa ¼ Stunde durchziehen lassen. Anschließend nochmals abschmecken und auf dem Chicorée anrichten.
8. Die saure Sahne mit etwas Zitronensaft verrühren und mit Salz und Pfeffer würzen. Die Sauce über den Salat ziehen und den Kerbel darüberstreuen.

ca. 390 kcal • 7 g E • 15 g F • 54 g KH • 2 g Bst. • 3 BE

Weizenvollkorntoast mit Kerbel-Crème-fraîche

Zubereitung:
ca. 10 Min.

Für 2 Personen

- 50 g Weizenvollkorntoast (ca. 2 Scheiben)
- 10 g Crème fraîche (1 EL)
- etwas Zitronensaft
- 1 TL gehackter Kerbel
- wenig Meersalz
- frisch gemahlener Pfeffer
- 50 g Salatgurke ohne Schale

1. Die Toastscheiben toasten. Die Crème fraîche mit etwas Zitronensaft und dem Kerbel verrühren und mit Salz und Pfeffer abschmecken.
2. Die Creme auf die Vollkorntoasts streichen. Die Gurke in dünne Scheiben schneiden und die Toasts damit belegen.

ca. 90 kcal • 3 g E • 3 g F • 14 g KH • 1 g Bst. • 1 BE

7 TAGESPLÄNE

für 2000 Kilokalorien (19 BE)

1. Beispiel

Für 2 Personen

Frühstück
Hafer-Orangen-Müsli

1. Zwischenmahlzeit
Vollkornbrot mit Kichererbsencreme

Mittagessen
Radieschen-Brokkoli-Frischkost
Schellfisch auf Paprika-Zucchino-Gemüse
Obstsalat mit Mandelblättchen

2. Zwischenmahlzeit
Vollkornbaguette mit Frischkäse und Kiwi

Abendessen
Tomatenfrischkost auf Eichblattsalat
Grüne Nudeln mit Basilikumsauce

Spätmahlzeit
Vollkornbrot mit Frischkäse und Weizenkeimlingen

Dieser Tagesplan liefert pro Person ca. 2010 kcal • 80 g E • 65 g F • 265 g KH • 35 g Bst. • 19 BE

Hafer-Orangen-Müsli

Zubereitungszeit:
ca. ¼ Std.

Für 2 Personen

250 g Joghurt 3,5 % Fett
1 EL ungesüßter Sanddornsaft
80 g Hafervollkornflocken (möglichst frisch hergestellt)
20 g Paranüsse (5 Stück)
100 g Apfel mit Schale
360 g Orange mit Schale

1. Den Joghurt mit dem Sanddornsaft verrühren und die Haferflocken daruntermischen.
2. Die Paranüsse grob hakken, in einer heißen Pfanne ohne Fettzusatz leicht rösten und anschließend abkühlen lassen.
3. Inzwischen den Apfel grob raspeln und sofort unter das Müsli ziehen. Die Orange schälen, auch die weiße Haut abschneiden. Die Frucht halbieren und quer in dünne Scheiben schneiden.
4. Die Orangenscheiben auf das Müsli legen und die Nüsse darüberstreuen.

ca. 400 kcal • 10 g E • 15 g F • 55 g KH • 3 g Bst. • 4 BE

Vollkornbrot mit Kichererbsencreme

Quellzeit:
ca. 10 Std.
Zubereitungszeit:
ca. 1¼ Std.

Für 2 Personen

Für die Creme:
100 g Kichererbsen
400 ml Wasser
½ l Gemüsebrühe (siehe Rezept Seite 160)
50 g Zwiebel
2 Knoblauchzehen
20 g Olivenöl (2 EL)
wenig Obstessig
1 Msp. Chilipulver
wenig Meersalz
frisch gemahlener Pfeffer

Außerdem:
120 g Vollkornbrot (3 Scheiben)
100 g Tomate
1 EL Schnittlauch, in Röllchen

1. Die Kichererbsencreme in größerer Menge als für die Zwischenmahlzeit notwendig zubereiten. Sie hält sich gut gekühlt einige Tage. Die Kichererbsen in dem Wasser über Nacht quellen lassen.
2. Am Morgen die Erbsen mit mindestens ½ Liter Gemüsebrühe in einen Topf geben und etwa 1 Stunde weich kochen.
3. Inzwischen die Zwiebel und den Knoblauch fein hacken und beides in dem mäßig heißen Öl glasig dünsten.
4. Die Kichererbsen abgießen, dabei 100 Milliliter Kochflüssigkeit auffangen. Die Erbsen zusammen mit etwa 50 Milliliter Kochsud pürieren und so viel Brühe dazugeben, daß eine Creme entsteht.
5. Die Zwiebel-Knoblauch-Mischung unter die Creme rühren und diese mit Obstessig, Chilipulver, Salz und Pfeffer würzen.
6. 45 Gramm Kichererbsencreme für diese Zwischenmahlzeit abnehmen und den Rest kalt stellen. Die Brotscheiben mit der Creme bestreichen. Die Tomate in Scheiben schneiden, auf die Creme legen und die Brote zuletzt mit Schnittlauchröllchen bestreuen.

ca. 210 kcal • 8 g E • 5 g F • 35 g KH • 5 g Bst. • 2½ BE

Variation
Sie können die Kichererbsencreme mit Gemüsebrühe oder mit etwas Essigwasser von eingelegten Gurken verrühren und als Salatsauce verwenden.

1 Rezept Kichererbsencreme enthält ca. 580 kcal • 23 g E • 26 g F • 63 g KH • 5 g Bst. • 4 BE

Radieschen-Brokkoli-Frischkost

Zubereitungszeit:
ca. 20 Min.

Für 2 Personen

Für die Marinade:
wenig Kräutersalz
1 EL Balsamessig (Aceto balsamico)
1 TL Senf
20 g kaltgepreßtes Sonnenblumenöl (2 EL)
frisch gemahlener Pfeffer
40 g Schalotten

Für die Frischkost:
100 g Radieschen (1 Bund)
100 g Brokkoli
50 g Friséesalat
1 EL gehackte Petersilie

1. Kräutersalz in dem Essig auflösen. Den Senf und das Öl darunterschlagen und die Marinade mit Pfeffer kräftig würzen.
2. Die Schalotten sehr fein würfeln und in die Marinade rühren.
3. Die Radieschen in dünne Scheiben schneiden, den Brokkoli grob raspeln und beides mit der Marinade mischen.
4. Den Friséesalat waschen, trockenschleudern und auf zwei Teller verteilen. Die Frischkost nun nochmals abschmecken, auf dem Salat anrichten und die Petersilie darüberstreuen.

ca. 125 kcal • 3 g E • 10 g F • 6 g KH • 5 g Bst. • 0 BE

Schellfisch auf Paprika-Zucchino-Gemüse

Zubereitungszeit:
ca. 1 Std.

Für 2 Personen

90 g roter Naturreis
10 g Olivenöl (1 EL)
200 ml Gemüsebrühe (siehe Rezept Seite 160)
1 kleine Zwiebel, gespickt mit 1 kleinen Lorbeerblatt und 1 Nelke
wenig Meersalz
40 g Schalotten
1 Knoblauchzehe
100 g rote Paprikaschote
100 g Zucchino mit Schale
240 g Schellfischfilets (2 Stück)
etwas Zitronensaft
frisch gemahlener Pfeffer
½ Bund Basilikum

1. Den Reis zuerst mit kaltem und dann mit warmem Wasser abspülen. Die Hälfte des Öls in einem Topf erwärmen und den Reis darin anschwitzen.
2. Von der Gemüsebrühe 2 Eßlöffel abnehmen und beiseite stellen. Den Rest zum Reis geben. Die gespickte Zwiebel hinzufügen und das Ganze aufkochen und zugedeckt bei geringer Hitzezufuhr 35 bis 40 Minuten köcheln lassen.
3. Kurz bevor der Reis die Brühe vollständig aufgenommen hat, mit Salz würzen. Den Reis auf der ausgeschalteten Herdplatte weitere 10 Minuten quellen lassen.
4. Inzwischen die Schalotten sehr fein würfeln und den Knoblauch mit wenig Salz zu feinem Mus zerdrücken.

5. Die Paprikaschote und den Zucchino in Streifen schneiden. Die Fischfilets waschen, trockentupfen, mit Zitronensaft beträufeln und mit Salz und Pfeffer würzen.
6. Das restliche Olivenöl in einem Topf erwärmen und die Schalottenwürfel darin glasig dünsten. Den Knoblauch und die Paprikastreifen hinzufügen und etwa 3 Minuten mitdünsten.
7. Anschließend die Zucchinistreifen dazugeben, kurz mitdünsten und das Gemüse mit Salz und Pfeffer würzen. Zuletzt das Basilikum hacken und darüberstreuen.
8. Den Fisch auf das Gemüse legen, die zurückbehaltene Gemüsebrühe angießen und das Ganze zugedeckt etwa 10 Minuten dünsten. Der Fisch darf nicht zerfallen!
9. Die gespickte Zwiebel aus dem Reis entfernen und den Reis mit einer Gabel auflockern, eventuell nochmals nachwürzen. Den Reis zum Fisch essen.

ca. 335 kcal • 27 g E • 5 g F • 40 g KH • 3 g Bst. • 3 BE

Obstsalat mit Mandelblättchen

Zubereitungszeit:
ca. ¼ Std.

Für 2 Personen

180 g Mandarinen mit Schale
200 g Grapefruit mit Schale
1 EL ungesüßter Sanddornsaft
10 g Mandelblättchen (1 EL)
frisch geriebener Ingwer

1. Die Mandarinen schälen und in Spalten teilen.
2. Die Grapefruit schälen und auch die weiße Haut abschneiden. Dann jeweils an den Zwischenhäuten einschneiden und die Filets herauslösen. Die restlichen inneren Schalenteile auspressen, den Saft auffangen.
3. Den Grapefruit- und den Sanddornsaft mischen. Die Mandelblättchen in einer heißen Pfanne ohne Fettzugabe leicht rösten.
4. Die Mandarinenspalten und die Grapefruitfilets auf zwei Teller verteilen, mit dem Saft begießen und erst den Ingwer, dann die Mandelblättchen darüberstreuen.

ca. 90 kcal • 2 g E • 3 g F • 15 g KH • 3 g Bst. • 1 BE

Vollkornbaguette mit Frischkäse und Kiwi

Zubereitungszeit:
ca. 5 Min.

Für 2 Personen

150 g Vollkornbaguette
40 g Doppelrahmfrischkäse
60 % Fett i. Tr.
120 g Kiwis

Die Brotscheiben mit dem Frischkäse bestreichen. Die Kiwis in Scheiben schneiden und die Brote damit belegen.

ca. 250 kcal • 8 g E • 8 g F • 35 g KH • 8 g Bst. • 3 BE

Tomatenfrischkost auf Eichblattsalat

Zubereitungszeit:
ca. ¼ Std.

Für 2 Personen

Für die Marinade:
wenig Kräutersalz
2 EL Obstessig
10 g kaltgepreßtes Sonnenblumenöl (1 EL)
frisch gemahlener Pfeffer

Für die Frischkost:
30 g Eichblattsalat
200 g Tomaten
1 EL gehackte Petersilie

1. Kräutersalz in dem Essig auflösen, das Öl darunterschlagen und die Marinade mit Pfeffer würzen.
2. Den Eichblattsalat waschen, trockenschleudern und auf zwei Teller verteilen.
3. Die Tomaten in Scheiben schneiden und auf die Salatblätter legen.
4. Die Marinade über die Frischkost geben und die Petersilie darüberstreuen.

ca. 70 kcal • 2 g E • 5 g F • 5 g KH • 4 g Bst. • 0 BE

Grüne Nudeln mit Basilikumpaste

Zubereitungszeit:
ca. 25 Min.

Für 2 Personen

20 g Mandeln (12 Stück)
1 Knoblauchzehe
½ Bund Basilikum
10 g kaltgepreßtes Olivenöl (1 EL)
nach Belieben etwas Gemüsebrühe (siehe Rezept Seite 160)
wenig Meersalz
frisch gemahlener Pfeffer
120 g grüne Vollkornnudeln
frisch geriebene Muskatnuß

1. Die Mandeln sehr fein hacken. Den Knoblauch zerdrücken.
2. Einige schöne Basilikumblätter beiseite legen, die restlichen fein hacken.
3. Die Mandeln, den Knoblauch und das Basilikum mischen, das Öl dazugeben und alles zu einer streichfähigen Paste hacken beziehungsweise zerdrücken (eventuell etwas Gemüsebrühe dazugeben).
4. Die Paste mit Salz und Pfeffer würzen.
5. Die Nudeln in reichlich leicht gesalzenem Wasser oder in Gemüsebrühe bißfest kochen, abgießen und mit Muskatnuß würzen.
Die Nudeln mit der Paste mischen, anrichten und mit Basilikum garnieren.

ca. 330 kcal • 10 g E • 12 g F • 45 g KH • 1 g Bst. • 3 BE

Vollkornbrot mit Frischkäse und Weizenkeimlingen

Keimzeit:
2–3 Tage
Zubereitungszeit:
ca. 5 Min.

Für 2 Personen

120 g Vollkornbrot (ca. 2 Scheiben)
60 g körniger Frischkäse
1 Frühlingszwiebel
90 g Weizenkeimlinge (ca. 40 g Trockengewicht; siehe auch Seite 162)

1. Die Brotscheiben mit dem Frischkäse bestreichen.
2. Die Frühlingszwiebel in feine Röllchen schneiden. Die Weizenkeimlinge waschen, abtropfen lassen und zusammen mit den Zwiebelröllchen auf die Brote verteilen.

ca. 190 kcal • 10 g E • 2 g F • 30 g KH • 5 g Bst. • 2½ BE

2. Beispiel

Für 2 Personen

Frühstück
Dinkel-Mirabellen-Müsli

1. Zwischenmahlzeit
Roggenvollkornbrot mit Rinderlyoner

Mittagessen
Chicorée-Rotkohl-Frischkost
Mangold-Hafer-Gratin
Himbeeren auf Dattelcreme

2. Zwischenmahlzeit
6 Stücke Vollkornnußkuchen

Abendessen
Suppe von roten Berglinsen
Garniertes Käsebrot

Spätmahlzeit
Buttermilch mit Vollkornzwieback

Dieser Tagesplan liefert pro Person ca. 1990 kcal • 75 g E • 70 g F • 260 g KH • 42 g Bst. • 19 BE

Dinkel-Mirabellen-Müsli

Quellzeit: ca. 10 Std.
Zubereitungszeit: ca. ¼ Std.

Für 2 Personen

80 g grobes Dinkelschrot
80 ml Wasser
180 g Mirabellen mit Stein
¼ l Vorzugsmilch
etwas Zitronensaft
20 g Rosinen (1 EL)

1. Das Dinkelschrot mit dem Wasser gut verrühren und über Nacht quellen lassen.
2. Am Morgen die Mirabellen entkernen und das Fruchtfleisch vierteln. Die Milch und etwas Zitronensaft unter das Dinkelschrot rühren.
3. Die Rosinen waschen, abtropfen lassen und zusammen mit den Mirabellenvierteln über das Müsli geben.

ca. 300 kcal • 10 g E • 5 g F • 50 g KH • 6 g Bst. • 4 BE

Roggenvollkornbrot mit Rinderlyoner

Zubereitungszeit: ca. 10 Min.

Für 2 Personen

175 g Roggenvollkornbrot (ca. 4 Scheiben)
10 g Butter (1 EL)
60 g Rinderlyoner (ca. 4 dünne Scheiben)
100 g Salatgurke ohne Schale
½ Kästchen Gartenkresse

1. Die Brote mit der Butter bestreichen und mit der Wurst belegen.
2. Die Gurke in Scheiben schneiden, die Brote damit belegen und mit Kresse garnieren.

ca. 260 kcal • 10 g E • 7 g F • 35 g KH • 6 g Bst. • 2½ BE

Chicorée-Rotkohl-Frischkost

Zubereitungszeit: ca. ½ Std.

Für 2 Personen

Für die Marinade:
wenig Meersalz
1 EL Obstessig
20 g kaltgepreßtes Distelöl (2 EL)
frisch gemahlener Pfeffer
Zimt

Für die Frischkost:
1 Schalotte
200 g Rotkohl
100 g Chicorée
50 g Feldsalat
Gartenkresse

1. Salz in dem Essig auflösen. Das Öl darunterschlagen und die Marinade mit Pfeffer und Zimt würzen.
2. Die Schalotte sehr fein würfeln. Den Rotkohl fein hobeln und zusammen mit den Schalottenwürfeln mit der Marinade mischen, leicht kneten und das Ganze etwa 10 Minuten durchziehen lassen.
3. Den Chicorée und den Feldsalat waschen und trockenschleudern. Den Chicorée in feine Streifen schneiden und sofort mit der Rotkohlfrischkost mischen.
4. Den Feldsalat auf zwei Teller verteilen. Die Frischkost nochmals abschmecken, auf dem Feldsalat anrichten und mit Kresse garnieren.

ca. 140 kcal • 3 g E • 10 g F • 10 g KH • 5 g Bst. • 0 BE

Mangold-Hafer-Gratin

Zubereitungszeit:
ca. 1¼ Std.

Für 2 Personen

- 80 g Hafer
- 140 ml Gemüsebrühe (siehe Rezept Seite 160)
- 2 Zweige Basilikum
- 2 Zweige Thymian
- 300 g Mangold mit Stielen
- wenig Meersalz
- 50 g Zwiebel
- 10 g Olivenöl (1 EL)
- 10 g Hafervollkornmehl (1 EL)
- ⅛ l Vorzugsmilch
- 1 kleines Lorbeerblatt
- frisch gemahlener Pfeffer
- frisch geriebene Muskatnuß
- etwas Zitronensaft
- 10 g geriebener Parmesan (1 EL)
- 5 g Butter für die Form (1 TL)

1. Den Hafer waschen und mit der Gemüsebrühe in einen Topf geben. Das Ganze aufkochen und dann bei geringer Hitzezufuhr 25 bis 30 Minuten köcheln lassen.
2. Den Hafer auf der ausgeschalteten Herdplatte weitere 10 Minuten quellen lassen. Die Basilikum- und die Thymianblätter von den Zweigen zupfen, fein schneiden und den Hafer damit kräftig abschmecken.
3. Während der Hafer gart, den Mangold in Stiele und Blätter trennen. Die Blätter beiseite legen und die Stiele in kochendem, leicht gesalzenem Wasser blanchieren. Dann sofort kalt abschrecken und abtropfen lassen.
4. Die Zwiebel sehr fein würfeln und in dem mäßig heißen Olivenöl glasig dünsten. Das Hafermehl dazugeben und mit anschwitzen.
5. Die kalte Milch unter Rühren angießen und das Ganze aufkochen lassen. Das Lorbeerblatt hinzufügen und die Sauce etwa 5 Minuten köcheln lassen.
6. Die Sauce mit Salz, Pfeffer, Muskatnuß und Zitronensaft würzen. Das Lorbeerblatt entfernen und den geriebenen Parmesan darunterrühren.
7. Den Backofen auf 200° C vorheizen. Die Mangoldstiele in Streifen schneiden und in eine gefettete Gratinform geben.
8. Den gedünsteten Hafer darüber verteilen und das Ganze mit den Mangoldblättern abdecken. Anschließend mit Salz und Pfeffer würzen. Das Gratin mit der Käsesauce überziehen und etwa 30 Minuten backen.

ca. 320 kcal • 15 g E • 12 g F • 40 g KH • 3 g Bst. • 2½ BE

Himbeeren auf Dattelcreme

Zubereitungszeit:
ca. ¼ Std.

Für 2 Personen

30 g frische Datteln ohne Stein
250 g Joghurt 3,5 % Fett
etwas Zitronensaft
Mark von ¼ Vanilleschote
105 g Himbeeren
einige Blättchen Zitronenmelisse

1. Zwei Drittel der Datteln zusammen mit der Hälfte des Joghurts pürieren. Die Creme mit etwas Zitronensaft und dem Vanillemark abschmecken.
2. Den restlichen Joghurt glattrühren und in zwei Glasschälchen geben. Die Joghurt-Dattel-Creme darauf verteilen.
3. Die restliche Dattel in Streifen schneiden. Die Creme mit den Dattelstreifen, den Himbeeren und einigen Blättchen Zitronenmelisse garnieren.

ca. 140 kcal • 5 g E • 5 g F • 20 g KH • 4 g Bst. • 1½ BE

Vollkornnuß-kuchen

Zubereitungszeit:
ca. 1¼ Std.

Für 1 Kuchen
(ca. 12 Stücke)

60 g getrocknete Feigen
50 ml Wasser
100 g weiche Butter
wenig Meersalz
etwas abgeriebene Schale von einer unbehandelten Zitrone
1 Msp. Delifruit
1 Ei
160 g feines Weizenvollkornmehl
½ TL Weinsteinbackpulver
40 g gemahlene Haselnüsse
20 g Rosinen (1 EL)
ca. 50 ml Mineralwasser
3 g Butter für die Form (½ TL)
1 EL Weizenvollkornmehl für die Form

1. Die Feigen hacken und in dem Wasser ungefähr ¼ Stunde quellen lassen.

2. Inzwischen die Butter schaumig rühren. Die Feigen zusammen mit der Einweichflüssigkeit pürieren und das Püree, eine Prise Salz, etwas Zitronenschale, das Delifruit und das Ei unter die Butter rühren.

3. Das Mehl mit dem Backpulver, den Nüssen und den Rosinen mischen und nach und nach unter die Buttermasse rühren. So viel Mineralwasser hinzufügen, daß ein dickcremiger Teig entsteht.

4. Den Backofen auf 175° C vorheizen. Den Teig in eine ausgefettete und mit Mehl ausgestäubte kleine Kastenform füllen und etwa 50 Minuten backen.

5. Als Garprobe mit einem Holzstäbchen in den Kuchen stechen. Er ist fertig gebacken, wenn kein Teig an dem Stäbchen klebenbleibt. Den Kuchen zum Abkühlen auf ein Gitter stürzen und in 12 Stücke schneiden.

1 Rezept (= 12 Stücke) enthält ca. 1520 kcal • 32 g E • 85 g F • 150 g KH • 56 g Bst. • 12 BE
1 Stück = 1 BE

Suppe von roten Berglinsen

Zubereitungszeit:
ca. ¾ Std.

Für 2 Personen

50 g rote Berglinsen
½ l Gemüsebrühe
(siehe Rezept Seite 160)
1 kleines Lorbeerblatt
1 Schalotte
½ Knoblauchzehe
70 g rote Bete
5 g Butter (1 TL)
wenig Meersalz
frisch gemahlener Pfeffer
etwas Obstessig
20 g saure Sahne (1½ EL)
einige Dillzweige

1. Die Berglinsen gründlich waschen, zusammen mit der Gemüsebrühe und dem Lorbeerblatt in einen Topf geben und in 25 bis 30 Minuten weich kochen.
2. In der Zwischenzeit die Schalotte fein würfeln, den Knoblauch zerdrücken und die roten Beten grob raspeln.
3. Die Butter erwärmen und die Schalotte und den Knoblauch darin glasig dünsten. Die roten Beten und einen Eßlöffel Gemüsebrühe dazugeben und das Gemüse bißfest dünsten. Mit Salz und Pfeffer würzen.
4. Das Lorbeerblatt aus den Linsen entfernen. Die Suppe kräftig mit Salz und Pfeffer und nach Belieben mit etwas Essig abschmecken.
5. Die Suppe nochmals erhitzen und auf zwei Teller oder Suppentassen verteilen. Das Gemüse hineingeben und die Suppe jeweils mit einem Klecks saure Sahne und Dillzweigen garnieren.

ca. 150 kcal • 9 g E • 4 g F • 20 g KH • 3 g Bst. • 1¼ BE

Garniertes Käsebrot

Zubereitungszeit:
ca. 5 Min.

Für 2 Personen

100 g Weizenvollkornbrot
(ca. 2 Scheiben)
60 g Frischkäse mit
Kräutern (45 % Fett i. Tr.)
100 g Tomate

Die Brotscheiben mit dem Frischkäse bestreichen und die Tomate dazu essen.

ca. 160 kcal • 8 g E • 2 g F • 25 g KH • 6 g Bst. • 1¾ BE

Buttermilch mit Vollkornzwieback

Zubereitungszeit:
ca. 5 Min.

Für 2 Personen

100 g Honigmelone
250 g Buttermilch
2 Zweige Pfefferminze
45 g eifreier Vollkorn-
zwieback (ca. 4 Scheiben)

Die Honigmelone in Stücke schneiden und zusammen mit der Buttermilch pürieren. Die Mischung in zwei hohe Gläser füllen und diese mit Pfefferminzblättchen garnieren. Den Vollkornzwieback dazu essen.

ca. 150 kcal • 7 g E • 2 g F • 25 g KH • 1 g Bst. • 2½ BE

3. Beispiel

Für 2 Personen

Frühstück
Frischkornmüsli mit Birne und Möhre

1. Zwischenmahlzeit
Vollkornbrötchen „Gourmet“

Mittagessen
Bohnen-Weißkohl-Salat
Grüne Dinkel-Käse-Spätzle
Apfel-Aprikosen-Joghurt

2. Zwischenmahlzeit
6 Stücke Vollkornzitronenkuchen

Abendessen
Rettich-Feldsalat-Frischkost
Lachstatar mit Pellkartoffeln

Spätmahlzeit
Vollkornbrot mit indischem Hirseaufstrich

Dieser Tagesplan liefert pro Person ca. 2005 kcal • 73 g E • 72 g F • 257 g KH • 52 g Bst. • 19 BE

Frischkornmüsli mit Birne und Möhre

Quellzeit:
ca. 10 Std.
Zubereitungszeit:
ca. ¼ Std.

Für 2 Personen

- **80 g grobes Weizenschrot (möglichst frisch hergestellt), 80 ml Wasser**
- **20 g getrocknete Äpfel**
- **250 g Dickmilch 3,5 % Fett**
- **100 g Möhre**
- **260 g Birne mit Schale**
- **etwas Zitronensaft**
- **2 Zweige Zitronenmelisse**

1. Das Weizenschrot mit dem Wasser verrühren und über Nacht quellen lassen.
2. Am Morgen die Äpfel fein hacken und mit dem Weizenschrot und der Dickmilch verrühren.
3. Die Möhre und die Birne grob raspeln, mit etwas Zitronensaft mischen und über das Müsli geben. Mit Zitronenmelisseblättchen garnieren.

ca. 290 kcal • 10 g E • 5 g F • 50 g KH • 10 g Bst. • 4 BE

Vollkornbrötchen „Gourmet“

Zubereitungszeit:
ca. ¼ Std.

Für 2 Personen

- **150 g Roggenvollkornbrötchen (3 Stück)**
- **6 Salatblätter**
- **40 g Crème fraîche oder saure Sahne**
- **60 g Garnelen**
- **etwas Zitronensaft**
- **frisch gemahlener Pfeffer**
- **einige Dillspitzen**

1. Die Roggenbrötchen halbieren und die Hälften mit den Salatblättern belegen. Die Crème fraîche oder die saure Sahne glattrühren und darauf verteilen.
2. Die Brötchen mit den Garnelen belegen, etwas Zitronensaft darüberträufeln und mit Pfeffer würzen. Die Brötchen mit den Dillspitzen garnieren.

ca. 250 kcal • 10 g E • 8 g F • 30 g KH • 5 g Bst. • 2½ BE

Bohnen-Weißkohl-Salat

Zubereitungszeit:
ca. ¾ Std.

Für 2 Personen

Für die Marinade:

- **wenig Kräutersalz**
- **1 EL Obstessig**
- **20 g kaltgepreßtes Sonnenblumenöl (2 EL)**
- **frisch gemahlener Pfeffer**
- **50 g rote Zwiebel**

Für den Salat:

- **100 g grüne Bohnen**
- **50 ml Gemüsebrühe (siehe Rezept Seite 160)**
- **einige Stengel Bohnenkraut**
- **100 g Weißkohl**
- **1 kleiner Kopf Radicchio**
- **1 EL Schnittlauch in Röllchen**

1. Kräutersalz in dem Essig auflösen. Das Öl darunterschlagen und die Marinade mit Pfeffer kräftig würzen.
2. Die Zwiebel fein würfeln und in die Marinade rühren.
3. Die Bohnen mit der Gemüsebrühe und dem Bohnenkraut in einen Topf geben und bißfest dünsten. Danach abkühlen lassen.
4. Inzwischen den Weißkohl sehr fein hobeln, mit der Marinade mischen und leicht kneten.
5. Die Bohnen und das Bohnenkraut ebenfalls unter den Salat heben und den Salat im Kühlschrank etwa ¼ Stunde durchziehen lassen.
6. Den Radicchio waschen, trockenschleudern und die Blätter auf zwei Teller verteilen. Das Bohnenkraut aus dem Salat entfernen, diesen nochmals abschmecken und auf dem Salat anrichten. Mit Schnittlauch bestreuen.

ca. 150 kcal • 3 g E • 10 g F • 10 g KH • 6 g Bst. • 0 BE

Grüne Dinkel-Käse-Spätzle

Zubereitungszeit (ohne Zeit zum Auftauen): ca. 1¼ Std.

Für 2 Personen

100 g TK-Blattspinat oder
200 g frischer Spinat
1 Ei
wenig Kräutersalz
frisch geriebene Muskatnuß
120 g feines Dinkelvollkornmehl (möglichst frisch hergestellt)
wenig Meersalz
50 g Zwiebel
5 g Butter (1 TL)
frisch gemahlener Pfeffer
30 g geriebener Emmentaler
1 EL gehackte Petersilie

1. Den Blattspinat auftauen lassen (frischen kurz blanchieren, kalt abschrecken und abtropfen lassen) und zusammen mit dem Ei pürieren.
2. Das Spinatpüree mit Kräutersalz und Muskatnuß kräftig würzen. Das Mehl darunterrühren und soviel Wasser dazugeben, bis ein glatter, zähflüssiger Teig entstanden ist.
3. Den Teig mit einem Kochlöffel so lange schlagen, bis er Blasen wirft. Dann 15 bis 20 Minuten abgedeckt quellen lassen.
4. Inzwischen reichlich leicht gesalzenes Wasser zum Kochen bringen. Die Zwiebel fein würfeln und in der mäßig heißen Butter hellbraun anbraten, anschließend warm halten.
5. Den Spätzleteig mit Hilfe eines flachen Messers portionsweise dünn auf ein Brett streichen und kleine Streifen in das kochende Salzwasser schaben. Oder den Teig in eine Spätzlepresse geben und in das kochende Wasser drücken.
6. Wenn die Spätzle an der Oberfläche schwimmen, sind sie gar. Die Spätzle mit einem Schaumlöffel aus dem Wasser nehmen, in eine heiße Schüssel geben und mit Salz und Pfeffer würzen. Mit dem Käse mischen und die Zwiebelwürfel und die Petersilie darüberstreuen.

ca. 315 kcal • 15 g E • 10 g F • 40 g KH • 7 g Bst. • 3 BE

Apfel-Aprikosen-Joghurt

Zubereitungszeit: ca. 10 Min.

Für 2 Personen

125 g Joghurt 3,5 % Fett
50 g Apfel mit Schale
130 g Aprikosen mit Stein
etwas Zitronensaft
frisch geriebener Ingwer

1. Den Joghurt glattrühren und in zwei Glasschälchen geben.
2. Den Apfel in Spalten schneiden. Die Aprikosen entsteinen und vierteln.
3. Das Obst mit dem Zitronensaft beträufeln und den Joghurt damit garnieren. Den Ingwer zuletzt darüberstreuen.

ca. 90 kcal • 3 g E • 2 g F • 15 g KH • 2 g Bst. • 1 BE

Vollkornzitronenkuchen

Zubereitungszeit:
ca. 1¼ Std.

Für 1 Kuchen (ca. 18 Stücke)

120 g getrocknete Feigen
50 ml Wasser
100 g weiche Butter
2 Eier
240 g feines Weizenvollkornmehl
1 TL Weinsteinbackpulver
abgeriebene Schale von 2 unbehandelten Zitronen
Saft von 1 Zitrone
wenig Meersalz
etwas Mineralwasser
3 g Butter für die Form (½ TL) u. 1 EL Vollkornmehl

1. Die Feigen in Stücke schneiden und in dem Wasser etwa ¼ Stunde quellen lassen.
2. Inzwischen die Butter schaumig rühren und die Eier nacheinander darunterschlagen. Dann die Feigen pürieren und das Püree, die Zitronenschale und den -saft unter die Butter-Ei-Mischung rühren.
3. Das Vollkornmehl mit dem Backpulver und einer Prise Salz mischen und nach und nach dazugeben. So viel Mineralwasser hinzufügen, daß ein dickcremiger Rührteig entsteht.
4. Eine kleine Kastenform ausfetten und mit Mehl ausstäuben. Den Backofen auf 180° C vorheizen.
5. Den Teig in die Form füllen, die Oberfläche glattstreichen und den Kuchen auf der mittleren Schiene etwa 40 Minuten goldbraun backen (Garprobe siehe „Vollkornnußkuchen" Seite 114).
6. Den Zitronenkuchen zum Auskühlen auf ein Kuchengitter stürzen und in 18 Stücke schneiden.

1 Rezept (= 18 Stücke) enthält ca. 2015 kcal • 46 g E • 100 g F • 220 g KH • 57 g Bst. • 18 BE
1 Stück = 1 BE

Rettich-Feldsalat-Frischkost

Zubereitungszeit:
ca. ¼ Std.

Für 2 Personen

Für die Marinade:
wenig Kräutersalz
1 EL Balsamessig (Aceto balsamico)
1 TL Senf
10 g kaltgepreßtes Sonnenblumenöl (1 EL)
frisch gemahlener Pfeffer

Für die Frischkost:
100 g Salatgurke ohne Schale
100 g Rettich
50 g Feldsalat
1 EL fein geschnittener Borretsch

1. Kräutersalz in dem Essig auflösen. Den Senf und das Öl darunterschlagen und die Marinade mit Pfeffer kräftig würzen.
2. Die Gurke und den Rettich in sehr dünne Scheiben hobeln und beides sofort mit der Marinade mischen.
3. Den Feldsalat waschen, trockenschleudern und die Blättchen auf zwei Teller verteilen.
4. Die Frischkost nochmals abschmecken, auf dem Feldsalat anrichten und den Borretsch darüberstreuen.

ca. 75 kcal • 2 g E • 5 g F • 5 g KH • 2 g Bst. • 0 BE

Lachstatar mit Pellkartoffeln

Zubereitungszeit:
ca. ½ Std.

Für 2 Personen

530 g Kartoffeln mit Schale
wenig Meersalz
Kümmel
120 g Gravad Lachs (mit Dill marinierter, frischer Lachs)
40 g Essiggurke
40 g Schalotten
frisch gemahlener Pfeffer
1 EL Weinessig
10 g kaltgepreßtes Sonnenblumenöl (1 EL)
einige Dillzweige
1 EL Schnittlauch in Röllchen

1. Die Kartoffeln gründlich waschen und in leicht gesalzenem Wasser mit Kümmel dämpfen.
2. Inzwischen mit Hilfe einer Pinzette aus dem Lachs restliche Gräten entfernen und den Fisch anschließend kalt stellen.
3. Die Gurke in sehr feine Würfel schneiden. Die Schalotten sehr fein hacken.
4. Das Fischfilet grob hakken und mit Pfeffer und eventuell etwas Salz würzen. Die Gurken- und Schalottenwürfel mit dem Fischtatar mischen.
5. Das Ganze mit dem Essig und dem Öl abschmecken und anrichten. Mit Dillzweigen garnieren und mit Schnittlauchröllchen bestreuen. Die Kartoffeln pellen und zum Lachstatar essen.

ca. 305 kcal • 17 g E • 8 g F • 40 g KH • 6 g Bst. • 3 BE

Vollkornbrot mit indischem Hirseaufstrich

Zubereitungszeit:
ca. ½ Std.

Für 2 Personen

Für den Aufstrich:
20 g Hirse
80 ml Gemüsebrühe (siehe Rezept Seite 160)
Currypulver
wenig Meersalz
frisch gemahlener Pfeffer
20 g Lauch
25 g Apfel mit Schale
10 g Butter (1 EL)
20 g Tofu

Außerdem:
120 g Weizenvollkornbrot (ca. 3 Scheiben)
frisch geriebener Ingwer

1. Die Hirse grob mahlen, mit der Gemüsebrühe in einem Topf verrühren und zum Kochen bringen. Zugedeckt bei geringer Hitzezufuhr etwa 10 Minuten unter Rühren köcheln lassen.
2. Die Hirse anschließend auf der ausgeschalteten Herdplatte weitere 10 Minuten quellen lassen, mit Curry, Salz und Pfeffer würzen und abkühlen lassen.
3. In der Zwischenzeit den Lauch und den Apfel in sehr kleine Würfel schneiden und beides in der Hälfte der Butter kurz dünsten.
4. Den Tofu zusammen mit der restlichen Butter mit einer Gabel zerdrücken und das Mus mit der Hirse und der Lauch-Apfel-Mischung verrühren. Die Masse nochmals kräftig abschmecken. Die Brote mit der Creme bestreichen und den Ingwer darüberstreuen.

ca. 200 kcal • 5 g E • 5 g F • 30 g KH • 5 g Bst. • 2½ BE

4. Beispiel

Für 2 Personen

Frühstück
Vollkornbrötchen mit Heidelbeer-Frischkäse-Aufstrich

1. Zwischenmahlzeit
Porridge mit Aprikose

Mittagessen
Spargel in Kräutervinaigrette
Blumenkohl-Kartoffel-Gratin
Pflaumen auf Vanillecreme

2. Zwischenmahlzeit
Vollkornbrötchen mit Bananen-Kokos-Mus

Abendessen
Kalte Gurkensuppe mit Dill
Vollkornfladenbrot

Spätmahlzeit
Roggenvollkornbrot mit Avocadocreme

Dieser Tagesplan liefert pro Person ca. 2040 kcal • 73 g E • 63 g F • 290 g KH • 40 g Bst. • 19 BE

Vollkornbrötchen mit Heidelbeer-Frischkäse-Aufstrich

Keimzeit:
2–3 Tage
Zubereitungszeit:
ca. ¼ Std.

Für 2 Personen

180 g Weizenvollkornbrötchen (3 Stück)
60 g Doppelrahmfrischkäse 60 % Fett i. Tr.
wenig Vorzugsmilch oder Mineralwasser
60 g Heidelbeeren
90 g Weizenkeimlinge (ca. 40 g Trockengewicht; siehe auch Seite 162)

1. Die Vollkornbrötchen aufschneiden. Den Frischkäse mit etwas Milch oder Mineralwasser glattrühren und auf die Brötchenhälften streichen.
2. Die Heidelbeeren waschen, abtropfen lassen und auf dem Frischkäse verteilen.
3. Die Weizenkeimlinge waschen, gut abtropfen lassen und über die Beeren streuen.

ca. 345 kcal • 10 g E • 10 g F • 45 g KH • 6 g Bst. • 4 BE

Porridge mit Aprikose

Zubereitungszeit:
ca. ¼ Std.

Für 2 Personen

70 g Hafervollkornflocken (möglichst frisch hergestellt)
200 ml Wasser
30 g Aprikose ohne Stein (1 Stück)
30 g Sahne (2 EL)

1. Die Haferflocken mit dem Wasser mischen, in einen Topf geben, aufkochen und bei geringer Hitzezufuhr etwa 5 Minuten quellen lassen.
2. Inzwischen die Aprikose hacken und zusammen mit der Sahne unter den Porridge mischen.

ca. 220 kcal • 6 g E • 7 g F • 35 g KH • 1 g Bst. • 2½ BE

Spargel in Kräutervinaigrette

Zubereitungszeit:
ca. ½ Std.

Für 2 Personen

Für den Spargel:
300 g Spargel
wenig Meersalz

Für die Marinade:
wenig Kräutersalz
1 EL Weinessig
20 g kaltgepreßtes Sonnenblumenöl (2 EL)
frisch gemahlener Pfeffer
30 g rote Zwiebel
1 EL gehackte Kräuter
50 g Feldsalat

1. Den geschälten Spargel in wenig leicht gesalzenem Wasser bißfest dünsten.
2. Inzwischen die Marinade zubereiten. Dafür Kräutersalz in dem Essig auflösen, das Öl darunterschlagen und die Marinade mit Pfeffer kräftig würzen.
3. Die Zwiebel sehr fein hacken und in die Marinade rühren.
4. Den Spargel unter die Marinade heben, mit den Kräutern bestreuen und etwa 10 Minuten durchziehen lassen.
5. Inzwischen den Feldsalat waschen und trockenschleudern. Den Salat auf zwei Teller verteilen, den marinierten Spargel darauf anrichten und die restliche Marinade darübergeben.

ca. 140 kcal • 4 g E • 10 g F • 8 g KH • 2 g Bst. • 0 BE

Blumenkohl-Kartoffel-Gratin

Zubereitungszeit:
ca. 1 Std.

Für 2 Personen

320 g Kartoffeln ohne Schale
200 g kleine Blumenkohlröschen
5 g Butter für die Form (1 TL)
wenig Meersalz
frisch gemahlener Pfeffer
frisch geriebene Muskatnuß
20 g feines Weizenvollkornmehl
¼ l Vorzugsmilch
30 g Zwiebel
20 g geriebener Emmentaler (4 EL)

1. Die Kartoffeln in sehr dünne Scheiben schneiden und zusammen mit den Blumenkohlröschen in eine gefettete Gratinform schichten. Dabei jede Lage mit Salz, Pfeffer und Muskatnuß würzen.
2. Das Vollkornmehl mit der Milch verrühren, in einen Topf geben und etwa 3 Minuten unter ständigem Rühren köcheln lassen. Mit Salz, Pfeffer und Muskatnuß würzen.
3. Den Backofen auf 200° C vorheizen. Die Zwiebel in sehr feine Würfel schneiden und die Würfelchen auf das Gratin verteilen. Die heiße Sauce über das Gratin gießen und das Ganze etwa 40 Minuten backen.
4. Kurz vor Ende der Garzeit den Käse über das Gratin streuen und dieses fertig backen, bis der Käse leicht gebräunt ist.

ca. 305 kcal • 15 g E • 8 g F • 45 g KH • 7 g Bst. • 3 BE

Pflaumen auf Vanillecreme

Zubereitungszeit:
ca. ¼ Std.

Für 2 Personen

20 g getrocknete Pflaumen (3 Stück)
2 EL Mineralwasser
100 g Speisequark 20 % Fett i. Tr.
Mark von ¼ Vanilleschote
1 Msp. Zimt
etwas abgeriebene Schale von einer unbehandelten Zitrone
100 g frische Pflaumen mit Steinen

1. Die getrockneten Pflaumen in Stücke schneiden und etwa 10 Minuten in dem Mineralwasser quellen lassen. Anschließend fein hacken oder mit einer Gabel zu Mus zerdrücken.
2. Das Pflaumenmus mit dem Quark verrühren und die Creme mit dem Vanillemark, dem Zimt und Zitronenschale abschmecken. Auf zwei Schälchen verteilen.
3. Die frischen Pflaumen waschen, trockentupfen und entsteinen. Die Früchte vierteln und auf die Vanillecreme geben.

ca. 100 kcal • 8 g E • 0,5 g F • 15 g KH • 5 g Bst. • 1 BE

Vollkornbrötchen mit Bananen-Kokos-Mus

Zubereitungszeit:
ca. 10 Min.

Für 2 Personen

10 g Kokosraspel (1 EL)
60 g Banane
etwas abgeriebene Schale von einer unbehandelten Zitrone
150 g Vollkornbrötchen (3 Stück)
einige Himbeeren
Zitronenmelisseblättchen

1. Die Kokosraspel in einer heißen Pfanne ohne Fettzugabe leicht anrösten.
2. Die Banane mit einer Gabel zerdrücken. Die Zitronenschale zusammen mit den Kokosraspeln unter das Bananenmus rühren.
3. Die Brötchen halbieren und mit der Bananencreme bestreichen. Mit einigen Himbeeren und Zitronenmelisseblättchen garnieren.

ca. 215 kcal • 6 g E • 4 g F • 36 g KH • 7 g Bst. • 3 BE

Kalte Gurkensuppe mit Dill

Zubereitungszeit:
ca. ½ Std.

Für 2 Personen

500 g Joghurt 3,5 % Fett
1 große Knoblauchzehe
wenig Meersalz
frisch gemahlener Pfeffer
etwas Zitronensaft
1 EL Weinessig
300 g Salatgurke ohne Schale
10 g Mandeln (7 Stück)
1 EL gehackter Dill
1 EL gehackter Borretsch
120 g Vollkornfladenbrot (siehe Rezept Seite 144) oder Vollkornbrot (ca. 3 Scheiben)

1. Den Joghurt glattrühren, die Knoblauchzehe durch eine Presse dazudrücken und die Creme mit Salz, Pfeffer, etwas Zitronensaft und dem Essig kräftig abschmecken. Die Suppe kalt stellen.
2. Inzwischen die Gurke halbieren, die Kerne mit einem Teelöffel herauskratzen und die Gurkenhälften in feine Streifen schneiden oder grob raspeln. Sofort unter die Joghurtcreme mischen.
3. Die Suppe nochmals abschmecken, auf zwei Teller verteilen. Die Mandeln hacken und zusammen mit den Kräutern über die Suppe streuen. Das Brot dazu essen.

ca. 440 kcal • 17 g E • 14 g F • 62 g KH • 1 g Bst. • 3 BE

Roggenvollkornbrot mit Avocadocreme

Zubereitungszeit:
ca. 10 Minuten

Für 2 Personen

60 g Avocadofruchtfleisch (von ½ Frucht)
etwas Zitronensaft
wenig Meersalz
frisch gemahlener Pfeffer
1 EL gehackte rote Zwiebel
175 g Roggenvollkornbrot (ca. 4 Scheiben)
100 g Tomate
einige Dillzweige

1. Das Avocadofruchtfleisch mit Zitronensaft beträufeln und mit einer Gabel zerdrücken. Mit Salz und Pfeffer würzen.
2. Die Zwiebel unter die Avocadocreme mischen und die Brote damit bestreichen.
3. Die Tomate in Scheiben schneiden und die Brote mit Tomatenscheiben und Dill garnieren.

ca. 270 kcal • 7 g E • 8 g F • 40 g KH • 9 g Bst. • 2½ BE

5. Beispiel

Für 2 Personen

Frühstück
Früchtejoghurt mit Weizenkeimlingen

1. Zwischenmahlzeit
Vollkornbaguette mit Knoblauch-Tomaten-Paste

Mittagessen
Schwarzwurzel-Möhren-Frischkost
Gefüllte Vollkornsemmelknödel in Champignonsauce
Wassermelonensalat

2. Zwischenmahlzeit
Hirse mit Datteln auf Heidelbeeren

Abendessen
Kartoffelsuppe mit Linsenkeimlingen
Vollkornfladenbrot

Spätmahlzeit
Mohnvollkornbrötchen mit Camembert

Dieser Tagesplan liefert pro Person ca. 2000 kcal • 67 g E • 62 g F • 280 g KH • 45 g Bst. • 19 BE

Früchtejoghurt mit Weizenkeimlingen

Keimzeit:
2–3 Tage
Zubereitungszeit:
ca. 20 Min.

Für 2 Personen

10 g getrocknete Aprikose (1 Stück)
120 g Banane
etwas Zitronensaft
250 g Joghurt 3,5 % Fett
360 g Erdbeeren
180 g Weizenkeimlinge (ca. 80 g Trockengewicht; siehe auch Seite 162)
20 g Cashewkerne (ca. 6 Stück)

1. Die Aprikose fein würfeln und etwa ¼ Stunde in wenig Wasser quellen lassen.
2. Inzwischen die Banane mit einer Gabel zerdrücken. Das Mus mit etwas Zitronensaft mischen und mit dem Joghurt verrühren. Die Creme auf zwei Teller geben.
3. Die Erdbeeren halbieren, größere Früchte vierteln und über den Joghurt verteilen.
4. Die Keimlinge gründlich waschen und abtropfen lassen. Die Cashewkerne grob hacken und zusammen mit den Keimlingen und den Aprikosenwürfeln über das Früchtejoghurt streuen.

ca. 345 kcal • 10 g E • 10 g F • 50 g KH • 10 g Bst. • 4 BE

Vollkornbaguette mit Knoblauch-Tomaten-Paste

Zubereitungszeit:
ca. ¼ Std.

Für 2 Personen

½ Knoblauchzehe
wenig Kräutersalz
10 g kaltgepreßtes Distelöl (1 EL)
frisch gemahlener Pfeffer
200 g Tomaten
1 Frühlingszwiebel
2 Stengel Basilikum
150 g Vollkornbaguette

1. Die Knoblauchzehe mit etwas Kräutersalz zerdrükken und mit dem Öl verrühren.
2. Die Tomaten von den Stielansätzen befreien und halbieren. Die Kerne mit einem Teelöffel entfernen.
3. Das Tomatenfruchtfleisch grob würfeln und unter die Knoblauchpaste mischen. Mit Pfeffer und gehackten Basilikumblättern pikant würzen.
4. Die Baguette quer teilen, toasten und sofort mit der Paste bestreichen.

ca. 230 kcal • 6 g E • 6 g F • 35 g KH • 8 g Bst. • 2½ BE

Schwarzwurzel-Möhren-Frischkost

Zubereitungszeit:
ca. ½ Std.

Für 2 Personen

Sauce für die Frischkost:
wenig Meersalz
1 EL Zitronensaft
60 g saure Sahne
frisch gemahlener Pfeffer

Marinade für den Spinat:
1 Schalotte
wenig Kräutersalz
1 EL Obstessig
10 g kaltgepreßtes Sonnenblumenöl (1 EL)

Für die Frischkost:
100 g Schwarzwurzeln
100 g Möhren
50 g junger Blattspinat
1 EL gehackter Dill

1. Meersalz in dem Zitronensaft auflösen. Die saure Sahne darunterschlagen und die Sauce mit Pfeffer würzen.
2. Die Schalotte sehr fein würfeln. Das Kräutersalz in dem Essig auflösen. Das Öl darunterschlagen und die Marinade mit Pfeffer würzen. Die Schalottenwürfel dazugeben.
3. Die Schwarzwurzeln und die Möhren grob raspeln und sofort unter die Sahnesauce mischen.
4. Den Blattspinat gründlich waschen und trockenschleudern. Den Spinat mit der Marinade mischen und auf zwei Teller verteilen.
5. Die Frischkost nochmals abschmecken, auf dem Spinat anrichten und mit dem Dill bestreuen.

ca. 170 kcal • 3 g E • 8 g F • 20 g KH • 5 g Bst. • 0 BE

Gefüllte Vollkorn-semmelknödel in Champignonsauce

Zubereitungszeit:
ca. ¾ Std.

Für 2 Personen

165 g Vollkornbrötchen (ca. 3 Stück)
ca. ⅛ l Vorzugsmilch
wenig Kräutersalz
frisch gemahlener Pfeffer
frisch geriebene Muskatnuß
50 g Zwiebel
5 g Butter (1 TL)
1 Ei
1 EL gehackte Petersilie
200 g Champignons
etwas Zitronensaft
40 g Crème fraîche

1. Die Brötchen in Scheiben schneiden und in eine Schüssel legen. Die Milch erhitzen, über die Brötchenscheiben gießen, das Ganze mit Kräutersalz, Pfeffer und Muskatnuß würzen und kurz durchziehen lassen.
2. Die Zwiebel sehr fein würfeln und in der mäßig heißen Butter glasig dünsten. Das Ei trennen.
3. Die Hälfte der Zwiebelwürfel und die Hälfte der Petersilie mit dem Eiklar unter die Brötchemasse rühren und diese kräftig würzen. Etwa 1 Liter leicht gesalzenes Wasser zum Kochen bringen.
4. Von den Champignons vier Stück fein hacken. Mit einigen Tropfen Zitronensaft beträufeln, mit dem Eigelb mischen und mit Salz und Pfeffer würzen.
5. Die Knödelmasse in vier Portionen teilen. Jeweils ein Viertel der gehackten Champignons in die Mitte geben und die Masse mit angefeuchteten Händen zu vier Knödeln formen. Diese im siedenden Salzwasser 10 bis 15 Minuten ziehen, nicht kochen lassen.
6. Inzwischen die restlichen Champignons zu den restlichen Zwiebelwürfeln geben und bißfest dünsten. Die Crème fraîche hineinrühren und die Pilze mit Kräutersalz und Zitronensaft abschmecken. Auf zwei Teller verteilen.
7. Die Knödel aus dem Wasser heben, auf den Champignons anrichten und mit der restlichen Petersilie bestreuen.

ca. 380 kcal • 15 g E • 15 g F • 42 g KH • 8 g Bst. • 3 BE

Wassermelonensalat

Zubereitungszeit:
ca. 5 Min.

Für 2 Personen

480 g gekühlte Wassermelone mit Schale
1 EL ungesüßter Sanddornsaft
10 g Mandelstifte (1 EL)

1. Die Schale der Wassermelone abschneiden. Das Fruchtfleisch grob würfeln, in zwei Schälchen geben und den Sanddornsaft darüberträufeln.
2. Die Mandelstifte in einer heißen Pfanne ohne Fettzugabe leicht bräunen und über den Melonensalat streuen.

ca. 75 kcal • 2 g E • 3 g F • 10 g KH • 1 g Bst. • 1 BE

Hirse mit Datteln auf Heidelbeeren

Zubereitungszeit:
ca. ½ Std.

Für 2 Personen

20 g getrocknete Datteln (2 Stück)
60 g Hirse
⅛ l Vorzugsmilch
2 Msp. Delifruit
90 g Heidelbeeren
einige Zweige Pfefferminze

1. Die Datteln fein hacken. Die Hirse zuerst mit kaltem, dann mit warmem Wasser abspülen und mit der Milch und der Hälfte der Datteln in einem Topf zum Kochen bringen.
2. Die Hirse mit Delifruit abschmecken und das Ganze abgedeckt bei geringer Hitzezufuhr etwa 10 Minuten köcheln lassen. Anschließend auf der ausgeschalteten Herdplatte weitere 10 Minuten quellen lassen.
3. Inzwischen die Heidelbeeren mit den restlichen gehackten Datteln mischen und auf zwei Teller verteilen. Die noch warme Hirse auf die Früchte geben und mit Pfefferminzzweigen garnieren.

ca. 205 kcal • 6 g E • 4 g F • 37 g KH • 4 g Bst. • 3 BE

Kartoffelsuppe mit Linsenkeimlingen

Keimzeit:
2–3 Tage
Zubereitungszeit:
ca. ½ Stunde

Für 2 Personen

240 g Kartoffeln ohne Schale
½ l Gemüsebrühe (siehe Rezept Seite 160)
40 g Schalotten
10 g Butter (1 EL)
100 g Sauerampfer oder Blattspinat
wenig Kräutersalz
frisch gemahlener Pfeffer
frisch geriebene Muskatnuß
60 g Linsenkeimlinge (ca. 30 g Trockengewicht; siehe auch Seite 162)
30 g Sahne (2 EL)
60 g Vollkornfladenbrot (siehe Rezept Seite 144) oder Vollkornbrot (ca. 1½ Scheiben)

1. Die Kartoffeln in kleine Würfel schneiden und in der Gemüsebrühe garen.
2. Inzwischen die Schalotten sehr fein würfeln und in der mäßig heißen Butter glasig dünsten. Den Sauerampfer oder den Spinat dazugeben und etwa 1 Minute mitdünsten.
3. Etwa ein Viertel der Kartoffelwürfel und der Brühe zusammen mit dem Sauerampfer pürieren. Das Püree unter die Kartoffelsuppe rühren. Diese mit Kräutersalz, Pfeffer und Muskatnuß würzen und noch einmal aufkochen lassen.
4. Die Linsenkeimlinge kurz blanchieren und abtropfen lassen. Die Suppe auf zwei Teller verteilen.
5. Die Keimlinge auf die Suppe streuen. Die Sahne leicht cremig schlagen und darauf geben. Das Brot dazu essen.

ca. 350 kcal • 10 g E • 10 g F • 50 g KH • 5 g Bst. • 3 BE

Mohnvollkornbrötchen mit Camembert

Zubereitungszeit:
ca. 5 Min.

Für 2 Personen

150 g Mohnvollkornbrötchen (ca. 3 Stück)
62,5 g weicher Camembert 30 % Fett i. Tr. (½ Stück)
100 g Salatgurke ohne Schale

1. Die Brötchen halbieren und mit dem weichen Camembert bestreichen.
2. Die Gurke in Scheiben schneiden und zu den Brötchen essen.

ca. 230 kcal • 12 g E • 5 g F • 30 g KH • 5 g Bst. • 2½ BE

6. Beispiel

Für 2 Personen

Frühstück
Milchreis mit Pfirsich-Apfel-Salat

1. Zwischenmahlzeit
3 Nußhörnchen

Mittagessen
Wildkräuterfrischkost
Maischollen mit Kartoffel-Gurken-Salat
Maisgrieß mit Johannisbeeren

2. Zwischenmahlzeit
Sesamvollkornbrötchen mit fruchtigem Aufstrich

Abendessen
Berglinsen mit Sellerie-Möhren-Frischkost
Vollkornbaguette

Spätmahlzeit
Austernpilze auf Vollkorntoast

Dieser Tagesplan liefert pro Person ca. 1990 kcal • 75 g E • 65 g F • 265 g KH • 45 g Bst. • 19 BE

Milchreis mit Pfirsich-Apfel-Salat

Quellzeit:
ca. 10 Std.
Zubereitungszeit:
ca. ¾ Std.

Für 2 Personen

60 g Naturrundkornreis
120 ml Wasser
¼ l Vorzugsmilch
Mark von ¼ Vanilleschote
30 g getrockneter Pfirsich oder Aprikose (3 Stück)
2 Msp. Zimt
etwas abgeriebene Schale von einer unbehandelten Zitrone
100 g Apfel mit Schale
140 g Pfirsich ohne Stein
1 EL ungesüßter Sanddornsaft

1. Den Reis zuerst mit kaltem, dann mit warmem Wasser abspülen und in dem Wasser über Nacht quellen lassen.
2. Am Morgen die Milch und das Vanillemark zusammen mit dem Reis in einen Topf geben, das Ganze aufkochen und bei geringer Hitzezufuhr etwa 20 Minuten köcheln lassen.
3. Den Reis anschließend auf der ausgeschalteten Herdplatte weitere 10 Minuten quellen lassen.
4. Den getrockneten Pfirsich oder die Aprikose fein hacken und zusammen mit dem Zimt und mit ein wenig Zitronenschale unter den Reis mischen.
5. Den Apfel und den Pfirsich würfeln und mit dem Sanddornsaft mischen. Den Reis auf zwei Teller geben und die Obstwürfel darauf anrichten.

ca. 300 kcal • 7 g E • 6 g F • 50 g KH • 2 g Bst. • 4¼ BE

Nußhörnchen

Zubereitungszeit:
ca. 1¼ Std.
Gehzeit: ca. 1¼ Std.

Für ca. 20 Stück

Für den Teig

- **20 g frische Hefe (½ Würfel)**
- **200 ml lauwarmes Wasser**
- **400 g feines Weizenvollkornmehl**
- **wenig Meersalz**
- **200 g getrocknete Feigen**
- **1 Ei**
- **50 g Butter**

Für die Füllung:

- **1 Ei**
- **50 g Magerquark**
- **50 g Sahne**
- **Zimt, etwas abgeriebene Schale von einer unbehandelten Zitrone**
- **100 g gemahlene Haselnüsse**

1. Die Hefe in dem Wasser auflösen und mit ungefähr 100 Gramm Mehl und 1 Prise Salz verrühren. Den Vorteig abgedeckt an einem warmen Ort etwa ½ Stunde gehen lassen, bis sich sein Volumen verdoppelt hat.
2. Inzwischen die Feigen sehr fein hacken. Die Hälfte der Feigen zusammen mit dem Ei, der Butter, dem restlichen Mehl und dem Vorteig rasch zu einem geschmeidigen Teig verkneten. Den Teig wieder an einem warmen Ort bis zum doppelten Volumen gehen lassen.
3. Inzwischen das Ei trennen. Den Quark mit dem Eiweiß und der Sahne verrühren. Mit Zimt und Zitronenschale abschmecken.
4. Die restlichen gehackten Feigen und die Nüsse daruntermischen und so viel Wasser dazugeben, bis eine streichfähige Masse entstanden ist.
5. Den Teig nochmals kneten und etwa 1 Zentimeter dick zu einem Rechteck (30 × 50 cm) ausrollen. Aus dem Rechteck 20 Dreiecke schneiden.
6. Die Nußfüllung auf die breiten Teile der Teigdreiecke verteilen und den Teig zur Spitze hin aufrollen.
7. Die Hörnchen auf ein mit Backtrennpapier ausgelegtes Blech legen und abgedeckt bis zum doppelten Volumen gehen lassen. Den Backofen auf 175° C vorheizen.
8. Dann das Eigelb mit etwas Wasser verquirlen und die Hörnchen damit bestreichen. Die Hörnchen 15 bis 20 Minuten goldgelb backen.

1 Rezept (= 20 Hörnchen) enthält ca. 3270 kcal • 93 g E • 147 g F • 385 g KH • 93 g Bst. • 30 BE
1 Hörnchen = 1,5 BE

Zu 1.: *Den Vorteig an einem warmen Ort etwa ½ Stunde gehen lassen*

Zu 5.: *Aus dem Teigrechteck Dreiecke schneiden*

Wildkräuterfrischkost

Zubereitungszeit:
ca. ¼ Std.

Für 2 Personen

Für die Sauce:

- **wenig Kräutersalz**
- **1 EL Balsamessig (Aceto balsamico)**
- **1 Msp. Senf**
- **20 g Crème fraîche (1 gehäufter EL)**
- **10 g kaltgepreßtes Sonnenblumenöl (1 EL)**
- **frisch gemahlener Pfeffer**
- **1 Schalotte**

Für die Frischkost:

- **60 g Löwenzahn**
- **30 g Sauerampfer**
- **30 g Brennesselblätter**
- **40 g Brunnenkresse (1 Bund)**
- **200 g Tomaten**
- **einige Kerbelzweige**

1. Kräutersalz in dem Essig auflösen. Den Senf, die Crème fraîche und das Sonnenblumenöl darunterschlagen und die Sauce mit Pfeffer würzen.
2. Die Schalotte fein würfeln und unter die Sauce rühren.
3. Die Wildkräuter waschen, trockenschleudern und vorsichtig unter die Sauce heben. Die Tomaten vierteln und die Frischkost mit Tomatenvierteln und Kerbel garnieren.

ca. 145 kcal • 4 g E • 10 g F • 10 g KH • 5 g Bst. • 0 BE

Maischollen mit Kartoffel-Gurken-Salat

Zubereitungszeit:
ca. 1 Std.

Für 2 Personen

400 g Kartoffeln mit Schale
wenig Meersalz
1 EL Obstessig
1 Msp. Senf
⅛ l heiße Gemüsebrühe (siehe Rezept Seite 160)
frisch gemahlener Pfeffer
50 g Zwiebel
100 g Salatgurke ohne Schale
2 küchenfertige Maischollen (à 240 g) (siehe dazu den Tip rechts)
etwas Zitronensaft
wenig Kräutersalz
5 g Kokosfett (1 TL)
10 g kaltgepreßtes Sonnenblumenöl (1 EL)
1 EL gehackte Petersilie
einige Zitronenscheiben

1. Die Kartoffeln mit Schale in leicht gesalzenem Wasser 20 bis 30 Minuten (je nach Größe) dämpfen.
2. Inzwischen wenig Meersalz in dem Essig auflösen. Den Senf und die heiße Gemüsebrühe darunterrühren und die Marinade mit Pfeffer kräftig würzen.
3. Die Zwiebel sehr fein würfeln und die Gurke in Scheiben schneiden. Beides mit der Marinade mischen.
4. Die etwas abgekühlten Kartoffeln pellen, in Scheiben schneiden und ebenfalls unter die Marinade heben.
5. Die Schollen waschen, trockentupfen, mit Zitronensaft beträufeln und mit Kräutersalz und Pfeffer würzen. Die Schollen in dem heißen Kokosfett von beiden Seiten etwa 5 Minuten braten.
6. Den Kartoffelsalat nochmals abschmecken. Das Öl zuletzt daruntermischen und die Petersilie darüberstreuen. Die Schollen mit Zitronenscheiben garnieren und zum Salat essen.

ca. 300 kcal • 25 g E • 10 g F • 30 g KH • 4 g Bst. • 2 BE

Tip
Sie können die Maischolle auch leicht selbst küchenfertig vorbereiten:

Mit einer Schere am Schwanzende beginnend die Flossen abschneiden

Den Kopf abschneiden und den Fisch waschen

Maisgrieß mit Johannisbeeren

Keimzeit: 2–3 Tage
Zubereitungszeit (ohne Kühlzeit): ca. ½ Std.

Für 2 Personen

⅛ l Vorzugsmilch
30 g Maisgrieß
10 g Rosinen (1 TL)
etwas abgeriebene Schale von einer unbehandelten Zitrone
120 g schwarze Johannisbeeren
15 g Sahne (1 EL)
45 g Weizenkeimlinge (ca. 20 g Trockengewicht; siehe auch Seite 162)

1. Die Milch aufkochen lassen, den Maisgrieß unter ständigem Rühren hineinstreuen und das Ganze bei geringer Hitzezufuhr etwa 3 Minuten köcheln lassen. Dabei ständig rühren.
2. Den Maisbrei dann auf der ausgeschalteten Herdplatte kurz quellen lassen.
3. Inzwischen die Rosinen waschen, abtropfen lassen und zusammen mit etwas Zitronenschale unter den Maisbrei rühren.
4. Zwei Savarinförmchen (ca. 8 cm Ø) oder Tassen mit kaltem Wasser ausspülen. Den Brei hineinfüllen, glattstreichen und erkalten lassen.
5. Ein Viertel der Johannisbeeren mit einer Gabel zerdrücken. Die Sahne und die restlichen Beeren darunterziehen. Den Maisbrei aus den Ringförmchen auf zwei Teller stürzen und mit der Beerenmischung füllen.
6. Die Weizenkeimlinge waschen, abtropfen lassen und die Maisringe damit garnieren.

ca. 180 kcal • 5 g E • 6 g F • 25 g KH • 8 g Bst. • 2 BE

Sesamvollkornbrötchen mit fruchtigem Aufstrich

Zubereitungszeit: ca. ¼ Std.

Für 2 Personen

30 g Maronen (Eßkastanien)
120 g Aprikose ohne Stein
1 Msp. Zimt
Mark von ¼ Vanilleschote
120 g Sesamvollkornbrötchen (ca. 2 Stück)

1. Die Maronen sehr fein hacken und zusammen mit der Hälfte der Aprikosen pürieren. Die restlichen Aprikosen sehr fein würfeln und mit dem Püree verrühren.
2. Den Aufstrich mit dem Zimt und dem Vanillemark abschmecken. Die Brötchen halbieren und mit der Creme bestreichen.

ca. 190 kcal • 5 g E • 1 g F • 40 g KH • 5 g Bst. • 3 BE

Berglinsen mit Sellerie-Möhren-Frischkost

Keimzeit:
2–3 Tage
Zubereitungszeit:
ca. ½ Std.

Für 2 Personen

Für die Marinade:
wenig Kräutersalz
1 EL Obstessig
20 g kaltgepreßtes Distelöl (2 EL)
frisch gemahlener Pfeffer
50 g Zwiebel
½ Knoblauchzehe

Für die Frischkost:
120 g gekeimte Berglinsen (ca. 40 g Trockengewicht; siehe auch Seite 162)
150 g Bleichsellerie
150 g Möhren

Außerdem:
1 EL gehackter Estragon
1 EL gehackte Petersilie
120 g Vollkornbaguette

1. Kräutersalz in dem Essig auflösen. Das Öl darunterschlagen und die Marinade mit Pfeffer kräftig würzen.
2. Die Zwiebel fein würfeln, die Knoblauchzehe zerdrücken und beides in die Marinade rühren.
3. Die Linsenkeimlinge in kochendem, leicht gesalzenem Wasser blanchieren, kalt abschrecken und abtropfen lassen. Die Keimlinge unter die Marinade heben und kurz durchziehen lassen.
4. Vom Bleichsellerie etwas Grün abschneiden und sehr fein hacken. Die Stengel in feine Streifen schneiden. Die Möhren grob raspeln. Das Gemüse mit den Linsenkeimlingen mischen.
5. Die Frischkost nochmals kräftig abschmecken und mit Estragon und Petersilie bestreuen. Die Baguette dazu essen.

ca. 350 kcal • 12 g E • 12 g F • 50 g KH • 10 g Bst. • 3 BE

Austernpilze auf Vollkorntoast

Zubereitungszeit:
ca. ½ Std.

Für 2 Personen

200 g Austernpilze
5 g Butter (1 TL)
wenig Meersalz
frisch gemahlener Pfeffer
20 g Crème fraîche (1 gehäufter EL)
etwas Zitronensaft
125 g Weizenvollkorntoast (ca. 5 Scheiben)
20 g geriebener Emmentaler (4 EL)

1. Die Austernpilze grob hacken und in der mäßig heißen Butter etwa 3 Minuten dünsten. Anschließend mit Salz und Pfeffer würzen.
2. Die Crème fraîche darunterziehen und die Pilze mit etwas Zitronensaft abschmecken.
3. Den Backofen auf 200° C oder den Grill vorheizen. Den Vollkorntoast toasten. Die Pilze darauf verteilen, mit dem Käse bestreuen und so lange überbacken, bis der Käse geschmolzen ist.

ca. 280 kcal • 10 g E • 10 g F • 35 g KH • 1 g Bst. • 2½ BE

7. Beispiel

Für 2 Personen

Frühstück
Stachelbeeren und Banane auf Hirse

1. Zwischenmahlzeit
Vollkornbrot mit Mixed Pickles

Mittagessen
Kohlrabi-Brokkoli-Frischkost
Rinderrouladen auf Kichererbsengemüse
Birne in Holundersauce

2. Zwischenmahlzeit
Vollkornfladenbrot mit Feigenmus

Abendessen
Tomatensuppe mit Grünkernklößchen
Zucchino auf Vollkorntoast mit Gorgonzola

Spätmahlzeit
Erdbeer-Mandel-Mix

Dieser Tagesplan liefert pro Person ca. 2020 kcal • 82 g E • 57 g F • 287 g KH • 48 g Bst. • 19 BE

Stachelbeeren und Banane auf Hirse

Zubereitungszeit: ca. ½ Std.

Für 2 Personen

80 g Hirse
160 ml Wasser
10 g Rosinen (1 TL)
etwas Zitronensaft
frisch geriebener Ingwer
125 g Dickmilch 3,5 % Fett
60 g Banane
240 g Stachelbeeren
10 g Kürbiskerne (1 EL)

1. Die Hirse zuerst mit kaltem, dann mit warmem Wasser abspülen und mit dem Wasser in einen Topf geben. Das Ganze aufkochen und abgedeckt bei geringer Hitzezufuhr 5 bis 10 Minuten köcheln lassen. Dann auf der ausgeschalteten Herdplatte kurz quellen und anschließend abkühlen lassen.
2. Inzwischen die Rosinen waschen und mit etwas Zitronensaft, Ingwer und der Dickmilch verrühren.
3. Die abgekühlte Hirse mit einer Gabel auflockern und dann mit der Dickmilch verrühren.
4. Die Banane in Scheiben schneiden und zusammen mit den Stachelbeeren auf den Hirsebrei geben. Die Kürbiskerne darüberstreuen.

ca. 325 kcal • 10 g E • 7 g F • 52 g KH • 10 g Bst. • 4 BE

Vollkornbrot mit Mixed Pickles

Zubereitungszeit: ca. 10 Min.

Für 2 Personen

4 Salatblätter
175 g Roggenvollkornbrot (ca. 4 Scheiben)
100 g milchsauer vergorenes Gemüse (Mixed Pickles)
40 g Crème fraîche (2 EL)
einige Dillspitzen

1. Die Salatblätter waschen, abtropfen lassen und auf die Brotscheiben legen.
2. Die Mixed Pickles abtropfen lassen und auf den Salatblättern verteilen.
3. Die Crème fraîche mit etwas Essigwasser vom Gemüse verrühren, über die Mixed Pickles geben und die Brote mit Dill garnieren.

ca. 275 kcal • 7 g E • 8 g F • 40 g KH • 8 g Bst. • 2½ BE

Kohlrabi-Brokkoli-Frischkost

Zubereitungszeit: ca. ½ Std.

Für 2 Personen

Für die Marinade:
wenig Kräutersalz
1 EL Zitronensaft
20 g kaltgepreßtes Sonnenblumenöl (2 EL)
frisch gemahlener Pfeffer
50 g Zwiebel
½ Knoblauchzehe

Für die Frischkost:
100 g Kohlrabi
100 g Brokkoliröschen
50 g römischer Salat
1 EL gehackte Petersilie

1. Kräutersalz in dem Zitronensaft auflösen. Das Öl darunterschlagen und die Marinade mit Pfeffer würzen.
2. Die Zwiebel fein würfeln und den Knoblauch zerdrücken. Beides unter die Marinade rühren.
3. Den Kohlrabi in dünne Scheiben hobeln und mit der Marinade mischen. Die Brokkoli grob raspeln und ebenfalls darunterheben. Die Frischkost kurz durchziehen lassen.
4. Den römischen Salat waschen, trockenschleudern und auf zwei Teller verteilen. Die Frischkost nochmals abschmecken, auf den Salatblättern anrichten und die Petersilie darüberstreuen.

ca. 90 kcal • 3 g E • 5 g F • 8 g KH • 4 g Bst. • 0 BE

Rinderrouladen auf Kichererbsengemüse

Keimzeit:
3–4 Tage
Zubereitungszeit:
ca. 1¼ Std.

Für 2 Personen

50 g Zwiebel
1 Knoblauchzehe
25 g Lauch
25 g Möhre
5 g Butter (1 TL)
1 dünne Scheibe Rinderrouladenfleisch (180 g)
wenig Meersalz
frisch gemahlener Pfeffer
1 TL Senf
50 g Zucchino mit Schale
10 g Schafskäse
5 g Kokosfett (1 TL)
10 g Tomatenmark (2 TL)
50 ml trockener Rotwein
200 ml Gemüsebrühe (siehe Rezept Seite 160)
320 g Kartoffeln ohne Schale
120 g Kichererbsenkeimlinge (ca. 30 g Trockengewicht; siehe auch Seite 162)
wenig Kräutersalz
einige Stengel Bohnenkraut
frisch geriebene Muskatnuß
frischer Majoran
1 EL gehackte Petersilie

1. Die Zwiebel und den Knoblauch fein hacken. Den Lauch und die Möhre fein würfeln. Das Gemüse in der mäßig heißen Butter andünsten.
2. Inzwischen das Rouladenfleisch waschen, trockentupfen und die Scheibe quer halbieren. Das Fleisch mit Salz und Pfeffer würzen und dünn mit dem Senf bestreichen.
3. Die Hälfte des Gemüses auf den beiden Fleischscheiben verteilen. Den Zucchino in Stifte schneiden, ebenfalls auf die Rouladen verteilen und den Schafskäse darüberbröckeln. Das Fleisch zusammenrollen und mit Zahnstochern feststecken.
4. Das Kokosfett in einem Topf erhitzen und die Rouladen darin rundherum anbraten. Das Fett abgießen, das Tomatenmark in den Topf geben und kurz anschwitzen.
5. Den Wein und die Hälfte der Gemüsebrühe angießen, das Ganze aufkochen lassen und würzen. Die Rouladen zugedeckt etwa 40 Minuten schmoren lassen. Dabei ab und zu umrühren.
6. Inzwischen die Kartoffeln vierteln und in der restlichen Gemüsebrühe garen. Kurz vor Ende der Garzeit die Kichererbsenkeimlinge und die restliche Zwiebel-Gemüse-Mischung dazugeben.
7. Das Kartoffelgemüse mit wenig Kräutersalz, Pfeffer, Bohnenkraut, Muskatnuß und Majoran kräftig abschmecken.
8. Das Gemüse auf zwei Teller verteilen, eine Kartoffel zurückbehalten. Die Rouladen aus der Sauce nehmen, die Zahnstocher entfernen und die Rouladen auf das Gemüse legen.
9. Die Kartoffel in die Rouladensauce geben und das Ganze pürieren. Die Sauce kräftig würzen, aufkochen lassen und über die Rouladen gießen. Die Petersilie zuletzt darüberstreuen.

ca. 395 kcal • 27 g E • 12 g F • 40 g KH • 6 g Bst. • 3 BE

Birne in Holundersauce

Zubereitungszeit:
ca. 10 Min.

Für 2 Personen

80 g Holunderbeeren
25 ml Apfelsaft
5 g Rosinen (5 Stück)
2 Msp. Delifruit
120 g Birne
30 g Sahne (2 EL)

1. Die Holunderbeeren mit dem Apfelsaft und den Rosinen in einen Topf geben und 2 bis 3 Minuten köcheln lassen. Anschließend mit dem Delifruit abschmecken und erkalten lassen.
2. Die Birne in Spalten schneiden und diese auf zwei Teller verteilen. Die Holundersauce darüberziehen. Die Sahne leicht cremig schlagen und auf die Sauce geben.

ca. 70 kcal • 1 g E • 0,5 g F • 15 g KH • 6 g Bst. • 1 BE

Vollkornfladenbrot mit Feigenmus

Keimzeit:
2–3 Tage
Zubereitungszeit:
ca. ¼ Std.

Für 2 Personen

20 g getrocknete Feige (1 Stück)
50 ml Apfelsaft
nach Belieben 1 TL gemahlene Haselnüsse
etwas abgeriebene Schale von einer unbehandelten Zitrone
90 g Vollkornfladenbrot (siehe Rezept Seite 144) oder Vollkornbrot (ca. 2 Scheiben)
90 g Weizenkeimlinge (ca. 40 g Trockengewicht; siehe auch Seite 162)

1. Die Feige hacken und in dem Apfelsaft etwa 10 Minuten quellen lassen.
2. Die Feige anschließend mit einer Gabel zu Mus zerdrücken. Das Mus mit Zitronenschale und eventuell mit Haselnüssen mischen.
3. Das Feigenmus auf die Brote streichen. Die Keimlinge waschen, abtropfen lassen und darüberstreuen.

ca. 245 kcal • 7 g E • 1 g F • 50 g KH • 3 g Bst. • 3 BE

Tomatensuppe mit Grünkern-klößchen

Zubereitungszeit:
ca. ¾ Std.

Für 2 Personen

10 g weiche Butter (1 EL)
20 g Kräuterquark
40 % Fett i. Tr. (1 EL)
40 g feines Grünkernmehl
wenig Kräutersalz
frisch gemahlener Pfeffer
frisch geriebene Muskatnuß
1 TL gehackter Estragon
1 Schalotte
½ Knoblauchzehe
5 g Olivenöl (1 TL)
300 g Tomaten
¼ l Gemüsebrühe
(siehe Rezept Seite 160)
20 g Eiweiß (½ Stück)

1. Die Butter cremig rühren und mit dem Quark mischen. Das Grünkernmehl hineinrühren und die Masse mit Kräutersalz, Pfeffer, Muskatnuß und Estragon würzen.
2. Die Schalotte und den Knoblauch fein hacken und in dem mäßig heißen Öl glasig dünsten.
3. Die Tomaten von Stielansätzen befreien, das Fruchtfleisch fein würfeln und zu der Zwiebel-Knoblauch-Mischung geben. Ebenfalls mit andünsten, die Gemüsebrühe angießen und aufkochen lassen. Kräftig abschmecken und pürieren.
4. Das Eiweiß zu sehr steifem Schnee schlagen und unter die Grünkernmasse heben. Die Tomatensuppe zum Kochen bringen. Von der Grünkernmasse mit einem Teelöffel kleine Klößchen abstechen und 5 Minuten in der Suppe ziehen, nicht kochen lassen.

ca. 160 kcal • 6 g E • 5 g F • 22 g KH • 5 g Bst. • 1 BE

Zucchini auf Vollkorntoast mit Gorgonzola

Zubereitungszeit:
ca. 20 Min.

Für 2 Personen

40 g Schalotten
½ Knoblauchzehe
5 g Butter (1 TL)
100 g Zucchino mit Schale
wenig Meersalz
frisch gemahlener Pfeffer
gerebelter Oregano
100 g Weizenvollkorntoast
(4 Scheiben)
40 g Gorgonzolakäse

1. Die Schalotten und den Knoblauch fein hacken und in der mäßig heißen Butter glasig dünsten.
2. Den Zucchino grob raspeln, dazugeben und mit andünsten. Das Gemüse mit Salz, Pfeffer und Oregano kräftig würzen.
3. Den Backofen auf 200 °C oder den Grill vorheizen. Die Vollkorntoasts leicht toasten und das Zucchinogemüse darauf verteilen. Den Käse klein schneiden, darüberstreuen und die Toasts so lange überbacken, bis der Käse geschmolzen ist.

ca. 220 kcal • 10 g E • 7 g F • 27 g KH • 1 g Bst. • 2 BE

Erdbeer-Mandel-Mix

Zubereitungszeit:
ca. 5 Min.

Für 2 Personen

10 g Mandeln (8 Stück)
200 g Erdbeeren
¼ l Vorzugsmilch
1 EL ungesüßter Sanddornsaft
etwas abgeriebene Schale von einer unbehandelten Zitrone
einige Zweige Zitronenmelisse
45 g eifreier Vollkornzwieback (4 Scheiben)

1. Die Mandeln hacken und zusammen mit den Erdbeeren und der Milch pürieren.
2. Das Getränk mit dem Sanddornsaft und etwas Zitronenschale abschmekken. Mit Zitronenmelisse garnieren und den Zwieback dazu essen.

ca. 235 kcal • 8 g E • 9 g F • 30 g KH • 3 g Bst. • 2½ BE

GEBÄCK, DESSERTS UND SÜSSE AUFSTRICHE

Zusätzlich zu den Rezepten in den Tagesplänen haben wir Ihnen im folgenden Kapitel weitere Rezepte zusammengestellt. Hier finden Sie auch diejenigen, auf die in den Tagesplänen jeweils verwiesen wird (zum Beispiel Vollkornfladenbrot und Mürbeteigtörtchen).

Dessert- und Gebäckrezepte sind unserer Ansicht nach für Diabetiker von besonderer Bedeutung, da es hier vor allem um den geschickten Austausch von Zucker gegen geeignete Süßungsmittel geht. Wir verwenden zum Süßen vorwiegend Trockenobst, das zudem durch sein Aroma zu einem besonders guten Geschmack beiträgt.

Am Ende dieses Kapitels finden Sie Grundrezepte (zum Beispiel für Gemüsebrühe) sowie Hinweise zum Umgang mit Getreide und zum Backen mit Vollkornmehl. Eine übersichtliche Tabelle informiert über die richtige Anzucht von Keimen und Sprossen.

Wenn Sie die Speisen in den Tagesplänen nach Belieben variieren möchten, wird Ihnen das Rezeptverzeichnis am Ende dieses Buches eine wertvolle Hilfe sein. Hier sind alle Rezepte so geordnet, daß man vom Brotaufstrich bis zum Dessert das Angebot an Rezepten in diesem Buch gut überblicken kann.

Vollkornfladenbrot

Zubereitungszeit:
ca. 1 Std.

Für 6 Fladen

- **40 g feines Weizenvollkornmehl**
- **40 g feines Roggenvollkornmehl**
- **30 g Hirsemehl**
- **1 TL Kümmel**
- **¼ TL Meersalz oder Kräutersalz**
- **125 g Buttermilch**
- **ca. 100 ml Wasser**
- **5 g Sonnenblumenöl für das Blech (1 TL)**

1. Die Mehle mit dem Kümmel und dem Salz mischen.
2. Die Buttermilch und soviel Wasser hineinrühren, bis ein weicher Teig entstanden ist. Den Teig etwa 20 Minuten quellen lassen.
3. Den Backofen auf 220° C vorheizen. Ein Backblech einfetten. Mit einem Eßlöffel sechs gleich große Teighäufchen auf das Backblech setzen und diese flach (12 cm Ø) ausstreichen.
4. Die Fladen nun etwa 25 Minuten backen, nach 15 Minuten Backzeit einmal wenden. Die Fladen auf einem Kuchengitter abkühlen lassen und trocken aufbewahren.

1 Rezept (= 6 Fladen) enthält ca. 410 kcal • 17 g E • 4 g F • 75 g KH • 12 g Bst. • 6 BE
1 Fladen = 1 BE

Weizen-Hafer-Brötchen

Zubereitungszeit:
ca. 15 Minuten

Für 10 Stück

- **20 g getrocknete Feige (1 Stück)**
- **80 ml Mineralwasser**
- **50 g Magerquark**
- **1 TL Weinsteinbackpulver**
- **120 g feines Weizenvollkornmehl**
- **wenig Meersalz**
- **60 g Haferflocken (möglichst frisch hergestellt)**
- **5 g Sonnenblumenöl für das Blech (1 TL)**
- **1 EL Vorzugsmilch**
- **1 TL Sesam**

1. Die Feige sehr fein hakken. Zusammen mit dem Mineralwasser unter den Quark rühren und etwa 15 Minuten quellen lassen.
2. Inzwischen das Weizenmehl mit dem Weinsteinbackpulver und dem Salz mischen.
3. Das Mehlgemisch unter die Quarkmasse rühren und den Teig sorgfältig durchkneten. Aus dem Teig zehn gleich große Brötchen formen und diese auf ein gefettetes Backblech setzen. Den Backofen auf 175° C vorheizen.
4. Mit dem Messerrücken oben ein Kreuz eindrücken und die Brötchen mit der Milch bestreichen. Den Sesam darauf streuen und die Brötchen etwa 20 Minuten backen.

1 Rezept (= 10 Brötchen) enthält ca. 735 kcal • 30 g E • 10 g F • 128 g KH • 20 g Bst. • 10 BE
1 Brötchen = 1 BE

Kräuterknäckebrot

Zubereitungszeit:
ca. 1¾ Std.

Für 10 Stück

- **140 g feines Roggenvollkornmehl**
- **50 g Roggenvollkornflocken (möglichst frisch hergestellt)**
- **¼ TL Kräutersalz**
- **1 EL getrocknete Kräuter (Thymian, Oregano, Schnittlauch, Petersilie)**
- **125 g Buttermilch**
- **20 g kaltgepreßtes Sonnenblumenöl (2 EL)**

1. Das Mehl mit den Roggenflocken, dem Kräutersalz und den Kräutern mischen.
2. Eine Mulde in die Mehlmischung drücken. Die Buttermilch mit dem Öl verrühren, in die Mulde geben und die Flüssigkeit mit den trokkenen Zutaten mit einer Gabel zum Muldenrand hin verrühren. Dann rasch zu einem glatten Teig kneten.
3. Den Teig zu einer Kugel formen. In Folie einwickeln und etwa 1 Stunde kalt stellen.
4. Den Backofen auf 200° C vorheizen. Anschließend den Teig zwischen zwei Lagen Frischhaltefolie etwa 2 Millimeter dick zu einem Rechteck (20 × 25 cm) ausrollen. Das Rechteck in zehn Rechtecke schneiden. Die Teigplättchen mit einer Gabel mehrmals einstechen, auf ein bemehltes Backblech legen und 15 bis 20 Minuten backen.

1 Rezept (10 Scheiben) enthält ca. 820 kcal • 26 g E • 25 g F • 122 g KH • 24 g Bst. • 10 BE
1 Knäckebrot = 1 BE

Dreikornbrot

Zubereitungszeit:
ca: 1¼ Std.
Gehzeit:
ca. 1 Std.

Für 1 Brot (ca. 17 Scheiben)

- **200 g feines Weizenvollkornmehl**
- **20 g frische Hefe (½ Würfel)**
- **100 ml lauwarmes Wasser**
- **125 g Buttermilch**
- **½ TL Kräutersalz**
- **50 g Sesam**
- **60 g feines Roggenvollkornmehl**
- **40 g Hafervollkornmehl**
- **3 EL Vollkornmehl zum Kneten**
- **5 g Sonnenblumenöl für die Form (1 TL)**
- **etwas Vorzugsmilch zum Bestreichen**

1. Das Weizenmehl in eine Schüssel geben und in die Mitte eine Mulde drücken. Die Hefe hineinbröckeln und mit dem lauwarmen Wasser und etwas Mehl vom Rand zu einem Vorteig verrühren. Etwas Mehl vom Rand darüberstäuben und den Ansatz abgedeckt an einem warmen Ort 15 bis 20 Minuten gehen lassen.
2. Die Buttermilch, das Kräutersalz, den Sesam, das Roggen- und das Hafermehl zum Vorteig geben und alle Zutaten mit den Knethaken eines Handrührgerätes so lange kneten, bis sich der Teig vom Schüsselrand löst.
3. Den Teig abgedeckt nochmals 15 bis 20 Minuten an einem warmen Ort gehen lassen, bis sich sein Volumen verdoppelt hat.
4. Den Teig anschließend nochmals kneten, eventuell noch etwas Mehl dazugeben. Den Teig zu einer 20 Zentimeter langen Rolle formen. Diese in eine gefettete Kastenform legen und leicht flachdrücken.
5. Den Teig abgedeckt nochmals an einem warmen Ort etwa 20 Minuten bis zum doppelten Volumen gehen lassen. Den Backofen auf 220° C vorheizen.
6. Das Brot etwa 40 Minuten backen. Während der letzten 20 Minuten Backzeit das Brot zwei- bis dreimal mit Milch bestreichen, damit eine goldgelbe Kruste entsteht. Das Brot ist fertig gebacken, wenn man an die Unterseite klopft und es hohl klingt.
7. Das Brot aus der Form nehmen, auf einem Kuchengitter auskühlen lassen und in 17 Scheiben schneiden.

1 Brot enthält ca. 1460 kcal • 55 g E • 36 g F • 220 g KH • 36 g Bst. • 17 BE
1 Scheibe = 1 BE

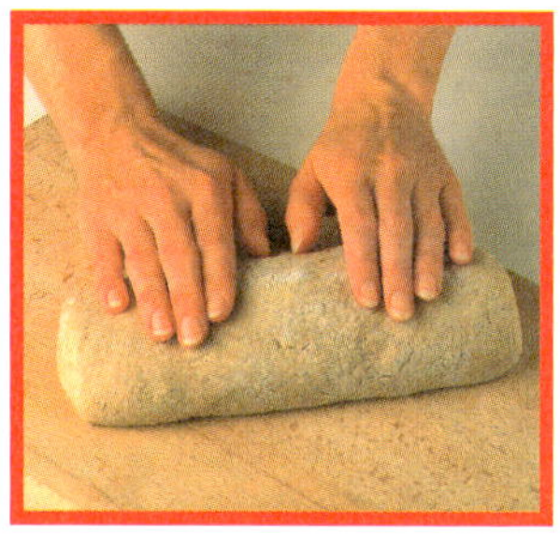

Zu 4.: *Den Teig zu einer 20 Zentimeter langen Rolle formen*

Zu 5.: *Den Teig in der Form bis zum doppelten Volumen gehen lassen*

Vollkornmarmorkuchen

Zubereitungszeit:
ca. 1½ Std.

Für 1 Kuchen (ca. 12 Stücke)

100 g getrocknete Feigen
60 ml Wasser
100 g weiche Butter
3 Eier
360 g feines Weizenvollkornmehl
1 TL Weinsteinbackpulver
Mark von ½ Vanilleschote
wenig Meersalz
⅛ l Vorzugsmilch
5 g Butter für die Form (1 TL)
15 g Carob

1. Die Feigen etwa 15 Minuten in dem Wasser quellen lassen und dann pürieren.
2. Die Butter mit dem Feigenpüree schaumig rühren. Die Eier einzeln darunterschlagen.
3. Das Mehl mit dem Backpulver, dem Vanillemark und Meersalz mischen und unter die Buttermischung rühren. Zuletzt die Milch darunterrühren. Eine kleine Kastenform ausfetten und mit Mehl ausstreuen.
4. Die Hälfte des Teigs in die Form füllen. Den Backofen auf 180° C vorheizen.
5. Den restlichen Teig mit dem Carob mischen. Die Oberfläche des hellen Teigs mit einem Löffel etwas auseinanderdrücken. Den dunklen Teig daraufgeben und glattstreichen.
6. Den Kuchen 40 bis 50 Minuten backen, auf ein Gitter stürzen und auskühlen lassen. Den Kuchen in 12 Stücke schneiden.

1 Marmorkuchen enthält ca. 2565 kcal • 76 g E • 115 g F • 288 g KH • 60 g Bst. • 26 BE
1 Stück = 2 BE

Johannisbeertorte

Zubereitungszeit:
ca. 2 Std.

Für 1 Torte (ca. 14 Stücke)

Für den Teig:
60 g getrocknete Aprikosen
60 ml Wasser
100 g weiche Butter
160 g Haferflocken (möglichst frisch hergestellt)
80 g feines Weizenvollkornmehl
wenig Meersalz
30 g gemahlener Sesam
60 ml Mineralwasser

Für die Füllung:
60 g getrocknete Feigen
60 ml Wasser
200 g Tofu
2 Eier
etwas Zitronensaft
2 Msp. Delifruit
360 g schwarze Johannisbeeren

1. Die Aprikosen etwa ¼ Stunde in dem Wasser quellen lassen und dann pürieren oder sehr fein hakken. Die Feigen für die Füllung ebenfalls in 60 Millilitern Wasser quellen lassen.
2. Die Butter mit dem Aprikosenmus schaumig rühren. Die Haferflocken mit dem Vollkornmehl, Salz und dem Sesam mischen. Nach und nach unter die Buttermischung rühren. Zum Schluß das Mineralwasser löffelweise darunterrühren. Der Teig sollte sehr weich sein.
3. Den Teig in eine mit Backtrennpapier ausgelegte Springform (28 cm Ø) streichen. Dabei einen etwa 2 Zentimeter hohen Rand formen. Den Teig etwa 20 Minuten ruhen lassen.
4. Inzwischen die Füllung zubereiten. Dafür die Feigen zusammen mit dem Tofu pürieren. Die Eier trennen.
5. Die Eigelbe schaumig schlagen, unter die Tofucreme heben und die Creme mit Zitronensaft und dem Delifruit würzig abschmecken.
6. Die Eiweiße mit etwas Salz zu sehr steifem Schnee schlagen und ebenfalls unter die Tofu-Eigelb-Creme heben. Die Hälfte der Masse auf dem Kuchenteig verteilen.
7. Den Backofen auf 185° C vorheizen. Die Johannisbeeren über die Füllung streuen und die restliche Creme daraufgeben und die Oberfläche glattstreichen. Die Torte 45 bis 55 Minuten backen. Anschließend auskühlen lassen und die Torte in 14 Stücke schneiden.

1 Torte enthält ca. 2640 kcal • 75 g E • 130 g F • 285 g KH • 72 g Bst. • 21 BE
1 Stück = 1,5 BE

Zu 3.: *Eine Springform mit dem Teig auslegen und einen Rand formen*

Zu 7.: *Die Johannisbeeren über die Füllung streuen und die restliche Creme daraufgeben*

Vollkornmürbeteig für Törtchen

Zubereitungszeit:
ca. 1 Std.

**Für 10 Törtchen
(à 45 g Teig)**

150 g Magerquark
25 g Butter
wenig Meersalz
25 ml Mineralwasser
1 Ei
200 g feines Weizenvollkornmehl

1. Den Quark gut ausdrücken. Die Butter cremig rühren und nach und nach den Quark, Salz und das Mineralwasser dazugeben. Dann das Ei unter den Quarkteig rühren.
2. Das Mehl rasch unterkneten. Den Teig zu einer Kugel formen, in Folie einwickeln, mindestens 30 Minuten kalt stellen.
3. Den Backofen auf 175° C vorheizen. Den Teig in 10 Portionen teilen und mit jeder Teigportion ein Torteletförmchen (ca. 10 cm Ø) auslegen. Den Teig mit einer Gabel mehrmals einstechen und 15 bis 20 Minuten blindbacken, das heißt, der Teig sollte noch hell sein und keine Farbe nehmen.

1 Rezept (= 10 Törtchen) enthält ca. 1025 kcal • 50 g E • 30 g F • 127 g KH • 22 g Bst. • 10 BE
1 Törtchen = 1 BE

Tip
Die blindgebackenen Törtchen lassen sich gut einfrieren. Man kann sie nach Bedarf auftauen und pikant oder süß belegen.

Birnentorte

Zubereitungszeit:
ca. 2 Std.
Kühlzeit:
ca. 2 Std.

Für 1 Torte (12 Stücke)

Für den Teig:
- **180 g feines Weizenvollkornmehl**
- **wenig Meersalz**
- **100 g kalte Butter**
- **40 g getrocknete Feige (1 Stück)**
- **200 g Magerquark**

Für den Belag:
- **100 g getrocknete Feigen**
- **80 ml Wasser**
- **2 Eier**
- **40 g saure Sahne**
- **Mark von ¼ Vanilleschote**
- **20 g grob gehackte Walnüsse (2 EL)**
- **5 g Butter für die Form (1 TL)**
- **960 g Williamsbirnen**
- **etwas Zitronensaft**

1. Das Vollkornmehl mit wenig Salz mischen und auf eine Arbeitsfläche geben. Die Butter fein würfeln, die Feige hacken und den Quark in einem Tuch ausdrücken.
2. Butter, Feige und Quark über das Mehl verteilen und alles mit zwei großen Messern feinkrümelig hacken.
3. Dann die Zutaten rasch zu einem glatten Teig verkneten, den Teig in eine Folie wickeln und etwa 2 Stunden kalt stellen.
4. Inzwischen die Feigen etwa ¼ Stunde in dem Wasser quellen lassen. Die Eier trennen.
5. Die Feigen zusammen mit der sauren Sahne und den Eigelben pürieren und mit dem Vanillemark abschmecken. Die Nüsse darunterziehen.
6. Eine Springform (28 cm Ø) ausfetten und mit Mehl ausstreuen.
7. Den Teig zu einer runden Platte ausrollen. Die Form damit auslegen, dabei einen 3 Zentimeter hohen Rand formen.
8. Die Birnen vierteln, mit Zitronensaft beträufeln und kreisförmig auf den Teigboden verteilen.
9. Den Backofen auf 180° C vorheizen. Die Eiweiße mit wenig Salz zu sehr steifem Schnee schlagen. Diesen vorsichtig unter die Eiercreme heben und die Masse auf den Birnen verteilen.
10. Die Torte 40 bis 50 Minuten backen. Anschließend auskühlen lassen und die Torte in 12 Stücke schneiden.

1 Torte enthält ca. 2680 kcal • 75 g E • 120 g F • 315 g KH • 83 g Bst. • 24 BE
1 Stück = 2 BE

Kefir-Himbeer-Torte

Zubereitungszeit (ohne Kühlzeiten): ca. 1¼ Std.

Für 1 Torte (ca. 14 Stücke)

Für den Teig:
- 60 g getrocknete Aprikosen
- 3 Eier
- 3 EL Wasser
- wenig Meersalz
- 100 g feines Weizenvollkornmehl
- etwas abgeriebene Schale von einer unbehandelten Zitrone
- 1 TL Weinsteinbackpulver

Für die Füllung:
- 8 Blatt Gelatine
- 420 g Himbeeren
- 60 g getrocknete Aprikosen
- 250 g Kefir 1,5 % Fett
- etwas Zitronensaft
- 200 g Sahne (50 g zum Garnieren zurückbehalten)
- einige Zitronenmelisseblättchen

1. Die Aprikosen sehr fein hacken und die Eier trennen. Das Aprikosenmus mit den Eigelben und dem Wasser etwa 10 Minuten schaumig rühren.
2. Die Eiweiße mit dem Salz zu sehr steifem Schnee schlagen und vorsichtig unter die Eigelbmasse heben.
3. Das Vollkornmehl mit der Zitronenschale und dem Backpulver mischen und vorsichtig unter die Eimasse heben.
4. Den Backofen auf 180° C vorheizen. Den Biskuitteig in eine mit Backtrennpapier ausgelegte Springform (28 cm ∅) füllen, glattstreichen und 15 bis 20 Minuten backen. Anschließend auskühlen lassen und aus der Form nehmen.
5. Nach dem Auskühlen die Füllung zubereiten. Dafür die Gelatine etwa 5 Minuten in kaltem Wasser quellen lassen.
6. 14 Himbeeren zum Garnieren beiseite legen. Die Aprikosen fein hacken und mit den restlichen Himbeeren pürieren.
7. Den Kefir mit etwas Zitronensaft verrühren und unter das Himbeerpüree mischen.
8. Die Gelatine ausdrücken und in wenig Wasser vorsichtig erwärmen und auflösen. Die Gelatine unter die nicht zu kalte Kefir-Himbeer-Mischung rühren (die Gelatine zieht Fäden, wenn die Masse zu kalt ist). Die Füllung kalt stellen.
9. Inzwischen die Sahne sehr steif schlagen und unter die Himbeermasse ziehen.
10. Den Rand einer Springform mit Pergamentpapier auslegen. Den Biskuitboden in die Form legen und die Füllung gleichmäßig auf dem Boden verteilen. Die Torte etwa 1 Stunde kalt stellen.
11. Die Torte aus der Form nehmen, das Pergamentpapier abziehen und die Torte in 14 Stücke teilen. Mit der zurückbehaltenen Sahne, den Himbeeren und den Zitronenmelisseblättchen garnieren.

1 Torte enthält ca. 1800 kcal • 50 g E • 90 g F • 195 g KH • 60 g Bst. • 14 BE
1 Stück = 1 BE

Zwetschgenvollkornkuchen

Zubereitungszeit:
ca. ½ Std.
Gehzeit:
ca. ¾ Std.

Für 1 Kuchen
(ca. 16 Stücke)

Für den Teig:

⅛ l lauwarme Vorzugsmilch
20 g frische Hefe (½ Würfel)
160 g feines Weizenvollkornmehl
wenig Meersalz
10 g getrocknete Aprikose (½ Stück)
5 g Butter für die Form (1 TL)

Für den Belag:

600 g Zwetschgen ohne Steine
20 g getrocknete Aprikose (1 Stück)
Zimt
10 g Mandelblättchen (1½ EL)

1. Die Hefe in der lauwarmen Milch auflösen. Die Aprikose sehr fein hacken. Das mühlenwarme Mehl mit Salz und der fein gehackten Aprikose mischen, die Hefelösung dazugeben und das Ganze rasch zu einem geschmeidigen Teig verkneten.
2. Den Teig an einem warmen Ort zugedeckt etwa 30 Minuten gehen lassen, bis er das doppelte Volumen erreicht hat. Inzwischen eine Springform (28 cm ∅) einfetten.
3. Den Hefeteig nochmals durchkneten und in Formgröße ausrollen. Die Teigplatte in die Form legen und einen etwa 2 Zentimeter hohen Rand hochdrücken.
4. Die Zwetschgen kreisförmig auf den Teigboden legen. Den Kuchen nochmals etwa 15 Minuten an einem warmen Ort gehen lassen.
5. Den Backofen auf 180° C vorheizen. Die restlichen Aprikosen fein hacken, mit Zimt mischen und den Kuchen damit bestreuen.
6. Nun den Kuchen etwa ½ Stunde backen. Nach der Hälfte der Backzeit die Mandelblättchen darüberstreuen und den Kuchen fertig backen. Den Kuchen abkühlen lassen und in 16 Stücke schneiden.

1 Kuchen enthält ca.
1250 kcal • 32 g E • 15 g F • 240 g KH • 73 g Bst. • 16 BE
1 Stück = 1 BE

Vollkornsavarins

Zubereitungszeit:
ca. 1½ Std.

Für 15 Savarins

240 g feines Weizenvollkornmehl
10 g frische Hefe (¼ Würfel)
100 ml lauwarmes Wasser
2 Eier
50 g weiche Butter
20 g getrocknete Feige (1 Stück)
wenig Meersalz
10 g Butter für die Savarinförmchen (1 EL)

1. 100 Gramm Vollkornmehl anwärmen, in eine Schüssel geben und in die Mitte eine kleine Mulde drücken.
2. Die Hefe hineinbröckeln, mit dem Wasser und etwas Mehl vom Rand zu einem weichen Vorteig verrühren. Diesen abgedeckt an einem warmen Ort 15 bis 20 Minuten gehen lassen, bis sich sein Volumen verdoppelt hat.
3. Das restliche Mehl, die Eier und 1 Eßlöffel Wasser mit dem Vorteig zu einem elastischen Teig kneten. Die Feige fein hacken, zusammen mit der Butter und Salz unter den Teig kneten.
4. 15 Savarinförmchen (7 oder 8 cm ∅) ausfetten und mit Mehl ausstäuben. Den weichen Teig in einen Spritzbeutel füllen. Den Teig in die Savarinförmchen spritzen.
5. Den Teig abgedeckt an einem warmen Ort nochmals etwa 15 Minuten gehen lassen, bis die Förmchen gefüllt sind. Den Backofen auf 180° C vorheizen.
6. Die Savarins 15 bis 20 Minuten goldgelb backen. Zum Auskühlen auf ein Kuchengitter stürzen. Die Savarins mit Pfirsichsalat (siehe Rezept Seite 78) oder anderem frischen Obst füllen.

1 Rezept (= 15 Savarins) enthält ca. 1370 kcal • 42 g E • 58 g F • 160 g KH • 30 g Bst. • 15 BE
1 Savarin = 1 BE

Tip
Die gebackenen Savarins lassen sich gut einfrieren und werden nach dem Auftauen kurz aufgebacken.

Variation
Aus dem Savarinteig können Sie auch **Vollkornbrioches** zubereiten. Dafür die Hefe nur mit wenig Wasser anrühren, der Teig sollte etwas fester sein. Den Teig in 15 Stücke teilen. Von jeder Portion ein haselnußgroßes Stück abzupfen und jeweils beide Teile zu Kugeln formen.
Die größeren Kugeln in 15 gefettete Briocheförmchen (7 cm ∅) geben. In die Mitte jeweils eine kleine Vertiefung drücken und die kleineren Kugeln hineinsetzen. Die Brioches abgedeckt an einem warmen Ort 15 bis 20 Minuten gehen lassen. Den Backofen auf 180° C vorheizen.
1 Eigelb mit etwas Wasser verquirlen, die Brioches damit bestreichen und 15 bis 20 Minuten goldgelb backen. Die Brioches abdampfen lassen, aus den Förmchen nehmen und auf einem Kuchengitter auskühlen lassen.
Die Brioches zum Frühstück oder als Zwischenmahlzeit mit Fruchtaufstrich oder Frischkäse essen.

1 Rezept (= 15 Brioches) enthält ca. 1370 kcal • 42 g E • 58 g F • 160 g KH • 30 g Bst. • 15 BE
1 Brioche = 1 BE

Löffelbiskuits

Zubereitungszeit:
ca. 1 Std.

Für 16 Biskuits

60 g getrocknete Aprikose
60 ml Wasser
3 Eier
Mark von ¼ Vanilleschote
etwas abgeriebene Schale von einer unbehandelten Zitrone
wenig Meersalz
100 g feines Weizenvollkornmehl
½ TL Weinsteinbackpulver

1. Die Aprikosen sehr fein hacken und etwa ¼ Stunde in dem Wasser quellen lassen. Inzwischen die Eier trennen.
2. Die Eigelbe mit dem Aprikosenmus, dem Vanillemark und etwas Zitronenschale schaumig rühren.
3. Die Eiweiße mit einer Prise Salz zu sehr steifem Schnee schlagen und locker unter die Eigelbmasse heben.
4. Das Mehl mit dem Backpulver mischen und vorsichtig unter die Schaummasse ziehen.
5. Den Backofen auf 175° C vorheizen. Den Biskuitteig in einen Spritzbeutel füllen und 16 gleichlange Teigstreifen auf ein mit Backtrennpapier ausgelegtes Blech spritzen. Die Teigstreifen 20 bis 25 Minuten backen.

1 Rezept (= 16 Biskuits) enthält ca. 730 kcal • 34 g E • 20 g F • 100 g KH • 13 g Bst. • 8 BE
2 Biskuits = 1 BE

Beerentraum mit Löffelbiskuits

Zubereitungszeit (ohne Zubereitungszeit für die Biskuits):
ca. ¾ Std.

Für 2 Personen

20 g getrocknete Feige (1 Stück)
nach Belieben 2 EL trockener Weißwein oder Wasser
1 Eigelb
etwas abgeriebene Schale von einer unbehandelten Orange
1 Msp. Delifruit
125 g Joghurt 1,5 % Fett
60 g schwarze Johannisbeeren
70 g Brombeeren
100 g Himbeeren
einige Pfefferminzblättchen
2 Löffelbiskuits
(siehe Rezept Seite 151)

1. Die Feige sehr fein hacken und in 2 Eßlöffeln Wasser oder Weißwein etwa ¼ Stunde quellen lassen.
2. Das Eigelb zusammen mit etwas Orangenschale und dem Feigenmus in eine hitzebeständige Schüssel geben. Die Schüssel in ein heißes Wasserbad hängen und die Mischung etwa 5 Minuten zu einer schaumigen Creme aufschlagen. Diese mit dem Delifruit abschmecken.
3. Den Joghurt glattrühren, unter die Schaummasse ziehen und die Sauce auf zwei Teller geben.
4. Die Beeren darauf verteilen und das Dessert mit Pfefferminzblättchen und den Biskuits garnieren.

ca. 160 kcal • 6 g E • 5 g F • 27 g KH • 16 g Bst. • 2 BE

Pfannkuchen mit Zwetschgenkompott

Zubereitungszeit:
ca. 1 Std.

Für 2 Personen

- 5 g frische Hefe (⅛ Würfel)
- ⅛ l lauwarme Vorzugsmilch
- 60 g feines Dinkelvollkornmehl
- wenig Meersalz
- 1 Ei
- 5 g Butter (1 TL)
- 20 g getrocknete Aprikose (2 Stück)
- 50 ml Apfelsaft
- 100 g Zwetschgen ohne Steine
- Zimt
- frisch geriebener Ingwer
- einige Limettenscheiben

1. Die Hefe in der Milch auflösen. Das Mehl mit einer Prise Salz mischen und mit der Hefelösung zu einem glatten Teig verrühren. Diesen mindestens ½ Stunde an einem warmen Ort gehen beziehungsweise quellen lassen.
2. Inzwischen die Aprikosen fein hacken und in der Hälfte des Apfelsafts etwa ¼ Stunde quellen lassen. Die Zwetschgen vierteln.
3. Den restlichen Apfelsaft mit dem Zimt in einen Topf geben und zum Kochen bringen. Die Zwetschgen dazugeben und ungefähr 3 Minuten bei geringer Hitzezufuhr köcheln lassen.
4. Das Aprikosenmus mit einer Gabel zerdrücken und mit dem Ingwer abschmekken. Das Mus vorsichtig unter das Zwetschgenkompott mischen.
5. Das Ei unter den gequollenen Teig schlagen. Die Hälfte der Butter in einer Pfanne schmelzen und die Hälfte des Teiges zu einem großen Pfannkuchen backen. Mit der zweiten Teighälfte ebenso verfahren.
6. Die Pfannkuchen mit dem Zwetschgenkompott anrichten oder füllen und mit Limettenscheiben garnieren.

ca. 225 kcal • 10 g E • 8 g F • 39 g KH • 7 g Bst. • 3 BE

Bananencreme mit Melone und Kürbiskeimlingen

Zubereitungszeit:
ca. 20 Min.

Für 2 Personen

- 60 g Banane
- 125 g Dickmilch 3,5 % Fett
- etwas Zitronensaft
- frisch geriebener Ingwer
- Zimt
- 250 g Honigmelone ohne Schale
- 40 g Kürbiskeimlinge (ca. 20 g Trockengewicht; siehe auch Seite 162)
- einige Himbeeren und Zitronenmelisseblättchen zum Garnieren

1. Die Banane mit einer Gabel zerdrücken und das Mus mit der Dickmilch mischen. Die Creme mit etwas Zitronensaft, Ingwer und Zimt abschmecken und in zwei Schälchen geben.
2. Das Fruchtfleisch der Melone in Spalten schneiden und diese auf die Creme setzen.
3. Die Kürbiskeimlinge waschen, abtropfen lassen und über die Melonenspalten streuen. Mit Himbeeren und Zitronenmelisse garnieren.

ca. 150 kcal • 6 g E • 6 g F • 18 g KH • 3 g Bst. • 2 BE

Maisgrieß-flammeri mit Erdbeersahne

Zubereitungszeit (ohne Kühlzeit):
ca. ½ Std.

Für 2 Personen

Für den Flammeri:
- ⅛ l Vorzugsmilch
- wenig Meersalz
- etwas abgeriebene Schale von einer unbehandelten Zitrone
- 30 g Maisgrieß
- 20 g getrocknete Aprikose (2 Stück)
- 1 Ei

für die Erdbeersahne:
- 190 g Erdbeeren
- etwas Zitronensaft
- 50 g Sahne (oder Joghurt oder Dickmilch)
- einige Blättchen Zitronenmelisse

1. Die Milch mit einer Prise Salz und etwas Zitronenschale in einen Topf geben und zum Kochen bringen. Den Grieß unter Rühren hineinrieseln lassen. Das Ganze unter ständigem Rühren 3 bis 4 Minuten kochen lassen. Anschließend vom Herd nehmen und leicht abkühlen lassen.
2. Die Aprikosen fein hakken, das Ei trennen und das Eiweiß zu sehr steifem Schnee schlagen.
3. Das Eigelb und das Aprikosenmus unter den Maisbrei rühren. Den Eischnee locker und gleichmäßig darunterheben.
4. Den Flammeri in zwei mit kaltem Wasser ausgespülte Förmchen füllen und kalt werden lassen.
5. Inzwischen die Erdbeeren vierteln und mit etwas Zitronensaft beträufeln. Die Sahne leicht cremig schlagen und unter die Erdbeeren ziehen.
6. Den Flammeri aus den Förmchen auf zwei Teller stürzen und mit der Erdbeersahne und Zitronenmelisseblättchen garnieren.

ca. 250 kcal • 8 g E • 14 g F • 24 g KH • 3 g Bst. • 2 BE

Reisplätzchen mit Orangenfilets

Zubereitungszeit (ohne Zeit zum Abkühlen):
ca. 1¼ Std.

Für 4 Personen als Dessert
Für 2 Personen als Hauptgericht

Für die Reisplätzchen:
- ¼ l Vorzugsmilch
- Mark von ½ Vanilleschote
- etwas abgeriebene Schale von einer unbehandelten Zitrone
- wenig Meersalz
- 60 g Vollkornrundkornreis
- 20 g Kokosraspel (2 EL)
- 1 Ei
- 5 g Kokosfett zum Ausbacken (1 TL)

Für die Sauce:
- 180 g Orange mit Schale
- 30 g getrocknete Aprikose (3 Stück)
- 55 ml frisch gepreßter Orangensaft
- Zimt

1. Die Milch mit dem Vanillemark, etwas Zitronenschale und einer Prise Salz in einem Topf zum Kochen bringen.
2. Den Reis zuerst mit kaltem und dann mit warmem Wasser abspülen und unter Rühren in die Milch streuen. Den Reis bei geringer Hitzezufuhr etwa 40 Minuten köcheln lassen. Ab und zu umrühren.
3. Inzwischen für die Sauce die Orange filetieren. Dafür die Schale mit der weißen Haut abschneiden. Jeweils an den Zwischenhäuten einschneiden und die einzelnen Filets herauslösen. Den dabei austretenden Saft auffangen.
4. Die Aprikosen fein hakken. Ein Drittel davon mit dem aufgefangenen Orangensaft mischen und das Ganze mit einer Gabel zu Mus zerdrücken. Mit Zimt abschmecken.
5. Die restlichen gehackten Aprikosen zusammen mit den Kokosraspeln unter den Reis rühren. Diesen auf der ausgeschalteten Herdplatte weitere 10 Minuten quellen und anschließend abkühlen lassen.
6. Das Ei unter den Reisbrei rühren. Das Kokosfett in einer Pfanne erhitzen und mit einem Eßlöffel den Reisbrei hineingeben. Die Häufchen flachdrücken und von beiden Seiten goldgelb braten. Anschließend warm stellen.
7. Die Aprikosen-Orangensaft-Mischung zusammen mit dem Orangensaft erhitzen und etwas einkochen lassen. Die Orangenfilets dazugeben und in der Sauce erwärmen. Das Ganze zu den Plätzchen reichen.

Als Dessert für 4 Personen enthält 1 Portion
ca. 205 kcal • 6 g E • 9 g F • 25 g KH • 2 g Bst. • 2 BE

Als Hauptgericht für 2 Personen enthält 1 Portion
ca. 410 kcal • 11 g E • 17 g F • 50 g KH • 4 g Bst. • 4 BE

Buchweizenauflauf mit Kirschen

Zubereitungszeit (ohne Zeit zum Abkühlen): ca. 1¼ Std.

Für 2 Personen

30 g Buchweizen
65 ml Vorzugsmilch
2 Msp. Delifruit
10 g Rosinen (1 TL)
1 Ei
wenig Meersalz
50 g Apfel mit Schale
3 g Butter für die Form (½ TL)
25 g getrocknete Pflaumen (3 Stück)
1 EL Apfelsaft
110 g Schattenmorellen ohne Steine
20 g Crème fraîche (1 EL)

1. Den Buchweizen zuerst mit warmem, dann mit kaltem Wasser abspülen, mit der Milch in einen Topf geben und das Ganze aufkochen lassen.
2. Eine Messerspitze Delifruit und die Rosinen hinzufügen und den Buchweizen bei geringer Hitzezufuhr etwa 10 Minuten köcheln, anschließend auf der ausgeschalteten Herdplatte weitere 10 Minuten quellen lassen.
3. Den Buchweizen abkühlen lassen. Inzwischen das Ei trennen. Das Eigelb unter die Buchweizenmasse rühren. Das Eiweiß mit einer Prise Salz zu steifem Schnee schlagen und ebenfalls unter den Buchweizen ziehen. Es sollte eine lockere Masse entstehen.
4. Den Backofen auf 175° C vorheizen. Den Apfel in Scheiben schneiden. Eine Auflaufform mit Butter ausfetten und schichtweise den Buchweizen und die Apfelscheiben hineingeben. Den Auflauf etwa 25 Minuten backen.
5. Inzwischen die Pflaumen grob hacken und mit dem Apfelsaft in einem Topf zum Kochen bringen.
6. Die Schattenmorellen hinzufügen, das Ganze mit einer Messerspitze Delifruit abschmecken und zuletzt die Crème fraîche darunterrühren. Die warme Sauce zum Buchweizenauflauf reichen.

ca. 300 kcal • 8 g E • 8 g F • 50 g KH • 4 g Bst • 3 BE

Hirse-Quark-Auflauf mit Kirschen

Zubereitungszeit (ohne Zeit zum Abkühlen): ca. 1 Std.

Für 2 Personen

- 40 g Hirse
- 80 ml Wasser
- 1 Ei
- 20 g getrocknete Pflaumen (ca. 2 Stück)
- 100 g Speisequark 20 % Fett i. Tr.
- Zimt
- etwas abgeriebene Schale von einer unbehandelten Zitrone
- 110 g Sauerkirschen ohne Steine
- 3 g Butter für die Form (½ TL)

1. Die Hirse zuerst mit kaltem, dann mit warmem Wasser abspülen, mit dem Wasser in einen Topf geben und aufkochen lassen.
2. Dann die Hirse abgedeckt bei geringer Hitzezufuhr etwa 10 Minuten köcheln, anschließend auf der ausgeschalteten Herdplatte weitere 10 Minuten quellen und dann abkühlen lassen.
3. Inzwischen das Ei trennen und die Pflaumen fein hacken. Das Eigelb und die Pflaumen unter den Quark mischen und die Creme mit Zimt und Zitronenschale abschmecken.
4. Die abgekühlte Hirse mit einer Gabel auflockern und unter den Quark mischen. Den Backofen auf 175 °C vorheizen.
5. Das Eiweiß zu sehr steifem Schnee schlagen und locker unter die Hirse-Quark-Mischung heben. Eine Auflaufform mit Butter ausfetten und schichtweise die Hirse-Quark-Mischung und die Kirschen hineingeben. Den Auflauf etwa 35 Minuten backen.

ca. 330 kcal • 12 g E • 6 g F • 30 g KH • 3 g Bst. • 2 BE

Aprikosen auf Vanillesauce

Keimzeit:
2–3 Tage
Zubereitungszeit:
ca. 10 Min.

Für 2 Personen

10 g Rosinen (1 TL)
Mark von ¼ Vanilleschote
125 g Dickmilch 3,5 % Fett
240 g Aprikosen ohne Steine
40 g Sonnenblumenkeimlinge (ca. 20 g Trockengewicht; siehe auch Seite 162)

1. Die Rosinen grob hacken und zusammen mit dem Vanillemark unter die Dickmilch rühren. Die Sauce auf zwei Teller verteilen.
2. Die Aprikosen halbieren und auf der Sauce anrichten. Die Sonnenblumenkeimlinge waschen, gut abtropfen lassen und darüberstreuen.

ca. 215 kcal • 8 g E • 8 g F • 27 g KH • 4 g Bst. • 1 BE

Nußaufstrich

Zubereitungszeit:
ca. 1 Std.

Für ca. 210 g Aufstrich

60 g getrocknete Aprikosen
50 ml Wasser
50 g Haselnüsse
50 g Walnüsse
Zimt
Nelkenpulver

1. Die Aprikosen in dem Wasser etwa 1 Stunde quellen lassen. Inzwischen die Haselnüsse mahlen und die Walnüsse grob hacken.
2. Die Aprikosen pürieren oder mit einem Messer fein hacken und mit den Nüssen mischen. Den Aufstrich mit Zimt und Nelkenpulver abschmecken.

1 Portion (ca. 20 g = 1 EL) enthält ca. 80 kcal • 2 g E • 6 g F • 5 g KH • ½ g Bst. • ⅓ BE
70 g Aufstrich = 1 BE

Johannisbeer-aufstrich

Zubereitungszeit:
ca. ¼ Std.

Für ca. 260 g Aufstrich

- 120 g schwarze Johannisbeeren
- 100 g getrocknete Zwetschgen
- 40 g roter Johannisbeersaft

1. Die Johannisbeeren pürieren oder mit einer Gabel zerdrücken.
2. Die Zwetschgen sehr fein hacken und mit dem Johannisbeermus mischen. Dann soviel Johannisbeersaft dazugeben, bis eine streichfähige Creme entstanden ist.

1 Portion (ca. 20 g = 1 EL) enthält ca. 30 kcal • 0 g E • 0 g F • 7 g KH • 2 g Bst. • ½ BE
40 g Aufstrich = 1 BE

Tip
Im Kühlschrank abgedeckt aufbewahrt halten sich die Aufstriche etwa 14 Tage.

Himbeer-marmelade

Zubereitungszeit:
ca. ½ Std.

Für ca. 700 g Marmelade

- 630 g Himbeeren
- 2 TL Agar-Agar
- etwas Zitronensaft
- 80 g getrocknete Feigen

1. Die Himbeeren in einem großen Topf zu Mus zerdrücken. Etwa 100 Gramm Himbeermus mit dem Agar-Agar und etwas Zitronensaft verrühren und den Agar-Agar etwa 20 Minuten quellen lassen.
2. Die Feigen fein hacken und zusammen mit der Agar-Agar-Mischung zu den Himbeeren geben. Die Masse langsam aufkochen und 2 Minuten kochen lassen.
3. Gläser mit Schraubverschluß heiß ausspülen, die Marmelade noch kochend heiß hineinfüllen und die Gläser verschließen. Die Gläser etwa 24 Stunden lang auf den Kopf stellen.

1 Portion (ca. 20 g = 1 EL) enthält ca. 15 kcal • 0 g E • 0 g F • 3 g KH • 2 g Bst. • ⅕ BE
100 g Marmelade = 1 BE

GRUNDREZEPTE UND -ZUBEREITUNGEN

Gemüsebrühe

Zubereitungszeit:
ca. 1 Std.

Für ca. 1 Liter

50 g Zwiebel
100 g Möhren
100 g Knollensellerie
100 g Lauch
100 g Petersilienwurzel
1,5 l Wasser
1 Knoblauchzehe
Liebstöckelblätter
Petersilienstengel
Hefeflocken oder Hefeextrakt

1. Die Zwiebel halbieren und die Schnittflächen in einem Topf ohne Fettzugabe bräunen.
2. Inzwischen das Gemüse kleinschneiden. Die Gemüsestücke zu der Zwiebel geben, das Wasser angießen und das Ganze nun 20 bis 30 Minuten kochen lassen.
3. Nach etwa 15 Minuten Kochzeit den Knoblauch, den Liebstöckel und die Petersilienstengel hinzufügen und alles fertig garen.
4. Die Brühe durch ein Sieb gießen und mit Hefeflocken oder Hefeextrakt kräftig abschmecken.

Tip
Je nach Verwendung, wird die Gemüsebrühe mit wenig Salz abgeschmeckt. Für das Garen von Vollkornreis sollten Sie jedoch immer ungesalzene Brühe verwenden.
Anstelle des Gemüses kann man auch sehr gut gesäuberte Gemüseabschnitte und -schalen verwenden.

Geklärte Butter

Die Butter vorsichtig erhitzen und den Schaum so lange abschöpfen, bis das Butterfett ganz klar ist. Die geklärte Butter abkühlen lassen und im Kühlschrank aufbewahren.

Ganze Getreidekörner kochen

1. Das Getreide zuerst mit warmem, dann mit kaltem Wasser waschen und in Wasser, am besten über Nacht, quellen lassen.
2. Am nächsten Tag die Körner mit dem Einweichwasser oder **ungesalzener** Gemüsebrühe aufkochen, dann die entsprechenden Gewürze hinzufügen und bei geringer Hitze im geschlossenen Topf kochen lassen. Kochen Sie die Körner bei größerer Hitzezufuhr, benötigen Sie mehr Flüssigkeit. Erst wenn die Körner zu platzen beginnen, Salz hinzufügen.
3. Zum Nachquellen die Körner auf der ausgeschalteten Herdplatte stehen lassen oder das Getreide im Wasserbad, im Backofen bei 70 bis 80° C oder in einem Thermogefäß quellen lassen.

Tip
Die in der Tabelle angegebene Flüssigkeitsmenge schwankt je nach Getreidesorte, Feuchtigkeit der Körner und Wasserhärte.

Vollkornschrot und -mehl kochen

Vollkornschrot setzt man entweder in kalter oder leicht erwärmter Gemüsebrühe an und läßt es unter ständigem Rühren aufkochen. Dann bei geringer Hitzezufuhr köcheln und auf der ausgeschalteten Herdplatte nachquellen lassen.

Tip
Sie dürfen das Schrot auf keinen Fall in kochende Gemüsebrühe streuen, sonst klumpt es.

Gewürze für Getreide
Weizen:
Koriander, Majoran, Rosmarin und Basilikum
Dinkel:
Koriander, Rosmarin und Thymian
Roggen:
Kümmel, Rosmarin, Thymian, Lorbeer und Wacholder
Hafer:
Fenchel, Koriander, Thymian, Kümmel und Ysop
Gerste:
Salbei, Thymian, Piment und Basilikum
Mais:
Oregano, Thymian und Rosmarin
Hirse:
Dill, Koriander, Fenchel, Ingwer und Basilikum
Grünkern:
Estragon und Basilikum
Buchweizen:
Majoran, Ysop und Salbei
Reis:
Liebstöckel, Curry und Thymian

Tips zum Backen mit Vollkornmehl

1. Verwenden Sie zum Backen, wenn möglich, staubfeines Mehl. Ist das bei Ihrer Mühle nicht möglich und haben Sie einen höheren Schrotanteil, so benötigen Sie mehr Flüssigkeit, als im Rezept angegeben ist.
2. Der Stärkegehalt und die Quellfähigkeit des Getreides schwanken je nach Anbaugebiet, Anbaujahr und Feuchtigkeitsgehalt des Korns. Aus diesem Grund benötigen Sie manchmal etwas mehr Flüssigkeit, als in den Rezepten angegeben ist.
3. Grundsätzlich gilt, daß Teige aus Vollkornmehl etwas feuchter sein müssen als vergleichbare aus Auszugsmehl, sonst wird das Gebäck zu trocken.
4. Teige, die Hefe enthalten, sollten immer erst dann weiterverarbeitet werden, wenn der Teig nach dem Gehen das doppelte Volumen erreicht hat. Sorgen Sie daher für eine ausreichende Wärmezufuhr (ca. 40° C).
5. Die angegebenen Backzeiten sollten für Sie nur Richtwerte sein. Vor allem beim Brot sind die Geschmacksvorlieben sehr verschieden. Die einen bevorzugen ein eher feuchtes Brot, die anderen ein sehr trockenes. Variieren Sie daher die Backzeiten ein wenig je nach Ihrem Geschmack.

Wichtiges zum Kochen mit Getreide

Getreide	Verhältnis von Getreidemenge zu Flüssigkeitsmenge	Quellzeit	Kochzeit (bei geringer Hitze)	Nachquellzeit (auf ausgeschalteter Herdplatte)
Dinkel Dinkelschrot, grob	1:2 1:2	8 bis 10 Stunden –	etwa 30 Minuten 15 bis 20 Minuten	30 Minuten 30 Minuten
Weizen Weizenschrot, grob	1:2,5 1:2	10 Stunden –	1 Stunde 15 bis 20 Minuten	1 Stunde 30 Minuten
Roggen Roggenschrot, grob	1:2,5 bis 3 1:2,2	10 Stunden –	etwa 1 Stunde 15 bis 20 Minuten	1 Stunde 30 Minuten
Gerste Gerstenschrot, grob	1:2,2 1:2	10 Stunden –	etwa 1 Stunde 15 bis 20 Minuten	1 Stunde 30 Minuten
Hafer Haferschrot, grob	1:1,5 bis 1,8 1:2	– –	20 bis 30 Minuten 10 bis 20 Minuten	30 Minuten 10 Minuten
Hirse	1:2,5	–	5 bis 10 Minuten	20 Minuten
Maisgrieß	1:4	–	10 bis 15Minuten	20 Minuten
Grünkern Grünkernschrot, grob	1:2 1:1,8	– –	20 bis 30 Minuten 10 bis 15 Minuten	20 bis 30 Minuten 15 bis 20 Minuten
Buchweizen	1:1,5	–	15 bis 20 Minuten	10 bis 20 Minuten
Naturreis Naturreisschrot, grob	1:2 1:2	– –	30 bis 40 Minuten 15 bis 20 Minuten	30 Minuten 10 bis 15 Minuten

Anmerkungen:

Die **Nachquellzeit** kann verkürzt werden, es empfiehlt sich jedoch bei Personen mit empfindlichem Magen, das Getreide nachquellen zu lassen. **Sprießkorngetreide** sind spelzenlos gezüchtete Getreide, die im Reformhaus angeboten werden. Sie eignen sich vor allem zum Keimen. Wenn Sie Sprießkorngetreide kochen, benötigen Sie etwas mehr Flüssigkeit, als in der Tabelle angegeben ist, und eine etwas längere Kochzeit.

Grobes Schrot

Feines Schrot

Grobes Mehl

Feines Mehl

Wichtiges zum Garen von Hülsenfrüchten

Hülsenfrüchte	Quellzeit	Garzeit
Adzukibohnen	1 Stunde	1 Stunde
Kichererbsen	7 bis 8 Stunden	1 bis 1½ Stunden
Linsen, rote	–	20 bis 30 Minuten
Linsen, braune	–	1 Stunde
Mungobohnen	1 Stunde	45 bis 60 Minuten
Sojabohnen	7 bis 8 Stunden	45 bis 60 Minuten
Weiße Bohnen	7 bis 8 Stunden	1 bis 2 Stunden
Dicke Bohnen	7 bis 8 Stunden	1 bis 2 Stunden
Rote Kidneybohnen	7 bis 8 Stunden	1 bis 2 Stunden
Erbsen, ungeschälte	7 bis 8 Stunden	1 bis 1½ Stunden
Erbsen, geschälte	1 Stunde	45 bis 60 Minuten
Flagelotbohnen	7 bis 8 Stunden	1 bis 2 Stunden

Keime und Sprossen auf einen Blick

Sorte	Quellzeit in Stunden	Anzahl der Spülvorgänge pro Tag	Keimzeit in Tagen	Länge des Keims	ungefährer Ertrag : Samen
Adzukibohne	12	3	4	Bohnenlänge	3:1
Alfalfa	8	2	7–10	max. 10 cm	5:1
Bockshornklee	6–8	2	2	Samenlänge	4:1
Buchweizen, ungeschält	–	2	2–3	0,5 cm	2,5–3:1
Erbse	12	2–3	3	Erbsenlänge	2:1
Hirse	8	2–3	3	0,2 cm	1,5:1
Kichererbse	12	3–4	3	0,5 cm	3–4:1
Kresse	–	1	6–8	4 cm	2:1
Kürbis	12	3	2–3	0,3 cm	2:1
Leinsamen	–	1	2–3	Samenlänge	1,5:1
Linse	8	2–3	3	2 cm	4–6:1
Mungobohne	12	2–3	3–4	2 cm	5–6:1
Nacktgerste	8	1–2	2–3	Kornlänge	2:1
Nackthafer	4	2	2–3	Kornlänge	2:1
Rettich	–	2–3	3–4	0,3 cm	2–3:1
Roggen	12	2	2–3	Kornlänge	2:1
Senf	–	1	2–3	bis ½ cm	2:1
Sesam	6	2	2	0,2 cm	1,5:1
Sojabohne, gelbe	12	3–4	3–4	Bohnenlänge	4:1
Sonnenblume	6	2–3	2	Kernlänge	2:1
Weizen	12	2	2–3	Kornlänge	2:1

Hülsenfrüchte kochen

1. Die Hülsenfrüchte verlesen, unter fließendem Wasser waschen. Dann nach folgenden Möglichkeiten zubereiten:
1a. In der zwei- bis dreifachen Menge kalten Wassers einweichen. Das Ganze zum Kochen bringen und bei geringer Hitzezufuhr fertig garen. Die Gar- und Quellzeiten in der Tabelle links beziehen sich auf diese Art der Zubereitung.
1b. Die Hülsenfrüchte in kaltes Wasser geben und aufkochen lassen. Dann den Topf von der Kochstelle nehmen und die Samen 1 Stunde weich werden lassen. Das Wasser abgießen, die Hülsenfrüchte wieder mit der doppelten Menge frischen Wassers zum Kochen bringen und bei geringer Hitzezufuhr fertig garen. Auf diese Art quellen die Hülsenfrüchte schneller. Die Garzeiten der Hülsenfrüchte hängen von der Sorte und dem Härtegrad des Wassers ab. Wird säurehaltiges Gemüse mitgekocht, verlängert sich die Garzeit. Es sollte deshalb erst zum Schluß dazugegeben werden. Dies gilt übrigens auch für Essig.
2. Die Bohnen erst nach dem Kochen salzen. Als Würzzutat kommen eine mit Lorbeerblatt und Nelken gespickte Zwiebel, Knoblauch, Möhren, Thymian und Bleichsellerie in Frage.

Sprossen und Keime ziehen

Sprossen sind eine preiswerte und schmackhafte Alternative zu vielen Salaten und zu Gemüse. Die Anzucht ist äußerst einfach. Die Samen benötigen Wasser, Sauerstoff und ausreichende Temperatur, um zu wachsen, so daß aus dem Trockenprodukt eine knackig frische, vitaminreiche Sprosse wird. Sprossen aus Hülsenfrüchten sollten Sie vor der Verwendung kurz blanchieren, da sie Stoffe enthalten, die gesundheitsschädlich sein können, die aber durch das Erhitzen zerstört werden. Im Handel werden verschiedene Keimgeräte angeboten. Wer keinen speziellen Keimapparat besitzt, kann Sprossen von großen Samen sehr gut in einem Sieb ziehen. Hängen Sie das Sieb dazu in eine Schüssel, und decken Sie es mit einem Teller ab. Auch ein Einmachglas, mit Gaze abgedeckt, eignet sich sehr gut zur Anzucht von Sprossen. Benutzen Sie die Gaze wie ein Sieb.
In den Rezepten dieses Buches tauchen immer wieder Sprossen als Zutat auf. Doch der Verwendung sind keine Grenzen gesetzt: als Salat, als Gemüse kurz gedünstet, über Müsli gestreut oder einfach mit Quark aufs Brot.
Die Tabelle auf der linken Seite gibt einen Überblick über die Einweichzeiten unterschiedlicher Samen, die optimale Keimlänge, den Erntezeitpunkt, den Ertrag und andere wichtige Punkte. Allerdings können wir Ihnen nur Richtwerte geben. Je nach Feuchtigkeitsgehalt der Samen und Raumtemperatur können sich die Zeiten ändern.

Und so wird's gemacht:
1. Die Samen waschen und Schmutzteile, zerbrochene Samen oder eventuelle Fremdsamen herauslesen. Die Samen in ein Anzuchtgefäß geben und je nach Größe unterschiedlich lang quellen lassen.
2. Dann das Einweichwasser abgießen, nicht gequollene Samen eventuell aussortieren. Die Samen spülen und ein wenig auflockern.
3. Danach das Gefäß so stellen, daß das Restwasser gut abfließen kann und die Samen gut belüftet werden. Das ist wichtig, da die Keimlinge Sauerstoff brauchen, um zu wachsen, und so Schimmelbildung verhindert wird. Die Sprossen nun wachsen lassen, während dieser Zeit mehrmals täglich mit Wasser spülen und gut abtropfen lassen.
4. Zum Ernten die Sprossen in ein großes Gefäß mit kaltem Wasser geben. An der Oberfläche schwimmen dann die Sprossen, die Samen, die nicht gekeimt haben, setzen sich unten ab.

Und so wird's gemacht:

Zu Schritt 1

Zu Schritt 2

Zu Schritt 3

Zu Schritt 4

GLOSSAR

Acidose: Übersäuerung des Blutes

Anämie: Blutarmut, oft bedingt durch das Fehlen bestimmter Nährstoffe wie Eisen, Vitamin B_{12} oder Folsäure oder durch die Unterversorgung damit

Antibiotika: von Mikroorganismen oder synthetisch produzierte Substanzen mit keimhemmender Wirkung, zum Beispiel Penicillin

Auszugsmehl: von den Randschichten befreites Getreide; enthält deutlich weniger Vitamine, Mineralien und Ballaststoffe als Vollkornmehl, zum Beispiel Mehl Type 405 enthält nur noch durchschnittlich 20 Prozent

Autoimmunerkrankung: eine durch die Reaktion des Immunsystems auf körpereigene Substanzen verursachte Krankheit

Begleiterscheinungen: akute Komplikationen, die unter anderem den Diabetes begleiten (Unterzuckerung = Hypoglycämie, Überzuckerung = Hyperglycämie)

Beta-Zellen: Zellen der LANGERHANS'SCHEN INSELN der Bauchspeicheldrüse, Herstellungsort des Insulins

Blutglucose: die im Blut enthaltene Glucose, Normalwert 70–100 mg/100 ml Blut

Cholesterin: Substanz, die vom Körper selbst gebildet (endogenes Cholesterin) oder mit der Nahrung aufgenommen wird (exogenes Cholesterin). Cholesterin dient dem Aufbau von Hormonen und Gallensäuren und ist ein Bestandteil der Zellmembranen. Es ist in tierischen Fetten enthalten (in Eigelben, Milchprodukten, Fleisch, Meeresfrüchten und Innereien)

Extraktion: Auslaugen von Substanzen aus festen Stoffen durch flüssige Lösungsmittel oder Flüssigkeiten, ein Beispiel ist die Ölgewinnung aus Ölfrüchten unter Einsatz von Benzin als Lösungsmittel

Folgeerkrankungen: nach mehrjährigem Diabetes oft auftretende Komplikationen (Gefäßveränderungen der feinsten Blutgefäße in Nieren, Nervenzellen oder Augen sowie arteriosklerotische Gefäßveränderungen)

Gangrän: Gewebsbrand, entsteht durch Einwirkungen von außen auf nekrotische (abgestorbene) Gewebe

Gefäßveränderungen, arteriosklerotische: Verhärtung, Verdickung und Elastizitätsverlust der Arterien („Arterienverkalkung")

GI-Quotient: Verhältnis von Glucagon zu Insulin im Blut

Glucosebelastungstest: Bestimmung der Blutzuckerkonzentration über einen festgelegten Zeitraum hinweg. Die Messungen erfolgen im nüchternen Zustand und nach der Aufnahme einer bestimmten Menge Glucose

Glucosurie: Zuckerausscheidung im Harn

Guarkernmehl: Polysaccharid (Mehrfachzukker) aus dem Kern der Guarbohne, besteht hauptsächlich aus den Monosacchariden Galactose und Mannose

„Hafertage": zwischengeschaltete Diättage, besonders zur Gewichtsreduktion oder aber bei Stoffwechselentgleisung geeignet (150 bis 200 g gekochte Haferflocken mit Obst oder Gemüse)

Hb A_1 („Hämoglobin, verzuckertes"): ein Hämoglobinmolekül, an das sich Glucose angelagert hat (mit steigender Blutglucosekonzentration steigt auch der Hb-A_1-Wert)

Hyperglycämie: Überzuckerung; andauernd überhöhte Blutzuckerwerte (nüchtern über 120 mg/100 ml Blut, nach den Mahlzeiten über 180 mg/100 ml Blut)

Hyperinsulinämie: erhöhte Insulinkonzentration im Blut infolge vermehrter Insulinproduktion

Hyperinsulinismus: siehe Hyperinsulinämie

Hypoglycämie: Unterzuckerung; meist kurzfristig auftretende Unterzuckerung mit Blutzuckerwerten unter 60 mg/100 ml Blut

Index, glykämischer: Blutzuckerwirksamkeit eines kohlenhydrathaltigen Lebensmittels im Verhältnis zur Blutzuckerwirksamkeit reiner Glucose

Insulinbindungsfähigkeit: Neigung der Insulinrezeptoren, sich mit Insulin zu verbinden (Affinität)

Insulinresistenz: abgeschwächte Insulinwirkung im Körper, zum Beispiel infolge von Übergewicht

Insulinrezeptoren: spezifische Bindungsstellen für Insulin an den Zellwänden

Kalorienprozent: prozentualer Anteil eines Nährstoffes an der gesamten Tagesenergie(kalorien)zufuhr

Ketoacidose: Übersäuerung des Blutes durch Ketonkörper

Ketonkörper: die beim Fettabbau entstehenden Substanzen Acetessigsäure, β-Hydroxybuttersäure und Aceton

Ketonurie: Ausscheidung der Ketonkörper im Harn

Koma, hyperosmolares: extreme Blutzuckererhöhung (über 1000 mg/100 ml Blut), verursacht Bewußtlosigkeit

Koma, ketoacidotisches: Blutzuckerentgleisung mit ausgeprägter Säurevermehrung im Blut (Acidose), verursacht Bewußtlosigkeit

Konservierungsstoff: Substanz, die den Verderb von Lebensmitteln verhindert oder verzögert

Lebensmittelzusatzstoffe: Stoffe, die Lebensmitteln aus verschiedenen Gründen bei der Erzeugung, Verarbeitung, Verpackung oder Lagerung zugesetzt werden

Leukozytenantigene: auf Zellen und Geweben befindliche Antigene, die zum Beispiel nach einer Transplantation im Empfänger eine Immunreaktion auslösen, die dann zum Abstoßen des Transplantates führen kann

Mischinsulin: siehe Verzögerungsinsulin

Nährstoffrelation: Verhältnis der Hauptnährstoffe Eiweiß, Fette und Kohlenhydrate zueinander (im Rahmen der täglichen Gesamtenergiezufuhr)

Nervensystem, vegetatives: die Gesamtheit der dem Einfluß des Willens und des Bewußtseins entzogenen Nervenzellen

Nierenschwelle: Blutzuckerhöhe von 160 bis 200 mg/100 ml Blut; bei höheren Blutzuckerwerten findet eine Zuckerausscheidung über den Harn statt

Nitrosamine: Verbindungen, die aus Nitrat (zum Beispiel in Gepökeltem enthalten) und sekundären Aminen (Produkt aus Aminosäuren) entstehen; krebserregende Substanzen

Nüchternblutzucker: Blutzuckerwert eines Menschen, der keine Nahrung zu sich genommen hat, ohne längere Zeit gehungert zu haben (meist morgens vor dem Frühstück)

Öle, kaltgepreßte, unraffiniert: ohne Zufuhr von Wärme gewonnenes Öl; schonendstes Verfahren zur Fettgewinnung (Verzicht auf Extraktion und Raffination)

Pflanzenfette, ungehärtete: natürlich vorkommende Fette mit vielen ungesättigten Fettsäuren; die Fettsäuren werden nicht wie die bei gehärteten Fetten durch Wasserstoffanlagerung in gesättigte Fettsäuren überführt

Pfortader: Vena portae; die große Vene, die das gesamte aus der Bauchhöhle (unter anderem von den Verdauungsorganen) zurückfließende Blut sammelt und zur Leber transportiert

P/S-Quotient: Verhältnis der mehrfach ungesättigten (polyunsaturated) Fettsäuren in der Nahrung zu den gesättigten (saturated) Fettsäuren

Purin: Zellkernbestandteil, der zu Harnsäure abgebaut und ausgeschieden wird. Es gibt körpereigene und Nahrungspurine (besonders in Innereien, Fleisch und Hülsenfrüchten)

Raffination: Reinigung der Öle (bei der Fettgewinnung) nach Heißpressung und Extraktion; zum Entfernen des Extraktionsmittels nötig

„Reiskur“: zwischengeschalteter Diättag, an dem überwiegend Reis (ca. 150 g Rohgewicht) verzehrt wird; besonders zur Gewichtsreduktion und Entwässerung geeignet

Resorption: Aufnahme von gelösten Stoffen und Wasser aus dem Darm in die Blut- und/oder Lymphbahn

Schock, hypoglykämischer: durch Absinken der Blutzuckerkonzentration plötzlich auftretende Bewußtlosigkeit

Sekretionsstarre: verminderte Insulinfreisetzung beim übergewichtigen Typ-2-Diabetiker

Sollkörpergewicht: das Normalgewicht nach BROCA (kg Körpergewicht = Körpergröße in cm − 100)

Stoffwechselselbstkontrolle: vom Patienten selbst durchgeführte Kontrollmessungen, zum Beispiel Messung der Blutzucker- und der Urinzuckerwerte

Sulfonylharnstoffe: Medikamente, die die Insulinfreisetzung aus der Bauchspeicheldrüse anregen

Süßstoffe, künstliche: synthetische Süßungsmittel ohne Nährwert (Kalorien)

Übergewicht: Körpergewicht, das 10 bis 20 Prozent über dem Normalgewicht in kg nach BROCA (= Körpergröße in cm − 100) liegt

Übersäuerung: siehe Acidose

Veredelungsverluste: die beim Verfüttern pflanzlicher Nahrungsmittel (zum Beispiel Soja, Getreide) zur Erzeugung tierischer Lebensmittel entstehenden Nahrungsenergie- und Eiweißverluste

Verzögerungsinsulin: Insulin in besonderer Zubereitungsform; sie ermöglicht eine 12- bis 16stündige Verlängerung der Insulinwirkung

Wirkung, antiacidotische: Verhindern/Verringern einer Übersäuerung des Blutes (Acidose)

Wirkung, antiketogene: Verhindern/Verringern der Ketonkörperbildung

Wirkung, glucogene: blutzuckersteigernde Wirkung

Zivilisationskrankheiten: durch „modernen“ Lebensstil (falsche Ernährung, mangelnde körperliche Aktivität, Genußmittelmißbrauch und andere Einflüsse) bedingte Krankheiten (zum Beispiel Fettstoffwechselstörungen, Karies); sie entstanden unter anderem durch grundlegende Veränderung der Verzehrgewohnheiten in der Bevölkerung während der letzten 150 Jahre

„Zuckergedächtnis“: Langzeitzuckerkontrolle durch „verzuckertes Hämoglobin“ (Hb A_1), zeigt die Diabeteseinstellung über einen längeren Zeitraum an

2-Stunden-Blutzucker: Blutzuckerwert, der 2 Stunden nach der Mahlzeit gemessen wird

Weiterführende Literatur

Burggrabe, H./Gronau, H.: Vollkorn, Schrot und Mühlen, Hädecke Verlag, Weil der Stadt 1987

Diabetes-Klinik Bad Mergentheim: Arbeitsbuch für die Diabetes-Schulung, Diabetes-Klinik, Bad Mergentheim 1986

Elmadfa, I./Leitzmann, C.: Ernährung des Menschen, Ulmer, Stuttgart, 2. Aufl. 1990

Hollen, v. A./Leitzmann, C.: Richtige Ernährung in der Risikogesellschaft, Govi Verlag, Frankfurt 1989

Ketz/Baum: Ernährungs-Lexikon, VEB Fachbuchverlag, Leipzig 1985

Koerber, K. v./Männle, T./Leitzmann, C.: Vollwert-Ernährung, Haug Verlag, Heidelberg, 6. Aufl. 1989

Laube, H.: Kohlenhydrate in der Ernährung, Verlag Urban und Schwarzenberg, München 1976

Leitzmann, C./Öhrig, E./Dauer, U.: Wörterbuch der Ernährungswissenschaft, Ulmer, Stuttgart 1988

Lützner, H./ Million, H.: Richtig essen nach dem Fasten, Gräfe und Unzer Verlag, München, 5. Aufl. 1989

Million, H.: Vollwert-Ernährung, 4-Wochenplan. 1200 Kcal-Reduktionskost, Ernst Schmidt Verlag, Pullendorf, 5. Aufl. 1987

Pschyrembel: Klinisches Wörterbuch, De Gruyter, Berlin, 256. Aufl. 1987

Thomas, B.: Vollkorn bietet mehr, Diaita Verlag, Bad Homburg 1986

REGISTER

A

Adrenalin 11–12
Alkohol 7, 20
Aminosäuren 10, 41
Antigene 14
Antikörper 15
Auszugsmehl 7

B

Ballaststoffe 7–9, 33, 36–37
Basis-Bolus-Insulin-Regime (BBIR) 21
Bauchspeicheldrüse (Pankreas) 11–13, 15, 20, 40
Beta-Zellen 15, 18
Biguanide 22
Blutzuckerbestimmung 32
Blutzuckerspiegel (Blutglucosespiegel) 11–15
Broteinheit (BE) 32, 37

C

Cholesterin 33, 40
Cortison 11–12

D

Darm 10
Diabetes mellitus 14, 20
Diabeteshäufigkeit 16
Diabetikerernährung 32

E

Eier 30
Einfachzucker (Monosaccharide) 9–10, 39
Eiweiß (Protein) 7–12, 32–34, 40–41
Energie 7
Energiezufuhr 34
Ernährung,
– artgerechte 24–25
– bedarfsgerechte 25
– gesunderhaltende 25
Ernährungsempfehlungen 33–43
Ernährungsgewohnheiten 7–8, 25
Ernährungstherapie 31

F

Fett (Lipide) 7–12, 29, 32–34, 39
Fettsäuren 9–10, 39
Fisch 28–30
Fleisch 30, 39, 41
Frischkost (Rohkost) 24
Fructose (Fruchtzucker) 8

G

Galactose 8
Gefäßveränderungen, arteriosklerotische 22
Gemüse 28–29, 37
Gesundheitsverträglichkeit 26
Getränke 30
Getreide 27–28
G/I-Quotient 12
Glucagon 11–12, 19
Glucose (Traubenzucker) 8–9, 36
Glucosebelastungstest 16
Glucosurie (Urinzucker) 14, 19
Glycerin 9–11
Glykogen 9–12
Guarkernmehl 22, 39

H

Hämoglobin verzuckertes (Hb A_1) 21
Hormone 11–13
Hülsenfrüchte 28–29, 37
Hyperglycämie 11, 19
Hyperinsulinämie 15
Hyperinsulinismus 13
Hypoglycämie 11–12, 19–22, 39

I

Index glykämischer (Blutzuckerindex) 36–37
Insulin 11–23, 36
Insulinpumpe 21
Insulinresistenz 13, 15
Insulinrezeptoren 13, 18
Insulintherapie 21

K

Kalorienprozent 34
Ketoacidose 19
Ketonkörper 14, 19
Ketonurie 19
Kohlenhydrate (Saccharide) 7–10, 32, 34–38
Kohlenhydrate, langsame 9, 33, 35–37
– schnelle 9, 33
Koma, hyperosmolares 19
– ketoacidotisches 19
Krankheiten, ernährungsbedingte 8

L

Lactose 9
Lebensmittelauswahl 27
Leber 10–14

M

Maltose 9
Mehrfachzucker (Polysaccharid) 9
Milch 28–30
Mineralstoffe 7, 41–43
Mineralstoffmangel 42

N

Nahrungsmittelqualität 7–8
Nährstoffe 8–11
Nährstoffrelation 34
Nierenschwelle 18
Nitrosamine 15
Noradrenalin 11–12

O

Obst 28–29, 37

P

P/S-Quotient 39–40

R

Resorptionsgeschwindigkeit 35–37

S

Saccharose („Haushaltszucker") 8
Schock, hypoglycämischer 20
Sekretionsstarre 14
Sollkörpergewicht 10, 34, 39–40
Somatotropin 11–12
Sozialverträglichkeit 26–27
Sport 13, 22–23
Spurenelemente 42
Stärke 9–10, 35, 39
Stoffwechselselbstkontrolle 21, 32
Stoffwechsel 8–11, 19, 38
Streß 12, 16, 23
Sulfonylharnstoffe 20–22, 31, 39
Süßstoffe 30, 37
Süßungsmittel 30–31

T

Therapie 20–23
Thyroxin 11, 13
Triglyceride (Neutralfette) 9
Typ-1-Diabetes 14–23
Typ-2-Diabetes 14–23

U

Übergewicht 13, 15, 22, 40
Umweltverträglichkeit 26

V

Verdauung 10–11, 38
Verzögerungsinsulin 21, 33
Vitamine 7, 41–43
Vitaminmangel 42–43
Vollwert-Ernährung 24–31

W

Wertstufen 28

Z

Zivilisationskrankheiten 7–8
Zuckerersatzstoffe 38
„Zuckergedächtnis" 21
Zweifachzucker (Disaccharid) 9–10, 39

REZEPTVERZEICHNIS

Alle Rezepte dieses Buches sind hier in Gruppen eingeordnet. Achten Sie bei der Zusammenstellung der Gerichte vor allem auf deren Kaloriengehalt und die Broteinheiten. Angaben dazu finden Sie am Ende eines jeden Rezeptes.

Müslis

Buchweizen-Kirsch-Müsli 64
Dinkel-Mirabellen-Müsli 110
Dinkelmüsli 48
Flockenmüsli mit Pflaumen und Kokos 76
Frischkornmüsli mit Aprikosen 68
Frischkornmüsli mit Birne und Möhre 116
Früchtejoghurt mit Weizenkeimlingen 126
Gersten-Frischkorn-Müsli mit Kokos 51
Gerstenmüsli mit Aprikosen 91
Hafer-Orangen-Müsli 105
Hirsemüsli mit Himbeeren 57
Hirse-Reis-Müsli auf Tomatenmus 81
Knusperflockenmüsli mit Walnüssen 94
Milchreis mit Pfirsich-Apfel-Salat 131
Müsli mit Weizenkeimlingen und Johannisbeeren 59
Obstsalat mit Weizenkeimlingen 72
Porridge mit Aprikose 122
Roggenmüsli mit Banane 54
Stachelbeeren und Banane auf Hirse 136
Weizenschrotmüsli mit Nektarinen 85

Belegte Brote und Aufstriche

Birne auf Vollkorntoast 91
Frischkäse, fruchtiger, auf Vollkornzwieback 92
Fünfkornbrot mit Camembert 57
Himbeermarmelade 159
Johannisbeeraufstrich 159
Johannisbeer-Zwetschgen-Mus auf Knäckebrot 97
Käsebrot, garniertes 115
Kräuter-Zwiebel-Quark auf Vollkornbaguette 76
Mohnvollkornbrötchen mit Camembert 130
Nußaufstrich 158
Roggenvollkornbrot mit Avocadocreme 125
Roggenvollkornbrot mit Geflügelwurst 72
Roggenvollkornbrot mit Rinderlyoner 110
Roggenvollkornbrot mit Selleriequark 85
Roggenvollkornbrötchen mit Pflaumenpüree 68
Sesamvollkornbrötchen mit fruchtigem Aufstrich 134
Vollkornbaguette mit Buchweizen-Paprika-Creme 60
Vollkornbaguette mit Frischkäse und Kiwi 108
Vollkornbaguette mit Knoblauch-Tomaten-Paste 126
Vollkornbrot mit Aprikosen-Nuß-Mus 98
Vollkornbrot mit Birnenaufstrich 64
Vollkornbrot mit Frischkäse und Weizenkeimlingen 108
Vollkornbrot mit griechischem Aufstrich 51
Vollkornbrot mit indischem Hirseaufstrich 121
Vollkornbrot mit Kichererbsencreme 105
Vollkornbrot mit Kiwiaufstrich 54
Vollkornbrot mit Kohlrabifrischkost 94
Vollkornbrot mit körnigem Frischkäse 48
Vollkornbrot mit Mixed Pickles 136
Vollkornbrötchen „Gourmet" 116
Vollkornbrötchen mit Bananen-Kokos-Mus 124
Vollkornbrötchen mit Heidelbeer-Frischkäse-Aufstrich 122
Vollkornbrötchen mit pikanter Butter und Zucchino 81
Vollkornfladenbrot mit Feigenmus 139
Vollkornfladenbrot mit Kräuterfrischkäse 75
Vollkornfladenbrot mit Radieschensprossen 86
Vollkornsesambrötchen mit Frischkäse 92
Weizenvollkorntoast mit Kerbel-Crème-fraîche 103

Getränke für zwischendurch

Buttermilch mit Vollkornzwieback 115
Buttermilch-Bananen-Skake 97
Erdbeer-Mandel-Mix 141
Feigenmilch mit Weizenflocken 84

Pikante Salate und Frischkost

Bauernsalat, korsischer 56
Berglinsen mt Sellerie-Möhren-Frischkost 135
Blumenkohlfrischkost mit Bananencreme 82
Bohnen-Weißkohl-Salat 116
Champignon-Sellerie-Frischkost 99
Chicorée-Rotkohl-Frischkost 110
Fenchel-Krabben-Salat 97
Grünkern-Gemüse-Salat 84
Gurken-Rettich-Frischkost 91
Kohlrabi-Brokkoli-Frischkost 136
Kohlrabi-Kürbis-Frischkost mit Hirsekeimlingen 69
Maissalat mit Adzukibohnenkeimlingen 75
Möhren-Pastinake-Frischkost 52
Möhren-Wirsing-Frischkost 95
Paprika-Mais-Salat 65
Radieschen-Brokkoli-Frischkost 106
Reissalat mit Topinambur 103
Rettich-Feldsalat-Frischkost 121
Rettichfrischkost auf Feldsalat 89
Rettich-Gurken-Frischkost mit Gerstensprossen 57
Rote-Bete-Zucchino-Frischkost 61
Sauerkraut-Rote-Bete-Frischkost 73
Schwarzwurzelfrischkost mit Bohnenkeimlingen 55
Schwarzwurzel-Möhren-Frischkost 127
Sellerie-Rotkraut-Frischkost 49
Selleriesalat mit Grapefruit und Hafersprossen 53
Spargel in Kräutervinaigrette 123
Spinatsalat, lauwarmer 71
Tomatenfrischkost auf Eichblattsalat 108
Tomatensalat mit Weizenkeimlingen 86
Topinamburfrischkost mit Kresse 66
Weißkraut-Tomaten-Frischkost 77
Weizensprossensalat mit Pilzen 50
Wildkräuterfrischkost 132
Zucchinisalat, bunter, mit Kichererbsenkeimlingen 79

Kleine warme und kalte Gerichte

Austernpilze auf Vollkorntoast 135
Bohnensuppe, mexikanische 92
Chicorée, gefüllter, auf Currysauce 62
Gurkensuppe, kalte, mit Dill 125
Kartoffel-Lauch-Gratin 89
Kartoffelsuppe mit Linsenkeimlingen 130
Lachstatar mit Pellkartoffeln 121
Nudeln, grüne, mit Basilikumpaste 108
Pellkartoffeln mit Kräuterdip 71
Suppe von roten Berglinsen 115
Tomate, gefüllte, auf Curryreis 58
Tomatenbrot, warmes 66
Tomatensuppe mit Grünkernklößchen 140
Zucchini auf Vollkorntoast mit Gorgonzola 140

Warme Hauptmahlzeiten

Artischockentörtchen 50
Blumenkohl-Kartoffel-Gratin 123
Bohneneintopf mit Lamm 53
Chicorée, überbackener 96
Dinkel-Käse-Spätzle, grüne 118

Gemüsenudeln mit Kurkumasauce 73
Grünkerngemüse, fruchtiges, mit Bananen-Apfel-Sauce 78
Hähnchenbrust in Orangensauce mit Fenchelgemüse 62
Kabeljau auf Mangold-Kartoffel-Gratin 55
Karpfenfilet auf Gemüsebett 65
Lammsteaks mit Tomatencoulis und Bohnen 100
Maischollen mit Kartoffel-Gurken-Salat 133
Mangold-Hafer-Gratin 112
Putengeschnetzeltes in Estragonsauce 82
Rinderrouladen auf Kichererbsengemüse 138
Schellfisch auf Paprika-Zucchini-Gemüse 106
Vollkorngnocchi mit Zucchinisauce 92
Vollkornnudeln mit Spinat-Käse-Sauce 58
Vollkornpizza mit Austernpilzen 86
Vollkornsemmelknödel, gefüllte, in Champignonsauce 128
Wirsingröllchen, gefüllte, mit Rote-Bete-Sauce 70

Süße Zubereitungen und Desserts

Apfel-Aprikosen-Joghurt 118
Apfelspalten in Sanddorn-Joghurt-Sauce 96
Aprikosen auf Vanillesauce 158
Aprikosenjoghurt mit Vollkornzwieback 72
Bananencreme mit Melone und Kürbiskeimlingen 153
Beerentraum mit Löffelbiskuits 152
Birne in Holundersauce 139
Birnenspalten in Ingwercreme 83
Buchweizenauflauf mit Kirschen 156
Heidelbeer-Melonen-Cocktail 100
Himbeeren auf Dattelcreme 113
Hirse mit Datteln auf Heidelbeeren 129
Hirse-Quark-Auflauf mit Kirschen 157
Kürbis-Obst-Salat 66
Maisgrieß mit Johannisbeeren 134
Maisgrießflammeri mit Erdbeersahne 154
Obstsalat mit Mandelblättchen 107
Orangensalat mit knusprigen Weizenflocken 98
Pfannkuchen mit Zwetschgenkompott 153
Pfirsichsalat 78
Pflaumen auf Vanillecreme 124
Quitten-Apfel-Kompott 71
Reisplätzchen mit Orangenfilets 154
Vollkornsavarins mit Pfirsichsalat 78
Wassermelonensalat 129

Süßes und pikantes Gebäck

Aprikosen-Kokos-Kekse 102
Aprikosenmakronen 83
Artischockentörtchen 50
Birnentorte 148
Dreikornbrot 145
Johannisbeertorte 146
Käsecracker mit Kümmel 89
Kefir-Himbeer-Torte 149
Kräuterknäckebrot 144
Löffelbiskuits 151
Nußhörnchen 132
Vollkornfladenbrot 144
Vollkornkäsestangen 80
Vollkornmarmorkuchen 146
Vollkornmürbeteig für Törtchen 147
Vollkornnußkuchen 114
Vollkornpizza mit Austernpilzen 86
Vollkornsavarins 150
Vollkornzitronenkuchen 119
Weizen-Hafer-Brötchen 144
Zwetschgenvollkornkuchen 150

Grundrezepte und -zubereitungen

Butter, geklärte 160
Gemüsebrühe 160
Getreide kochen 160
Hülsenfrüchte kochen 160
Schrot und Mehl kochen 160

In gleicher Ausstattung sind erschienen:
Vollwertküche für Genießer (4412)
Cholesterinarm kochen und genießen (4442)
Kochen und Backen für Diabetiker (4467)

Speziell für Diabetiker bietet der FALKEN Verlag darüber hinaus an:
Diät bei Zuckerkrankheiten (3206)
Diabetiker-Diät (0418)

CIP-Titelaufnahme der Deutschen Bibliothek

Leitzmann, Claus:
Vollwertküche für Diabetiker : köstlich kochen und backen für die ganze Familie / Claus Leitzmann ; Heiner Laube ; Helmut Million. – Niedernhausen/Ts. : FALKEN, 1990
(FALKEN Sachbuch)
ISBN 3-8068-4473-9
NE: Laube, Heiner:; Million, Helmut:

ISBN 3 8068 4473 9

© 1990 by Falken-Verlag GmbH, 6272 Niedernhausen/Ts.
Die Verwertung der Texte und Bilder, auch auszugsweise, ist ohne Zustimmung des Verlags urheberrechtswidrig und strafbar. Dies gilt auch für Vervielfältigungen, Übersetzungen, Mikroverfilmung und für die Verarbeitung mit elektronischen Systemen.
Titelbild: Brigitte Harms, Hamburg
Fotos: M. Daniel, Wiesbaden: S. 25 Foto unten; Eberle Fotostudio, Schwäbisch Gmünd: S. 27 Foto Mitte, 29 Foto links; Brigitte Harms, Hamburg: S. 20 Foto Mitte, 25 Foto oben, 43 Foto oben; Kienitz und Grabis (hoppla), Schondorf: S. 23 Foto unten; Fotostudio G & M Köhler, Leonberg: S. 23 Foto Mitte; Studio Margit Schwarz, Frankfurt: S. 33 Foto unten; Michael Wissing BFF, Waldkirch: S. 16, 17, 35, 43 Foto Mitte; Pool Fotostudios, W. Zöltsch, Griesheim: S. 19, 23 Foto oben; TLC-Foto-Studio GmbH, Velen-Ramsdorf: alle weiteren Fotos
Zeichnung S. 36 Novo Industrie GmbH, Mainz; alle restlichen Zeichnungen Ulrike Hoffmann, Bodenheim
Nährwertberechnungen: Jürgen Stocker, Software-Entwicklung, Salem 1. Alle Berechnungen wurden mit dem „Küchenwirtschafts-Programm (KüWi)“ erstellt.
Satz: Jung Satz Centrum, Lahnau
Druck: Mainpresse Richter Druck GmbH, Würzburg

817 2635 4453 6271